创新创业系列教材

创业者**与**创业企业战略管理

主编　马鸣萧

西安电子科技大学出版社

在写作方式上，本书结合了经济学、管理学领域的相关理论知识和企业实践，旨在使得所讲授的内容具有更强的说服力和可读性。在理论逻辑阐释方面，注重逻辑严谨、清晰和简洁；在案例选择方面，注重选材的经典和有的放矢。希望通过这两方面的努力，让读者更为容易和准确地把握本书相关知识。

由于水平有限，书中难免存在不足之处，敬请广大读者多提宝贵意见。

编　者
2017 年 5 月

目　　录

第 1 章　创业者与创业

重 点 提 示

☐ 创业活动的时代背景
☐ 创业的本质
☐ 创业者的类型
☐ 企业家的生命周期
☐ 创业决策过程

 阅读材料

瓦特和博尔顿的故事

蒸汽机是 18 世纪最伟大的发明。由蒸汽机动力引发的工业革命震撼了世界，摧毁了古老的社会结构，改变了千百万人的生活方式。

蒸汽机的发明者，被誉为"工业革命之父"的瓦特是人们熟悉的人物，但是和他的命运密切相关的另外两个人：约翰·罗巴克和马修·博尔顿却已经尘封在历史的烟尘中。事实上，瓦特能够在有生之年看到蒸汽机的成功，是由于他遇到了这两个人。

正如法国经济史学家保尔·芒图在谈到蒸汽机的发明时所说的：发明是一回事，会经营和利用发明是另一回事。历史上多少伟大的发明，因为没有得到及时的利用而被淹没了；又有多少发明，在发明者死后许久才受到世人的关注。

瓦特是 1760 年由格拉斯哥大学教授布莱克介绍与罗巴克认识的。当时，他几乎完全放弃了蒸汽机的研究。因为他没有财产，负担不了巨额的研究费用，并且债台高筑，连基本生活都成了问题。

罗巴克是一位具有深邃眼光的企业家，当他得知瓦特在进行蒸汽机发明的研究后，以独特的眼光预期了它的未来价值。于是，他极力建议瓦特把研究继续下去，并愿意提供资金帮助。他与瓦特签订了一份合同，约定：罗巴克负责偿还其合伙人的债务 1000 英镑，并且供给必要的资金去完成已经开始的蒸汽机研究，组织其在工业上的应用。这是一份具有历史意义的合同。由此，蒸汽机走出了实验室，进入了即将加以改造的工业世界。

罗巴克对瓦特的帮助不仅是经济上的。在瓦特迟疑、犹豫、甚至由于接连失败而失去信心时，罗巴克都给予他热情鼓励。因此，晚年瓦特每当回忆起他与罗巴克的情谊时总有一种特殊的崇敬心情。他说："我的努力所能达到的成功，大部分归功于他的友好鼓励，他对科学发现的关心，他敏于想出这些发现的应用，他对交易和工业的深邃认识，他的远大眼光，他的热心的、慷慨的和积极的气质。"

第一台蒸汽机诞生于 1769 年，但是它很不完善，不久就被人们抛在了一边。这时，瓦特的合伙人罗巴克经营的企业也遇到了一系列经济困难，1773 年，罗巴克破产了，他没有享受到他倾注了极大希望的蒸汽机的研究成果。不久，另一位企业家、闻名遐迩的索霍工厂老板马修·博尔顿与瓦特的合作开始了。

博尔顿是英国当时眼光远大、品格正直、具有创造精神的企业家之一。他热爱科学技术，深知它们的价值，喜欢与科学家交友。很早以前，他就得知瓦特和他的研究，并明确向罗巴克表示希望参与合作。罗巴克破产后，博尔顿提议，只要罗巴克把和瓦特合作的合同转给他，1200 万英镑的欠账可以一笔勾销。

有人说，博尔顿买下了一项具有无限价值的权利。但在当时，这项价值还没有确定，离它震惊世界还十分遥远。从这个意义上说，1200 万英镑以及将要投入的更多资本，似乎不是任何人都有勇气拿出来的。

作为合作者，博尔顿比罗巴克更具优势。他资本雄厚，所经营的索霍工厂在冶金发明方面也比较完善，有一批技术熟练的工人等。这些都是瓦特成功不可或缺的条件，而博尔顿交给瓦特的就是支配这一切的权力。

蒸汽机的研究沿着一条十分曲折的道路向前推进着。失败以及资金方面的困难阻碍着瓦特，也给博尔顿带来了一次次的危机。难能可贵的是，博尔顿对蒸汽机的成功深信不疑，充满着希望。这与那位经常处于悲观沮丧状态的发明家形成了鲜明的对照。博尔顿经常拿出很多精力去激励安慰瓦特。

1781 年，世界上第一台真正的蒸汽机终于在索霍工厂诞生了。飞快转动的蒸汽机轮子最早在索霍工厂推动了鼓风机、滚轧机和气锤，接着又在伯明翰、曼彻斯特、伦敦和欧洲各国推动了磨面机、纺纱机…… 最后推动了整个世界。一个崭新的时代在蒸汽机的隆隆巨响中诞生了。当人们欢呼这个伟大时代到来的时候，不会忘记詹姆斯·瓦特，也不应忘记约翰·罗巴克和马修·博尔顿。

(资料来源：张维迎、盛斌，论企业家：经济增长的国王. 三联书店，2004.)

这个开篇故事说明，技术发明者和企业家是两种不同的社会角色，他们被企业制度和专利制度等制度安排联系起来。

1.1　创业活动的兴起与发展

1.1.1　国际创业活动

我们生活在一个创业时代，全球创业浪潮方兴未艾，创业成为经济增长和社会发展的重要驱动力。

1994 年，联合国大会一致通过了一项决议，支持并鼓励所有经济起飞国家和发达国家把创业作为一项国策。1997 年 12 月，欧盟委员会在巴黎召开了有关"创新、新企业建立和就业"的第一次圆桌会议，提出欧洲必须大大提高创业与创新精神。会议成立了由企业家、金融家、研究人员和其他人员参加的三个专门小组，集中研究如何最好地筛选出有助于建立新企业的项目，如何支持这些企业的创办，以及如何使它们成长。

在过去的 30 年里，美国出现了创业革命，高新技术与创业精神相结合是美国保持世界经济"火车头"地位的"秘密武器"。当今美国 95% 以上的财富是在 1980 年后创造出来的。美国也是最富有创业精神的国家之一。2006 年美国总统布什在其新年的国情咨文中首次将中国和印度列为经济竞争对手，强调要继续增长美国经济的竞争力，保持美国经济持续增长的不竭动力。

英国政府于 1998 年发表了《我们竞争的未来：建设知识推动的经济》的白皮书。首相布莱尔在宣读白皮书时说："我们的成功取决于如何善用我们最宝贵的资产：我们的知识、技能和创造力。若有一个稳定的金融和经济背景，有一个支持创业的商业和社会环境，市场、技术和资金容易获得，有一支教育精良和技术熟练的、灵活的劳动队伍，创业就更可能获得成功。"

新加坡为推动科技企业发展和培养科技企业家，设立 10 亿美元的科技企业家投资种子基金，还实施了"科技公司培养计划"。该计划与"科技基金"相辅相成，两者的不同在于前者为商业潜能较强的科技公司而设，强调管理指导与援助；后者偏重于通过奖励的方式提高回报，激励更多专业人士和创业基金公司对规模较小的起步科技公司进行投资。新加坡从教育、基础设施、管理条件和融资四个方面着手，创造适宜企业成长的环境。它的首要目标是使新加坡成为能够将科技与市场结合的人才荟萃中心。

日本从 1998 年 4 月起，通产省和文部省携手开始进行"创业教育"，其目的是将开创新兴产业的希望寄托在下一代身上，以缩小在新兴产业商业活动中与美国的距离。日本创业教育的目标是，在高中生进行今后去向选择以前，培养学生的创业精神，从中学生时代起就培养他们对职业的兴趣与基本的商业意识，以鼓励他们的创业热情。

印度科技部为鼓励大学生自主创业，设立了一项专门鼓励各科技专业大学毕业生自愿发挥创业精神的专项计划。目前，该计划已对 1.2 万人进行了创业培训。此外，印度政府还在 12 个地方创办了科技创业园，这些园区设在工程机构及学校研究开发中心内或周围。

1.1.2　国内创业活动

20 世纪 80 年代开始的改革开放政策使得中国开始酝酿创业的土壤，1992 年邓小平南巡讲话之后开始出现第一次创业热潮(下海经商)，1999 年中国科技部和财政部共同设立了科技型中小企业技术创新基金。此外，科技部、教育部、人事部、财政部、中国人民银行、国家税务总局、国家工商行政管理总局联合发布了《关于促进科技成果转化的若干规定》。该规定提出的新政策旨在引导科技机构、高等学校和广大科技人员去积极转化科技成果，创办高新技术企业，加速我国高新技术产业化进程。中央鼓励创业的政策措施出台，以及网络技术和新经济的热潮，在中国掀起了第二次创业高潮，许多新兴的网络公司、中关村和全国其他地区科技园、创业园大量涌现。2002 年全球创业观察(Global Entrepreneurship Monitor，GEM)(London Business School，Babson College)中国报告对我国的创业活跃程度、创业环境、创业与经济增长的关系和创业政策等四个方面做出了判断，我国全员创业活动指数排名第九，属于创业活动比较活跃的国家。中国经济已经持续了 10 多年的高增长速度，也成为本世纪经济增长速度最快、最具创业活力的国家。

近 30 年来的全球市场化改革、创业门槛的降低及科技进步和互联网的发展，为小公司以及个人创业奠定了必要的社会经济和技术条件。在二战后的 50~60 年代，美国每年新成立的公司只有 5~6 万家；而到 1990 年，每年都有近 100 万家新公司成立。

1970 年以来，企业小型化趋势得到加强，小公司在一个国家甚至全球经济中扮演着越来越重要的角色。一项统计表明，《财富》杂志上刊登的 500 家大公司在美国市场所占份额从 1970 年的 20%下降到 21 世纪初的 10%左右。著名的未来学家约翰·奈斯比特甚至预言，在下一个 10 年，这 500 家大公司在美国市场的比重会降到 5%，因此，他得出结论说："是小公司，而不是 500 家大公司在发展全球经济。"

在当前阶段，我国经济社会发展的新常态趋势已经确立，认识新常态、适应新常态、引领新常态，是当前和今后一个时期我国经济发展的大趋势。经济新常态包含经济增长速度转换、产业结构调整、经济增长动力变化三个方面的特点，但其内在本质是增长动力的转换，即从要素驱动、投资驱动转向创新驱动，通过创新实现企业、产业乃至国家的竞争优势。新常态经济是创新驱动型的经济，必须将提升科技创新能力和科技成果转化能力放在新常态经济的核心位置，通过支持创新型、充满活力的中小企业，促进传统产业改造升级，尽快形成新常态下新的经济增长点和产业驱动力。

正是基于这一背景，李克强总理在 2014 年 9 月的夏季达沃斯论坛上首次发出了"大众创业、万众创新"的号召，并在 2015 年《政府工作报告》中进一步指出：推动大众创业、万众创新，"既可以扩大就业、增加居民收入，又有利于促进社会纵向流动和公平正义"。在论及创业创新文化时，强调"让人们在创造财富的过程中，更好地实现精神追求和自身价值"。

根据《中国众创空间发展蓝皮书》（2016）数据，截至 2015 年，全国各地的众创空间数量已经达到了 500 多家，从区域分布来看，浙江、广东、湖北、上海、北京等地创新创业氛围活跃，众创空间数量居全国前列。众创空间的蓬勃发展为创业者提供包含工作空间、网络空间、交流空间和资源共享空间在内的各类创业场所和环境，为创业者提供低成本、便利化、全要素的创业服务平台，并开展社会化、专业化、市场化、网络化的特色创新创业孵化服务。

1.2　创业的本质

"创业"一词有着许多不同角度的含义，但核心含义是"承担风险"和"创新"。明确指出这一含义的是康替龙(R. Cantillon)、奈特(F. Knight)和熊彼特(J. Schumpeter)。早在二三百年前，创业(entrepreneurship)一词就出现在经济学文献中。1775 年，法国经济学家康替龙将在经济中承担风险的行为与创业者联系在一起，认为创业的本质特征是"承担风险"。同一时期在英格兰，随着工业革命的演进，创业者在承担风险和资源转换方面起到明显的作用。奈特(1921)

认为创业就是承担不确定性而获取利润的过程；而熊彼特(1934)认为，创业就是实现企业组织的新组合——新产品、新服务、新原材料来源、新生产方法、新市场和新的组织形式。

考察不同的关于"创业"的定义，可以看出有以下三点共同因素：

(1) 独创性和创新。

(2) 资源积累以及经济组织的成立。

(3) 在风险和不确定环境下获取收益或成长机会。

因此，我们可以认为创业就是在风险和不确定性条件下，为了获利或成长机会而创建新兴组织或组织网络的过程。从这一定义可以看出，创业包含三方面内容。

1. 创新

创新意味着原创，借用熊彼特关于"新组合"(new combination)的定义，创新体现在以下方面：

(1) 是否采用了新产品，也就是消费者还不熟悉的产品或某种产品的一种新的品质。

(2) 是否采用了新方法或新技术，也就是有关的制造部门在实践中尚未知悉的生产方法，这种新的方法决不需要建立在新的科学发现的基础之上，并且，它也可以存在于在商业上对一种商品进行新的处理。

(3) 是否定位和开拓了一个新市场，也就是相关国家的相关制造部门以前不曾进入的市场，这个市场以前可能存在也可能不存在。

(4) 是否使用了新的原料或资源供应源，同样不论这种供应来源是否业已存在，而过去没有注意到或者认为无法进入生产过程，还是需要创造出来。

(5) 是否创立了一种新型产业组织(这是所有创新类型中最罕见的)，比如造成一种垄断地位(例如通过"托拉斯化")或打破一种垄断地位。

2. 经济组织

经济组织(economic organization)指的是为实现资源配置或某种经济活动而创立的组织。它可以是一个企业或者企业内部的一个部门，也可以是一个独立的组织网络。为了实现利润，经济组织必须进行成本最小化、组织结构建立、产品定位、竞争战略制定等一系列的决策和行动。

3. 承担风险和不确定性

利润是对创业者或企业家承担不确定因素或风险的补偿。正是因为不同的人对某一活动具有不同的收益预期，所以不同的人具有不同的风险承担能力。

1.3　创　业　者

1.3.1　创业者的特征

创业是一个跨学科的、多层面的复杂现象，创业的内涵主要包括：开创新业务，创建新组织；利用创新这一工具实现各种资源的新组合；通过对潜在机会的发掘进而创造价值。

创业活动的主体是创业者,创业者一词最早出现于1755 年坎蒂隆(Cantillon) 所著的《商业概况》一书。他认为企业家就是"按照固定价格购买和按照不确定价格出售的风险承担者"。坎蒂隆用非常生僻的法语词汇"entrepreneur"来表达创业者之意,本身就充分显示了创业者含义的复杂性。

创业者的关键词包括:风险承担、组织协调、不确定性决策、创新、权威、创业者警觉、信息判断性决策。因此,我们将创业者定义为:具有敏锐的市场洞察力、对各种信息和不确定性做出决策、组织协调企业生产活动并承担风险的权威创新者。创业者的特征包括以下几个方面:

(1) 创业者是创新者。这种创新有五种类型:引入新产品、引入新的生产方法、开辟新的市场、夺取原材料或半成品的新供应来源和创立新的组织。

(2) 创业者是风险承担者。

(3) 创业者是不确定性决策者。市场信息瞬息万变,创业者所面临的不确定性越来越强,使得创业者必须做出理性决策。

(4) 创业者具有创业者警觉。"创业者警觉"是指创业者能发现其他实际或潜在竞争者不能发现的各种可能性,是指创业者所固有的具有能够发现对他有用的信息的能力或行为倾向。这种警觉包括:对已变化了的条件或环境的警觉,对忽略的可能性的警觉,对即将到来的机会的警觉,对未来的警觉,对有用信息的警觉,以及避开不利因素的本能反应等。

(5) 创业者是组织协调者。创业者担负着组织创业资源(如人力资源、财力资源、物力资源)进行生产活动的重任。

1.3.2 创业者的分类

1. 根据创业动机分类

(1) 生存型。目前,中国的创业者大多为无岗人员、失去土地或因为种种原因不愿困守乡村的农民,以及刚刚毕业不找工作或找不到工作的大学生,这是中国数量最大的创业人群。清华大学的调查报告说,这一类型的创业者占中国创业者总数的 90%,其中许多人是为了谋生。这一类型的创业范围均局限于商业贸易,少量从事实业,也基本是小型加工业。

(2) 变现型。这一类创业者就是过去在某一组织掌握一定权力,或者在任某一要职期间聚拢了大量资源的人,在机会适当的时候便会开公司、办企业,实际是将过去的权力和市场关系变现,将无形资源变现为有形的货币。

(3) 主动型。这一类创业者可以分为两种,一种是盲动型创业者,一种是冷静型创业者。前一种创业者大多极为自信,做事冲动。有人说,这种类型的创业者,大多同时是博彩爱好者,喜欢买彩票、喜欢赌,而不太喜欢检讨成功概率。这样的创业者很容易失败,但一旦成功,往往就是一番大事业。冷静型创业者是创业者中的精华,其特点是谋定而后动,不打无准备之仗,或是掌握资源,或是拥有技术,一旦行动,成功概率通常很高。

(4) 赚钱型。世界经理人网站在调查中发现,有一种奇怪类型的创业者,除了赚钱,他们没有什么明确的目标,就是喜欢创业,喜欢做老板的感觉。他们不计较自己能做什么,会做什么，可能今天在做着这样一件事，明天又在做着那样一件事，他们所做的事情之间可以完全不相干。其中有一些人，甚至连对赚钱都没有明显的兴趣，也从来不考虑自己创业的成败得失。奇怪的是，这一类创业者中赚钱的并不少，创业失败的概率也并不比那些兢兢业业、勤勤恳恳的创业者高。而且，这一类创业者大多过得很快乐。

2．根据创业优势的不同分类

(1) 销售型。这类创业者个人具有很强的销售能力，个性强，善于和客户打交道。他们的创业基本来自于产品和服务的销售或者代理，其特点是创业者在这个行业积累了广泛的客户基础，创业后即可获得大量客源，尤其是渠道关系。有了这个基础，对新创业的企业来说就有了生存基础，企业的生存问题解决了，发展就成为了必然。因此，这种类型的创业者主要是利用了前公司的客户资源，为自己后面的创业铺设了一条光明大道。

这类创业者的特征是抢占或者利用前公司资源，业务模式和产品与原来的公司基本雷同。相对于其他创业类型来说，这种创业类型是最容易成功的。

(2) 技术型。这类创业者不善于销售产品，不善于和客户打交道，也可能不善于企业管理，他们所拥有的是核心技术和对技术的执着追求，他们拥有行业内或者乃至全球顶尖的技术。由于技术的优势，他们的创业与销售类型的人创业相比较起来就更显得不同，也更难以像销售型的创业那样快速创业成功。技术型创业者有时很难得到商人或者投资者的认可，不仅仅是因为很多技术属于不成熟的技术或者非常先进的技术，商业化推广还需要一段时间，对于一些投资家来说还存在着很多风险。不过，一旦这个技术可以得到商业化的运作，他们的创业将会得到一些投资者的青睐。

(3) 管理型。这类创业者和前面两者的区别在于他们在以上两个领域中都不具备优势，即在渠道上缺乏先天优势且技也不如人。他们的优势在于对企业战略的准确把握，熟悉企业管理系统或者企业的运营。很明显，这类人创业容易得到支持，但这类人创业需要精通人力资源管理，尤其在用人管理方面必须拥有优势，否则，如不能建立一个有效合作的团队，创业将难以成功。

当然，这类人创业如果有一定的资金支持，就更容易获得成功。这类人的特点是具备足够的实力进入一个行业或者足够的资金和管理能力，能够将创业的公司带入稳定的发展时期，一旦创业的企业进入了稳定发展时期，他们就会大获全胜。

(4) 投资型。这类人属于投资者，他们拥有的是对行业前景的洞察力、对人力资源良好的判断能力和对财务合理的控制能力，其他什么都可以不用管理。他们拥有的资金足够聘请到优秀的职业经理人，让职业经理人去带领下属们打天下。

投资型的创业者不像前面三种类型的创业者，他们基本不需要亲自参与管理或者企业的经营活动，他们擅长的是资本运作，据称是最高境界的创业类型。

1.3.3　技术创业者

1．技术创业者的特征

技术创业者是掌握科技知识并具有技术背景，能快速把握市场机会、创办科技型企业并实现技术价值的行动者。

技术创业者包括以下几个方面的特征：

(1) 技术创业者掌握科技知识，这一群体的创业优势在于拥有科技知识。科技总处于日新月异的变化中，并且具有极大的不确定性，这使得拥有最新科学技术的创业者可以发现并把握市场中瞬息万变的机会进行创业。当然，这一现象也要求技术创业者对构成创业型企业之基础的科学技术本身有一个深刻的理解，技术创业者的专业技术水平对技术创业型企业的最终成功始终至关重要。经研究显示，虽然技术创业者的技术和经验并不总是对业绩产生正效果，但他们的专业技术水平与公司的绩效高度相关(Reuber 和 Fischer，1994年)。创业者在技术创业方面拥有的经验和专业技术越多，他们用于培养涉及管理成熟企业技能的时间就越短。

(2) 技术创业者创业的目的是实现技术价值。技术创业者总是被他们的科技愿景所驱动。在技术市场领域，新技术产品、流程或服务的性能是一个重要方面，性能是指新技术进入者能满足潜在客户各种需求的总和，也即技术本身所拥有的价值，它有别于技术本身。技术创业者进行创业的目的是为了实现技术的价值，并通过该价值的实现来促进经济发展，推动生活条件的改善。

(3) 技术创业者实现价值的方式是创办科技型企业，即通过建立稳定的、可盈利的、能在竞争环境下生存的科技型企业，通过企业内的一系列运作实现技术价值。为了把创新成果推向市场，需要把许多人的行为协调起来，使其一致行动，因为需要建立企业，构建技术创业者和其周围个体的关系网络，集合各企业成员的力量，实现企业的共同目标，实现技术的价值。

(4) 在相对短的时间里快速做出主要战略转变的能力是技术创业者的重要特征。技术创业者能够把握重大的技术机遇，并调整自己的战略以适应需要。特别的科技产品、工艺或服务是战略转变的关键，它们往往能够带来数十倍的变化——一种被熊彼特称为"创造性破坏"的重大变化。在描述创业过程的摩尔模型中只有一个触发点，而在技术创业过程中却可能有若干个持续的触发点，触发点的持续相继使得技术创业者持续地做出相应反应，甚至是完全改变原定的战略计划。

2. 技术创业者的分类

技术创业者在现代企业中发挥着重要的作用，他们善于发现并利用信息技术、生物技术和工程科学等高科技领域的新发明，并利用这些新成果使更多的人享受到了科学进步带来的好处，他们的风险事业由于较高的增长潜力而吸引着投资者。

琼斯-埃文斯(Jones-Evans)根据创业者的技术经验和商业经验将他们分为四类：

(1) 研究型技术创业者：指那些从事技术研究的创业者。这些创业者可以分为纯研究的创业者和"研究-生产型"创业者，前一种创业者只进行学术研究，而后一种创业者在从事学术研究的同时，也参与商业决策。

(2) 生产型技术创业者：他们既要参与商业决策，又要推动技术进步。

(3) 应用型技术创业者：他们主要从事商业活动，但是必须关注并理解某项技术的发展，这也许是因为他们参与了这项技术的营销或销售，或者是因为他们要利用这项技术达到某个商业目的。

(4) 机会型技术创业者：他们不参与技术研究，但是寻找与技术相关的商业机会，通过创立新企业来使用这一机会。这类创业者需要具有一般性的技术知识，并有热情去了解一项新技术以及它们能给人们带来的好处。

3．技术创业者与一般创业者的比较

麻省理工学院(MIT)斯隆管理学院的艾德华.B.罗伯特博士(Robert，1991 年)发表了一篇十分详细的有关技术创业者特征的实证研究报告，指出技术创业者与一般创业者相比确实有差异，如表 1.1 所示。

从表 1.1 我们可以看出，技术创业者与一般创业者的区别主要表现在以下几个方面：

(1) 技术创业的关键性事件是新发明、新工艺或服务。技术改进和突变的技术革命都会导致技术进步，导致新发明、新工艺或新服务的产生，特别的科技产品、工艺或服务是战略转变的关键，它从而能在市场中创造新的机会，为新企业的迅速进入市场创造条件。技术创业者由于其自身拥有的技术优势，往往能及时有效地把握这种机会进行创业。

表 1.1　技术创业者与一般创业者差异比较

特征	技术创业者(Robert，1991)	一般创业者(Hisrick and Peter，1995；Robert，1991)
成就	中度回馈	更高回馈——需要使该发生的事情发生
归属	低	未知
创建第一家企业的年龄	23～69岁，加权平均为37岁	25～35岁
出生顺序	无最先出生效应	有最先出生效应
控制	未知	希望被控制
关键性事件	新发明、新工艺与服务，例如互联网与网络创业者	未知
教育	通常拥有毕业学位的技术教育，40%的样本拥有比高等教育更高的教育	受过大学教育
家庭背景	与宗教价值相关	未知
家庭大小	无关系	未知
父亲职位	自我雇佣的专业人员或管理人员	自我雇佣者
目标取向	共享广泛的不同目标	高度目标取向
婚姻状况	75%已婚，多数育有小孩	未知
动机	有成功实现各种特定目标的强烈动机	有成功实现各种特定目标的强烈动机
人格	ENTP(外向、直觉力强、勤于思考、领悟能力强)	ENTP(外向、直觉力强、勤于思考、领悟能力强)
控制力	高	高
宗教取向	新教或犹太教	未知
工作经验	拥有平均13年的经验，非常重要	非常重要
冒险性	只冒经过精密计算过的风险	倾向于是位冒险者

(2) 技术创业者平均具有较高的教育水平，而且是技术教育，也即本身拥有高科技知

识。教育是影响个人创业活动的重要因素，在培育未来创业者方面发挥着重要的作用。好的教育水平能支持创业者处理各类问题。罗伯特(1991 年)发现：从麻省理工学院实验室培养出来的创业者通常受过至少一个科技类大学学位的基本技术教育，更多的拥有硕士学位。基本的科技教育能让技术创业者获得进行创业的技术，更高的硕士教育能获得与创业相关的各方面的知识。

(3) 技术创业者是理性的风险承担者，承担着较一般创业者更高的风险。技术的不断创新，市场的不断变化，都要求技术创业者能够做出迅速调整，一旦对市场机会或技术变化把握不准，就会失去竞争优势，从而使得技术创业者承担着更高的风险。德鲁克认为：创业者们是精于计算的风险承担者。对于技术创业者而言，他们愿意承担的是经过计算的合理的风险，过高或过低的风险都不是他们的选择。

(4) 技术创业者对成就的需求是适度的，归属需求低。罗伯特(1991 年)的研究表明：技术创业者往往都有取得成就的需要，正是取得成就的需要引领技术创业者们只冒中度风险而非高风险或是低度风险，技术创业者们不单单是为了获得财务上的成功而去创建新企业，在许多情形下，财务上的成功并不是他们创建新企业的初始动因。通常情况下，技术创业者们寻求实现或运用战略转折点，如改变一个产业方向，或者在某些情形下改变人类发展的道路。

1.3.4 连续创业者

连续创业者是在一次创业成功之后又开始新的创业的创业者。他们只是建立企业，并不长期经营，以此来获得收益。怀特等(1997 年)将连续创业者分成四种类型：防守型连续创业者、机会型连续创业者、交易型连续创业者以及组织型连续创业者。

只有特殊的人才会热衷于不断创业。在成功之后再次创业需要更有闯劲。为什么连续创业者会这样做？

在一家公司显现生机以前，很难衡量创业者为此付出了多少心血。但对于多数企业老板来说，一次成功就足够了。然而，连续创业者似乎不愿在同一个环境中扮演轻松的角色，而宁愿拱手交出成型的产品，从头再来一次。

60 岁的斯图尔特·斯考曼(Stuart Skorman)正在创办 Clerkdogs.com 网站，这个网站将人们的直觉与网络技术结合起来，创造了独特的电影推荐引擎。尽管经济环境对他并不有利，但他的丰富经验会起到很大的帮助作用：这已经是他第六次创业了。

在 36 岁独自创业以前，斯考曼是 Bread and Circus 公司(现在的 Whole Foods 公司)的高层管理人员。"我和老板的矛盾太多了……这使得我有了创业的勇气，或者说是一种狂热。"他说，但在那时，自己的感知阻止了他。"成功的连续创业者不会基于恐惧、贪婪或愤怒等感情因素做决定——而是基于逻辑。因为我是个极度感性的人，必须非常努力才能做出符合逻辑的决定。"

斯考曼指出了他在创业生涯中的几个驱动因素。"我觉得需要证明我自己，"他说，"我精力充沛，需要很多的刺激。对于我来说，刺激也就意味着创办那些能让自己觉得很重要的企业。"

他的确做到了。他的成就有：Reel.com 网站，后来以 1 亿美元的价格卖给了

Hollywood Video 公司；Elephant 药店，2006 年被 CVS 药店收购。即使是失败的经验——在 Hungryminds.com 这宗互联网生意上赔了 2000 万美元——也没能阻止他再次创业。"这在我看来都是正常的，"他说，"所以我休息了一年，和妻子一起周游世界。"

斯考曼在每次创业时都全身心地投入，尽管他明白最终会放弃创立的公司，但他依然这样做。"对此我的感情很复杂，"他说，"但我是个'发明家'，我只擅长这个角色。我是那种你想要一起创业的、有创造性的人，但我不是你想要运营企业所需的管理者。"

47 岁的茱迪·约翰斯顿(Judy Johnston)如今已是第三次创业，也运营了六年。和斯考曼一样，她放弃了此前在大公司的高薪职位，开始自己创业。在惠普工作时，约翰斯顿曾感到很受挫，因为她对于儿童打印套件的建议没有得到任何支持，所以当一个朋友建议他们自己做时，她同意了。"我以前从未创业过。"约翰斯顿回忆说，但是她一点都没大惊小怪，辞职后拿出 5 万美元的积蓄创办了 PrintPaks 公司(三年后她以 2600 万美元的价格将该公司卖给了 Mattel 公司)。

她现在已是第三次创业，并且不反对进行更多次的创业。了解这一事实后很容易得出结论：对于约翰斯顿来说，对风险的承受力并不是个问题。"我就想，'到 32 岁的时候，如果不工作了又会怎么样？我会去赚更多的钱'。"

尽管她知道多数人不会容易地做出正确的决定，但她表示，对于创业者来说，"沉迷"于不断提高生产力是有积极作用的。"当我有一个长长的任务清单时觉得很舒服，尽管不可能完成，但我可以每天着手去做。这让我感觉很好。"

约翰斯顿 2002 年创办了 Blue Lake 出版公司，她希望能在未来的五年中卖掉它。她出版的儿童杂志《Tessie and Tab》最终还会需要进行视频发展计划，但她表示，那应当是由接手者去解决的。

"我知道必须做这些，但需要有其他人来把它实现。"她说，"目前来说我只能断定该这样做，但我没有去赚更多钱的动力。对于经营一家真正的大公司，我既不称职也没有兴趣。"Blue Lake 可能是约翰斯顿最后一次以赢利为目的的创业，但不会是她创业尝试的最后一次。"我想做些事情，与投资者资本回报毫无关系的事情。"她说，非盈利组织是她的目标。

66 岁的丹·斯特普(Dan Steppe)是休斯顿商学院的沃尔夫企业管理研究中心主任。自从五年前他来到这里，报名参加这项研究的学生从 35 名增加到超过 3000 名。当然这是个很大的成绩，只是对于一个有七次成功创业经历的人来说，这丝毫也不奇怪。这七次创业包括石油贸易公司，也有美国德州 Southwest 银行。

斯特普每天都与创业者交流，他所注意到的共同线索是好奇心。"对于创业者来说，世界并不是一个充满威胁的地方，他们倾向于用教育或经验来理解正在发生的事，"他说，"即使他们不喜欢当前的情形，他们也能毫无畏惧地行动。"

他继续说，在一个连续创业者眼里，房地产、石油或是教育行业并没有什么不同。"这是个待解的难题，也是看看你是否能以正确的方式理解市场的机会。我面对挑战时不会逃跑，而是会迎上去，"斯特普说，"这是很严肃的事，因为你还有员工，但同时我总是认为我们能行。"

事实上，听斯特普讲述他的经历就像听歌咏会，一个很容易就做出的决定又会自然地带出下一个想法，创业机会在偶然的时刻"突然出现"。好像就是自从他放弃了 Exxon 公司的职位奔向创业生涯那一刻开始，就有人愿意帮助他，一路上有着清晰的入口和出口指示牌。

多数人也许没有遇到过相同的过程，但对于连续创业者来说，这些事似乎是本能的。斯特普对他的成功做出了简单的解释："让我感兴趣的是那些大图景。我只是喜欢那些想法，所以雇用了最好的人来做那些我不想做的事。"

对于连续创业者与其他创业者的区别，美国 Clemson 大学教授韦恩·斯图尔特(Wayne Stewart)做了深入的分析。在一项研究中，斯图尔特和他的同事们总结出：连续创业者更愿意冒险，更具成就导向，更倾向于创新。这个结果表明，驱动连续创业者的动力主要是心理因素，使他们更倾向于多次冒险。

至于连续创业者是天生的还是后天养成的，斯图尔特更倾向于前者。他解释说，尽管环境(比如家庭、教育和文化)确实能影响人的行为，但天生内在的特质，比如领导力和智力会在人生很早的阶段就显现出来。

但可以确定的是，连续创业是一种极为重要的经济和社会现象。"估计美国有三分之一的新企业是由连续创业者创办的，而且他们的公司日趋壮大。"斯图尔特说，他解释更高的商业成功率可能要归功于以前的经验和因此获得的各种能力——平衡一个由关键客户、供应商、合作伙伴和投资人构成的更大的人际网络——所有这些对于做生意都非常关键。谈到这个课题研究，他做出结论说："值得进行更多的研究，以提供更好的实践指南，并推动鼓励创业行为的政策出台。"

1.4　企业家人力资本的特性及企业的本质

企业家和企业是密不可分的。从创业家精神的角度看，企业是企业家精神的产物。只有通过创立企业，创业家才能把自己的创意变成产品。

1.4.1　企业家人力资本的特性

作为一种特殊的要素，企业家精神和才能具有难以定价的特点，这主要是因为以下四个方面的原因：

(1) 信息悖论。企业家对某种获利机会的信息或知识往往都是"专有知识"(know-how)，只能以私人信息或知识状态存在。因为这些知识交易过程存在严重的"信息悖论"问题，即"在买方得到信息之前，他并不了解信息对他具有的价值，但是，一旦他了解了这些信息，他事实上已经无成本地获得了这一信息"。

(2) 不可让渡性。创意要变成现实的产品往往需要一系列艰难的过程。在这一过程中，实施这些创意所需的知识往往是难以交流和传递的，这就要求企业家亲力亲为，而不是简单地出售创意。同时，面对困难，还必须具有超常的承担风险的勇气和百折不挠的坚强意志。而这一切素质，都蕴藏在创业家身体之中，与其人身有不可分割性，或者不可让渡性(inalienability)。

(3) 价值识别的困难。对于外部人来说，创业者所提出来的创意是新颖的、没有先例的，同时还是没有完全变成现实的，所以通常受到认知水平和知识水平的限制，外部人难以充分了解创业者创意的市场前景和经济价值。

(4) 非从属性。企业的创意往往具有开创性，而不是被动地从属于或者执行他人的意志。难以想象某个企业家被他人授意来创立或者重新整合一组资源。事实上，如果他人已经知道了与创立企业相关的关键知识，那么他就是企业家，而那些受雇于他的"企业家"顶多只是一个执行他意志的高级经理。

1.4.2　企业是企业家人力资本的间接定价器

从企业家精神角度看，企业是企业家精神冲动的产物。尽管企业家的创意在本质上就是某种潜在的市场需求，但是如上所述，由于企业家人力资本的特点，造成创意或者企业家人力资本交易上的困难，因此通过创办企业来实现这种创意的经济价值就是一种可行的选择。所以说企业是企业家人力资本的"间接定价器"(indirect pricing mechanism)，而利润或者剩余价值就是对企业家人力资本或创意的间接定价结果。

因此，企业这种特殊装置，在某种程度上对相关知识和信息所起到的保护作用甚至比专利制度还要好。何况大多数的商业创意、发明是不可能取得专利的。此外，通过将原本难以让渡和难以被买方控制的企业家人力资本变成了一个法律上相对容易界定、交易和控制的特殊资产——企业，从而增强了企业家人力资本的可交易性。企业家将各种生产要素按照自己的意志整合进入企业的过程，实际上就是企业家将自己的人力资本物化在特定企业中的过程。如果资本市场足够发达，资本市场将对企业的价值做出公正的评估，从而也就间接地对企业家人力资本价值做出了评估。虽然企业家可以通过企业及其股票的方式实现其价值，不过更普遍、更基础的方式是通过经营和销售特定商品和服务的方式来实现企业家的人力资本价值。

1.5　认知模式与企业家的生命周期模型

1980 年代，美国管理学者艾特森(Eitzen)和耶特曼(Yetman)对美国 30 多支职业垒球队主教练的执教年限的长短和所在垒球队的比赛成绩进行相关分析发现，主教练执教年限的长短对所在垒球队的比赛成绩高低的影响是一条初期上升、后期下降的抛物线曲线。在主教练执教生涯的前半期，经验与球队成绩成正向关系，但是超过一定期限，经验成为一种消极因素、一种包袱，执教年限越长，球队比赛成绩越差。根据他们的调查，垒球队主教练的经验拐点出现在第 13 年。

这一研究成果在管理学界引起了广泛的关注。1991 年，美国哥伦比亚大学的汉布瑞克(Hambrick)和福克托玛(Fukutomi)提出了企业家生命周期的五阶段模型，解释了企业家"经验拐点"出现的原因。模型认为，企业家的生命周期大致分为五个阶段(见表 1.2)：

(1) 受命上任。

(2) 探索改革。

(3) 形成风格。

(4) 全面强化。

(5) 僵化阻碍。

表 1.2 企业家生命周期的五个阶段

	受命上任阶段	探索改革阶段	形成风格阶段	全面强化阶段	僵化阻碍阶段
认知模式刚性	中强	或弱或强	中强	强且上升	非常强
职务知识	知之甚少但上升很快	大体熟悉；中速上升	非常熟悉；缓慢上升	非常熟悉；缓慢上升	非常熟悉；缓慢上升
信息源宽度和质量	来源广；未经过滤	来源广；信息过滤产生	依赖少数信息源；信息过滤现象加剧	依赖少数信息源；信息高度过滤	非常少的信息源；高度过滤的信息
认知兴趣	高	高	中高	中高；下降	中低；下降
权力	弱；上升	中			

(资料来源：Donald.Hambrick&Gregory，Fukutomi. The Seasons of A CEO's Tenure，Academy of management Review，1991(4)：719-742.)

在这个模型中，导致企业家的绩效呈现抛物线变化的因素可以概括为认知模式刚性、职务知识、信息源宽度和质量、认知兴趣和权力五大因素，而又以认知模式刚性与信息源宽度和质量最为关键。

认知模式刚性：每个人都有一个基本的认知行为模式、一个模式或者说一个简化了的世界模型。这种模式包含着两个相互关联但又不同的组成部分：一部分是每个人自出生以来形成的信仰、偏好等根深蒂固、习以为常的思维方式。比如说，有的人相信"性本善"，有的人相信"性本恶"；有的领导人信奉"宁可我负天下人，不可天下人负我"，有的则相信身先士卒、"我不下地狱，谁下地狱"；有的相信等级产生权威，领导要与下属保持距离，天马行空独来独往，有的则深信只有认同才能产生凝聚力，重要的是与群众打成一片。这种根深蒂固的价值观在亨利·福特身上则表现为对简洁朴素的平民方式的认可，对机械和制造的热爱；在罗德·凯宁身上则表现为对高科技和科研活动的理想化追求。凡是成功的企业家，几乎都有自己的一套有特色的信仰和偏好。

认知模式的第二部分是与一个人的信仰偏好紧密相连的一套得心应手、轻车熟路用惯了的工作方式和分析手段、办事方法，简单地说就是一个企业家的管理技能。有的企业家善于分析，有的擅长于人事，有的则精于财务，也有的特别适合于创造发明。有的企业家擅长于激动人心的演讲和鼓动，有的则具有丰富的谈判经验，善于通过协商解决问题，有的企业家更喜欢大刀阔斧、立竿见影的风格。这些思维和工作方式的差别就形成了每个企业家的特殊认知模式。这种认知模式的形成，往往和企业家的成长环境、阅历有关。福特鄙视营销，与他从生产开始有关；凯宁迷信技术，也与他的技术背景有关。

每个企业家上任都会给企业带来一套认知模式，带来他们对世界、对企业、对人事、对技术、对产品等的一套基本看法。对福特来说，这种模式是对大众汽车和朴素简洁主义的认同，信奉大规模生产的经营理念，以及他对机械设计和流水线生产方式的熟悉和擅长。对康柏公司的凯宁来说，这种倾向是对高科技产品的偏好，是对技术至上、以高新产品不断更新换代的经营方式的认同。福特和凯宁早期的成功，都与他们各自的认知模式正好适合当时的需求和产业特点有关。

每个企业家的认识模式都有一个从产生到固定强化、从模糊到明确、从试探摸索到坚定不移的形成发展过程；最初只是作为一种外在的工具手段而逐渐形成，发展到最后，则成为炉火纯青、溶化在血液中而浑然不觉的自觉状态。

一般来说，每个企业家对自己的认知模式的有效性的相信程度呈周期性变化。一开始一般比较强，可以说是中等程度的自以为是，新官上任之初的三把火一般是按照自己的认知模式进行的；然后是一段上下求索的试验探索期，企业家会对公司原有的管理模式有一个反思过程，并根据实际使用效果进行调整；接下来则是在经过实践反思的基础上，逐渐形成自己独特的管理风格；最后阶段，随着企业家在位时间的延长，公司各方面对企业家特有的认知模式产生不断强化的预期心理，这种风格渐渐就定型和刚性化，直至最后僵化而变成阻碍企业发展的包袱。

导致企业家生命周期变化的另一个重要因素是信息源宽度和质量的变化。在早期，企业家具有较宽的信息来源，因而能够获取比较真实的关于外界和公司内部的各种信息，做到兼听明辨、客观分析和正确决策。但是随着任期的延长，企业家的信息源会变得比较单一和趋同，而所得到的信息也已经经过有意无意的筛选。产生这一状况的原因有两方面：一方面是因为随着在位时间变长，企业家对工作的兴趣和热情会自然有所减退，主动搜集外部信息的动力减弱；另一方面，更为重要的是，随着在位日久，手下的工作人员也渐渐熟悉了企业家的信息偏好，报喜不报忧的现象日益严重。此外，组织机构也有一个合群筛选过程，持不同意见往往被排挤出企业家决策团队，所以在组织和人员构成上也日益单调。

综合上述因素，由于钻研学习兴趣下降，信息质量下降，以及对自身认知模式的迷信，造成了企业家思维方式的僵化，再加上既得利益的因素，创业企业家所代表的那一套先进思维方式和技能组合的积极作用渐渐消减，并向相反方向发展，原来的创新者、改革者可能转化为新一轮改革的反对派，企业也因为不能适应新的变化了的环境而出现绩效下降的情形。亨利·福特的汽车公司、王安电脑就是这方面典型的例子。

1.6　创业决策过程

创业过程一般分为四个阶段：识别和评估市场机会、准备并撰写经营计划、确定及获取创业资源和管理新创企业。

第一阶段，识别技术和市场两方面的机会，形成创业构思，并认真评估其市场前景和机会；对技术进行研发、试验以及进行工业化初步设计；对产品市场进行调研，评估其市场前景和价值。

第二阶段，组建专门的研究小组，撰写创业计划书；对创业项目进行进一步的可行性研究。

第三阶段，确定项目所需各种资源，进行创业前的各项准备。比如，确定公司组织形式、创业团队、经营班子、营销计划，以及选择经营场所，获取原材料，购置技术设备，获取各项法律批文等。最主要的是落实创业资本。

第四阶段，完成前三阶段工作后，开始注册公司、领取营业执照、在银行开户、办理税务登记等。主要是管理人员配置，以及制定各种管理规章制度。

讨论与复习题

1. 创业的本质是什么？
2. 技术创业者具有哪些特征？
3. 创业家与发明家有什么不同？
4. 创业家应该具备哪些素质？
5. 从创业家角度分析，企业的本质是什么？

案例分析

康柏公司的故事

康柏公司(Compaq)曾是美国计算机行业最成功的企业之一，创办于 1982 年。两个创办人中，一个是计算机专家罗德·凯宁(Rod Canion)；另一个是风险投资基金 Kevin-Rosen 的投资专家本杰明·罗森(Benjamin Rosen)。1981 年，当时在德州仪器公司(Texas Instruments)任职的年轻技术员罗德·凯宁和两个志同道合的同事看中了计算机行业的前景，准备自己成立一家计算机公司。为此，他们四处寻找风险投资基金的支持，而作为风险投资专家的本杰明·罗森也在寻找值得投资的项目和创业者。在风险资金供求双方相互寻找的摸索过程中，他们在一次晚餐招待会上相遇了。罗德·凯宁在餐具垫巾上勾画了他们的产品设想，得到了本杰明·罗森的肯定和 Kevin-Rosen 风险投资 250 万美元的支持，于 1982 年成立了康柏电脑公司。

20 世纪 80 年代早期的计算机行业，技术还在摸索发展之中，既没有统一的产品标准，销量也不高，因而价格极其昂贵。今天花 1 000 多美元就能买到的以"奔腾"处理器为核心的个人电脑，按所代表的信息处理能力计算，在当时的售价(按运算次数速度和存储能力折算)超过 100 万美元。为适应当时对计算机高新产品的市场需要，康柏公司在早期主要生产专供工程师和科学家使用的手提电脑和高速、大容量的高级微电脑，以技术先进、使用可靠著称。由于当时整个计算机行业的发展成熟程度都还很低，外购部件的质量极不稳定，康柏公司为了确保产品质量，主要元部件都是自产的。为了确保硬软件兼容，康柏公司在设计计算机时对当时已知的所有软件都进行反复测试，并在出厂前对整机进行连续 96 小时运转的测试以确保产品质量。康柏的微机装箱后可以从 3 层楼上摔下来而不出问题，一开箱就可立即使用。康柏在设计制造计算机和工作站(work station)时追求的是世界第一的技术性能，而不是生产效率和成本控制。只要是科研需要，科研人员可以自行购买十几万美元的仪器设备。康柏公司的不成文的准则是：“让财会人员下地狱见鬼去，我们要的是顶尖产品。”

在 20 世纪 80 年代计算机整体上仍处于创新阶段的情况下，计算机的主要买主是企业的工程技术人员及科研机构的科学家。康柏的“高科技、高质量、高价格、高服务”的经营方针在这一目标市场上取得了极大的成功，公司在 1982 年成立，5 年后的销售额就突破了 10 亿美元，创造了当时的世界纪录。8 年后，康柏的销售额达到 35 亿美元，再次刷新了企业成长速度的世界纪录。

但是，从 80 年代末开始，计算机行业的发展趋势和竞争态势开始发生根本性的变化。随着计算机制造技术的逐步成熟，硬软件的技术标准渐趋统一，计算机行业的进入壁垒下降，计算机整机和元器件的价格开始大幅度连续下跌。随着计算机价格的下降和有关知识的逐步普及，市场范围和容量不断扩大，规模经济效应越来越明显。行业价值链的战略环节从科研开发转向生产制造和销售。以现成元器件组装然后邮寄销售的“低价邮购”的经营方式渐渐得到了消费者的认同，以戴尔(Dell)计算机为代表的大量计算机组装厂商迅速发展起来。计算机的销售从专业商店独家经销的高服务、高售价转向邮购和超市式的方便式销售。这种“现成元器件组装”的方式由于跳过了自行开发产品的长周期和高成本，因此大大降低了经营成本和产品售价。虽然组装产品在技术上并不是最先进的，但对于 90%以上的用户来说完全足够了。

康柏一度很成功的经营方式于是渐渐成为问题，1991 年第一季度公司历史上第一次出现了亏损。根据变化了的市场形势和产品周期特性，康柏生存发展的一条途径是果断地改变基本策略，转产低价格大批量的普通大众型电脑。可是搞技术出身的首席执行官凯宁却不愿相信计算机会变得像普通家用电器那么普通，也不相信“高技术、高价格”的高档电脑会没有足够的市场。根据美国《计算机周刊》报道，该刊记者在 1991 年 3 次采访了康柏公司，了解亏损的原因，而康柏总部对此的回答是：亏损只是由于世界经济疲软所造成的暂时现象，根本不承认康柏的根本策略有问题。凯宁认为康柏不但不应转产低价电脑，而且应当进一步增加产品开发研究的投入，走进一步开发科技、设计新电脑的道路，用更高层次的产品更新来求生存、求发展。罗森不相信按当时每台售价 1000 美元的价格能够造出性能优良的电脑来，即使造得出，也绝对达不到康柏的要求，打不响康柏的品牌。

转产低价电脑的提议在康柏公司内部和外部都遇到了许多阻力。为了发展高科技产品，康柏公司多年来吸引了一大批美国名校毕业的技术尖子。这些技术尖子在康柏公司的发展中起了极大的作用，也因之成为各个部门的负责人。虽然他们都持有大量康柏公司的股票，转产成功也符合他们的经济利益，但他们从感情上和技术偏好上都不愿转产低价大众型电脑。他们加盟康柏就是因为在康柏可以开发最新技术，可以搞创造发明。他们的理想是在产品技术上突破世界水平，而不愿为批量生产的工艺去计算一分一厘的成本账。从管理实践上看，很多第一代企业家在创业时都有一个梦：有的是为了证明自己的价值；有的是因为迷上了一种新产品、新技术或者一种新的理论，并不完全是，甚至主要不是为了经济利益。对于这种成功的企业家，在市场形势转变之后，往往不愿改变初衷，即使这种改变与他们的直接经济利益是完全一致的。从组织结构设置和管理制度来看，高科技研究和新产品开发要求尽可能地发挥科研人员的创造性和主动性，需要的是轻松、自由的组织环境，技术人员在企业里占主导地位；而低价机的大批量生产则要求严密的组织制度和全面控制，营销和财会人员在决策过程中起决定性的作用；转产普及机所要求的体制改革与已经建立起来的康柏公司的现有制度和文化相左，转产的要求自然受到冷落和抵制。从外部来说，多年来康柏公司与一起开发计算机市场的专业计算机店已经形成了一种精诚合作的伙伴关系，转产低价计算机就意味着必须打破原有的独家经销关系，这也引起康柏零售伙伴的反对。这种提供全面销前售后服务的独家销售网曾经是康柏的战略资产，现在却成为一种包袱。如果转产普及机，则在原有的销售体系上的投资和经验都要报废，而在邮购、超市式销售方面，康柏的经验和投资几乎是零，远远落在戴尔和其他组装机厂商的后面，一切都要从头学起。对于康柏来说，这无疑是扬短避长。

由于这些内部及外部原因，转产大批量低价普通电脑的设想在康柏内部始终得不到重视，更谈不上实施了。几次讨论，都被凯宁以"廉价无好货"和"低价机不是康柏的优势所在"为理由拒绝了。

康柏是一个由风险投资基金扶持成立的上市公司，在组建时就设立了一个按美国上市企业的制度规定得比较完善的董事会，并在实际工作中形成了一套切实有效的董事会工作制度。企业的关键决策要经过董事会批准，平时并不干预总裁的指挥，但对总裁的决策有一个参谋监督制约机制，关键时可以启动制约功能，及时做出根本性的战略改变，必要时可以撤换总裁。

康柏的董事会制度的形成，并不是"无心插柳"的偶然现象，而是康柏的董事长和创办者之一的风险专家本杰明·罗森"有心栽花"的结果。

本杰明·罗森是美国风险投资业的传奇人物，他在 13 岁时就创办了自己的邮寄照相冲洗服务，挣了不少钱，后来考取了斯坦福大学读电子工程硕士。毕业后罗森先是在一家国防工业企业从事了几年电子工程的技术工作，然后又到哥伦比亚大学攻读了 MBA，毕业后到华尔街著名投资银行摩根-斯坦利担任信息技术行业的专职分析师，很快就当上了副总裁。因此，罗森对信息行业的技术趋势和商业分析两方面都很在行。罗森极具冒险精神，又非常谨慎踏实，重大问题事必躬亲。他有私人飞机，却不用私人秘书。1980 年他以自己的 20 万美元为基础，与人合伙筹集了 2500 万美元，建了 Kevin-Rosen 风险投资基金，专门扶持高科技行业的新兴企业，他所扶持的 Lotus、康柏都已成为风险投资成功的经典案例。他在 Lotus 和康柏所投入的 4600 万美元，在三年内增值 1.1 亿美元。

但是，Kevin-Rosen 风险投资基金所投资的最初 3 个项目都是失败的。分析失败的原因，都是因为投资少，没有介入管理机制的设置，也没有介入关键问题的决策。根据这一总结，罗森决定以后不再以消极的、旁观的、弱股东投资者的身份投资；不投则已，要投就要投入足够大的资金，要参与董事会而且要当董事长，以便控制关键决策；而且要密切监测受资公司的业务发展和管理状况，不当甩手掌柜。为了保证能够真正起到董事会的参谋监督作用，保证对所投资行业的技术和业务有第一手的丰富信息和直觉感受，罗森的风险基金坚持不在海外投资，不当遥控投资人。

这一做法的优势在康柏公司的投资问题上得到了相当充分的表现。当康柏公司的业绩开始滑坡时，作为创始人，罗森个人拥有 550 万股康柏股票，他所负责的 Kevin-Rosen 基金在康柏有几千万的投资；比起那些拿干股的董事长，罗森有巨大的投资利益和个人声誉需要保护；他对计算机行业的技术和市场趋势及康柏的实情及内情又非常清楚，同时又是董事会的董事长，这就给了罗森解决领导不称职问题的必要手段、能力和内在动机。

1990 年年底，康柏公司一个中层经理向罗森反映了计算机市场的变化和康柏内部反对转产的种种情况，引起了他的重视。因为转产普及机一事关系到康柏公司的根本方向和关键人事安排，问题又迫在眉睫、不容等待，所以罗森采取了一系列极不寻常的做法。为了摸清低价电脑生产成本的真实情况，他亲自从康柏内部秘密挑选了两名中层管理干部：一个搞技术，一个搞营销，跟他一起乘他的私人飞机直飞拉斯维加斯，参加当年的计算机和元件商品交易会。为了不惊动公司内部的反对派，整个调研工作绝对保密，罗森和这两位中层干部联系时用的都是代号，他们的直接上司只知道这两名经理是去度假了。为了避免暴露身份，他们没有住在为参展单位预备的高级旅馆，而是住在一家远离会场的很小的汽车旅馆里。这两位中层经理在商品交易会上以个体户创业为名向参展单位询价，摸清了所有元器件的成本价格情况。然后购买了组装普及计算机的全套元器件，晚上回到汽车旅馆用买来的零配件组装了一台计算机，并对性能进行了测试。实践的结果是，组装机完全可以达到康柏自产机的性能，而价格只有康柏自产机的一半。而且，因为这些元器件是以一个无名个体户的身份买入的，如果考虑到以康柏名义大批量集团采购的话，成本还可以进一步降低。这证明转产低价机在技术上和价格上是完全可行的，而且所需的试制时间根本不需要像康柏内部的技术部门和凯宁所说的那么长，完全可以很快上马。罗森回到公司后以董事长的身份召开了董事会会议，把样机拿到董事会上现场演示，并拿出了事先准备妥当的全套测试数据。经过长达 13 个小时的激烈辩论，董事会达成共识，免去了凯宁的首席执行官职务，决定转产低价普及型计算机，由原执行副总裁法伊弗(Pfeiffer)担任总裁并负责实施。

由于康柏原有的高科技体制不可能马上转轨，因此法伊弗在康柏内部设立了一个独立分部，专门从事低档机的试制生产和销售，不受康柏原有产供销体制的束缚，享有自行独立采购、独立组织营销的全权。许多长期向康柏提供小批量生产的高质量、高售价元器件的专业厂商纷纷向康柏总部的采购部门施加压力，要求康柏继续采购他们的高档高价产品。但是，由于新的分部是有经营自主权的独立分部，主持业务决策的是个新班子，完全不受历史形成的供货关系和情面的约束，凡是达不到新的采购成本标准的供货商都被无情地甩开了。康柏开始对产品进行非常严格的价值分析，仅从产品包装上，每件产品就省下了近10 美元，因为实际上没有谁会把计算机从 3 楼丢到楼下然后再来使用。1 年之后，康柏的转产计划取得了巨大的成功。虽然康柏仍然保留了原有的主要服务于企业和企业科技人员的高档机的生产，但是主要业务已经转到了全世界销售量增长最快的普及机市场，计算机销量不断上升。现在康柏已经成为世界上最大的个人电脑生产商，1998 年销售额达到 310亿美元。

如果康柏的决策机制和20 年代的福特公司一样，是不受约束的"强人"决策，那么康柏的辉煌大概不会延续到今天。作为同一时代的反例是王安电脑。在康柏转轨的过程中，创办者之一的凯宁失去了他的职位，但是他所参与创办的公司却生存了下来，而且得到了进一步的发展，凯宁本人的股票、股权也相应地得到了保值和增值。而同样称雄一时的王安电脑，因为不思改革，固守其独家产品的技术标准和内部的家庭式管理，最后终于在 1992

年宣布破产，以职位、财产两空的结局告终。这一教训是值得我们深思的。

(资料来源：梁能. 公司治理结构：中国的实施与美国的经验. 北京：中国人民大学出版社，2000.)

问题：

1. 导致康柏在 1991 年第一次出现亏损的原因是什么？

2. 试从产业环境、企业家生命周期的角度分析两家公司的兴衰。

第 2 章　创意与商业构想

重 点 提 示

☐ 创意的来源
☐ 创意的产生方法
☐ 创意的评价和筛选
☐ 新产品创意中存在的误差
☐ 产品规划内容
☐ 创业计划书的内容和编写步骤

 阅读材料

商业计划书撰写的真实案例——一位 CEO 访谈

这是一篇全球酒店管理/旅游行业战略分析师Jens Thraenhart对硅谷 startup Kango.com CEO Yen Lee 的一篇采访。

Tourism Internet Marketing Blog(简称 TIM): Yen，Kango 究竟是什么？它能够为顾客提供什么样的价值？

Yen: 创建 Kango 的主要目标是想帮助大家在个人/自助旅游方面做出更好的决策。Kango可以说是对目前一些旅游预定网站(例如，Expedia、Anircanada.ca、deltahotels.com)的一个衍生补充，使用户能够根据自己所想要的经历和生活方式找到最佳选择(例如，Kango正在努力告诉你哪里可以找到一个你想要的温暖沙滩之旅，或者如果你全家要去Calgary，有什么好玩的活动可以做)，找到以后，你只需要点击一下就可以直接进入你所喜爱的预定网站做下一步选择。

TIM: 你为什么把公司的名字从 "Searchspark" 改成了 "Kango" ？

Yen: Searchspark是在我的车库里建立起来的公司，是用来 "存放" 东西的地方。当时我们告诉我们的工程师说，他们可以任意起他们想要的名字，他们选择了 "searchspark"，因为他们希望我们个性化的搜索引擎能够如 "火花" 一样 "激发" 出更好的旅游经历。我们一直想找一个能凸现旅游的核心以及我们的服务的名字，而 "Kango" 这个词语拥有令人鼓舞的力量，同时表达了旅游的乐趣，所以就决定是它了。对我们而言，Kango 是有隐含意义的：你"可以"找到你想要的，然后就"出发"——预定并享受美妙的旅行。

TIM：像 Kayak、Mobissimo、Bezurk、Farechase(Yahoo)、Farecast、Triphub、Yapta、Sidestep 这样的旅游相关元搜索引擎(Meta Search Engine)已经数不胜数，而你现在却要挤进来，你打算如何同他们竞争并将顾客吸引过来？(更不要说像 Expedia、Travelocity 或者 Orbitz 之类的网站了。)

Yen：没错，在线旅游市场已经非常"拥挤"，这个现象一点也不令人感到意外。根据 Forrester 的数据，2007 年网上预订成交额将达到 870 亿美元，而 2006 年，仅美国的消费者就在旅游上花了 6790 亿美元(旅游行业协会数据)。现在的确已经有很多成熟的预定网站和新近的元搜索引擎来帮助消费者找到最低价格的旅游产品，但是它们只适用于那些已经决定了"去哪儿"的消费者。

但是 Kango 将帮助用户解决一个完全不同的挑战——那就是帮助你决定去哪里。若是你已经准备逃离加拿大的冰冷冬天，那么你到哪里去寻求帮助来决定你的温暖沙滩之旅究竟在哪里？当你要去蒙特利尔过一个家庭假期的时候，谁又能给你提供满足你的家庭旅行需求的合适的住处呢？如果你想去蒙特利尔过一个浪漫之旅，谁又能提供合适的建议呢？所以，我们并不是要同现今已存在的网站竞争，我们只是要帮助大家找到最合适、最好的度假选择，然后引领大家去他们喜爱的订购网站。目前大多数人是通过搜索引擎来做旅游准备工作的，所以要找到 Kango 并不困难，因为我们提供的是最相关的旅游结果，我们的网站将显示在 Google 以及 Yahoo 的自然搜索结果中。

TIM：是不是说你们的产品将填补整个旅游搜索市场的一个空白？

Yen：没错！搜索旅游信息现在确实是有点令人头疼的经历。大多数消费者通常通过 Google 搜查，然后不得不从一些零碎的网页中拼拼凑凑来决定计划。消费者同时还要考虑哪些网站是可信的，或者哪些观点(例如，评论、评分、博客等)是可以参考的。

我们所做的就是要简化这些过程。我们是市场上第一个搜集、分析和组织这些零碎网站以及各式各样的观点的网站，并且为用户返回相关的个性化的信息和结论。我们也是首个从"旅程风格"做搜索的公司。为了达到这个目标，我们已经从超过 1000 个网站中搜集到了相关信息，比如酒店、旅游胜地等，同时还收集了超过 1800 万条游客个人观点/评论。和一个主流的搜索引擎类似，Kango 所提供的个性化推荐内容：评论和描述的摘要，若你想要了解这些摘要的详细内容，那么我们把你转到原文的网站。

TIM：你们的商业模式是什么？你估计什么时候可以开始盈利？你们的主要合作伙伴是谁？有哪些风险？

Yen：有些模式并不是我们的首创。我们的模式的三个突出方面与我在 Yahoo Travel 时所开发的模式非常相似：针对性的 LeadGeneration，引导用户到预定网站；一般的文字广告(例如 Ad Sense)；可以展示旅游风格、体验的横幅广告；多媒体广告。我们对最后一种模式最为看好。

TIM：你吸引了一支了不起的团队(恭喜你！)，你是怎么做到的？

Yen：我曾经有过参与 Citysearch 和 Worldres 创业的经历，这使我意识到在新公司成立的初期，你唯一能控制的是你的团队和所营造的文化。我们不仅需要那些"以结果为导向"(results-oriented)的、有竞争力的、是特定领域的专家的人才，更需要那些可以相互协作、具有团队精神、相信我们能够一起成功或失败的人。

　　有趣的是，虽然 Google 和 Yahoo 的搜索引擎竞争激烈，但仍旧有不少非常有天赋的搜索引擎专家在寻找加入能够"改变世界"的小公司的机会。我们的语义搜索引擎只集中处理"旅游"这个非常专门的领域(不同于电子商务的千门百类)，而我们建立团队的方法也吸引了很多工程师。我们也就是这样找到 Huanjin(ebay 的搜索架构师)、Tong(SimplyHired) 和 Boris (Loglogic) 的。我们始终相信，如果第一次不成功，就再尝试一次。在 Yahoo 的时候，我就曾试邀请 Elliott(Netcentives 以及 LoyaltyMatrix 的创始人和营销副总裁)和 Gene(BlueDot 的创始人和产品开发部 VP 以及 Acxiom Digital 的产品 VP)加盟。虽然他们当时都认为这样一个共事的机会很吸引人，但他们都选择暂时"回避"大公司，而选择加入这个创业公司。正是他们丰富的阅历，先前的成功经历对我们今天的进展很有帮助。

　　TIM：你们的投资人是谁？你们需要多少资金才能够维持这样一个庞大的智能工程？

　　Yen：我们暂时不便透露投资方。但我们可以说，SandHill Road 下的顶级公司/企业和一些有旅游行业经验的天使投资人已经投资了 Kango。

　　TIM：这个网站是不是只针对美国旅行者？还是你有意扩展到全球市场(即将网站多语言化)？如果是的话，那么从网站架构、设计和搜索逻辑的角度来看，是否有变化？

　　Yen：我们意在满足消费者全球的旅游需求。在今年晚些时候推出的 beta 测试版中，我们只会着重关注美国旅游胜地，特别是满足那些家庭、浪漫以及携带宠物旅游的人群的需求。若是按照地区划分的话，我们更注重加州和夏威夷。

　　我们将尽我们所能，在保证搜索质量的前提下，把我们的产品搜索范围扩大到加拿大和美国的 50 个州、10 个行政区和 9 大地域，我们准备尽可能地将投资用到数据的搜集、语义分析、产品设计、语言以及广告中去。

　　(资料来源：http://hi.baidu.com/gsxu/blog/item/8b862508595a6433e824886b.html，原作者：Jens Thraenhart 译者：Grigo)

　　这个访问是一个关于商业模式和计划的深入探讨。从对话中可以清晰地看到 Yen Lee 是如何剖析他的创业计划，如何思考产品对消费者的创新价值，如何在"拥挤"的行业中确立定位其核心技术是什么，如何吸引并建立一支团队。他甚至坦然谈到自己的盈利模式。如 Techcrunch Erick Schonfeld指出，Kango 的发展前景目前还是一个未知数，但是这样的对话无疑是一个"如何准备一个商业计划"的最好参考。

2.1　创意开发与管理

　　在新产品的开发流程中，产品创意是新产品概念开发的前提和基础。企业要想获得大量高质量的新产品创意，首先要实现企业创意来源的多样化，以及注重对这些来源的培养。

2.1.1　创意的内涵、特性与来源

1. 创意的内涵

　　创意(originality)具有名词、动词和形容词的含义。创意的名词含义是指创建性的意念、

巧妙的构思、好点子、好主意等；作为动词的创意则是指创建性的思维活动，指提出有创造性的想法、构思等的过程；当作形容词用时，创意是指有"创新性"。通常所说的创意是作为名词存在，即有创造性的想法和构思等。Tucker(2002 年)通过对 23 家创新制胜企业进行总结，他认为创意就是要为顾客所需要的新产品、服务、流程和战略计划构建基石。美国广告大师李奥·贝纳提出"创意的核心是运用有关的、可信的、品调高的方式，与以前无关的事物之间建立一种新的有意义的关系的艺术"。创意的内容包括两个方面：第一，创意是能够产生创造性社会后果或成果的思维过程；第二，创意思维是思维本身和思维结果均具有创造特点的思维。创意的关键在于创造，创造既是一个过程也是一个成果。

2．创意的特性

创意思维成果有助于思维方式、方法、过程本身的创新，思维成果的创新性与思维活动的创新性是创意思维内涵不可分割的两个方面。创意思维除了具有思维所具有的一般特性之外，还具有以下特性：

(1) 独立性。创意思维在展开过程中，具有不依赖现成的答案和方法、不易受他人暗示的品格，在逻辑上属于超出原有论域的思维。

(2) 敏捷性。创意思维具有面对问题时能迅速做出反应、思维进程的速度较快的品格。

(3) 灵活性。创意思维具有能根据具体情况的需要，随时调整、改进原有思路及其假说、假设、方案等的品格。

(4) 伸展性。创意思维具有向前、向后、向左、向右延伸的品格。

(5) 深刻性。创意思维具有善于透过现象而深入事物本质的品格。

3．创意的来源

创意的来源有很多，不同学者从不同角度论述了自己对于创意来源的独特看法。Richard Luecke(2004 年)指出，创意有许多来源，有些来自灵光乍现，有些是无意中得来。彼得·杜拉克(Peter Drucker)指出，大部分创意是来自刻意、有目标的寻求问题的解答、或取悦顾客的机会。赖声川在其著作《赖声川的创意学》中认为所谓创意乃是"创"与"作"的有机连接，"创"是智慧，"作"是方法，创意就来自于智慧和方法。

综合各种观点，结合实践经验，创意的来源主要有六个方面：新知识、顾客、领先使用者、共鸣设计、研究与开发(R&D)、公开市场。

(1) 新知识。从不同途径传播的新知识、新信息中吸取营养和精华，产生创新灵感，提出创意，进而在创意基础上进行产品规划与开发，实现产品商业化和市场化。新知识是创新尤其是激进创新的重要源泉，但由新知识产生创意进而实现产品商业化的过程十分缓慢。

(2) 顾客。顾客是提供创新思想的主要源泉，是企业产品的最终消费者。企业生产产品的最终目的是为了满足顾客的消费需求，为顾客提供消费效用。顾客消费一种产品所得到的消费效用既取决于产品设计、性能、价格、包装等企业所能主动控制的因素，还取决于消费者自身消费偏好、心理、收入状况等被动适应因素。因此，企业为了能提高顾客的消费效用，应通过各种途径主动了解顾客的偏好、心理、收入等被动适应因素状况，变被动为主动，通过市场调查研究、售后服务、售后回访等方式了解顾客的意见和建议，了解顾客新的需求发展方向，让顾客将成为企业产品改进和创新的不竭源泉。

(3) 领先使用者。领先使用者是创意的另一个重要来源。MIT 的 Von Hipple(1986 年)

将领先用户(lead user)从普通用户中区分出来，强调了领先用户在创新早期过程中的作用，并使得企业能够通过系统化的领先用户研究方法，迅速完成创新产品和服务的商品化过程。领先使用者是一群需求远远超前市场趋势的人，他们可能是企业或个人，而且不一定是顾客。他们也许是寻求以更好的方式来制作或解读影像的先进放射线专家，也许是已找到方法修正现成设备来大幅提高工作效率的工程师、军事飞行员或职业运动员。他们有一个共同点：为了满足自己独特的需求，往往在制造商尚未能考虑到这些需求时，就驱策自己创新。领先使用者很少是为了创造商业价值而创新，而是因为现有产品无法满足他们的需求。他们是为达成自己的目标而创新。

(4) 共鸣设计。共鸣设计是当目标顾客不能清晰地表达未来需求时，通过观察目标顾客群体的消费行为，找出其中共鸣之处，挖掘产生原因，进而激发创意的过程。

共鸣设计是一种激发创意的技巧，创新者可以借此观察人们如何在他们身处的环境中，使用现有的产品与服务。

多萝西·雷纳德(Dorothy Leonard)与杰弗里·雷波特(Jeffrey Rayport)指出，共鸣设计流程包含以下五个步骤：

① 观察。派驻企业代表作为观察员至目标顾客的家庭与工作场所中，观察他们使用产品的情形。这步骤的关键决策在于：观察谁、由谁来观察、观察什么、观察多久。

② 记录。观察员借助照片、录像、绘图等途径记下目标顾客在观察期内的行为表现，并了解其做事原因以及他们所遭遇的问题。

③ 思考与分析。观察员从现场回到公司，与同事分享他们的经验并一起进行思考和分析，必要时重返现场，进行更多观察。

④ 脑力激荡。将观察转化为各种可能的解答，并且以图形描绘出来。

⑤ 建立解决方案的原型。原型能使新概念变得清晰，并且有利于人们与解决方案产生互动，以及激发潜在顾客的反应。

(5) 研究与开发(R&D)。企业的研究与开发分为正式的研究开发计划与秘密的研究开发计划。通过组织的研究与开发活动，不断在旧有的技术、产品基础上进行改进和创新，尤其是激进式创新，创造出新的知识。新知识的产出、传播和利用将成为创意产生的重要源泉。

(6) 公开市场。创意作为凝结了创意者劳动和智慧的结晶，不仅是劳动力产品，由于其所具有的特殊潜在贡献价值，还具有商品的特性，因而可以在公开市场上进行买卖。要获取创意，除了自身自创这条途径之外，还可以借助于公开市场进行买卖。运用授权、合资、策略联盟等进行公开市场创意交易，使创意的流通也能享受到自由贸易的好处。创意的交易有助企业理清本身最拿手的事物。出售创意不仅是企业获利及保持创意活力的好方法，而且还能帮助企业衡量创新的实际价值。买进创意能扩增创新所需的基础，还能缩短企业自创所需的时间，加速创意产品化、商业化步伐。此外，公开市场创意买入还能使企业节约"自创"资源，将人才、资金等各项资源集中在产品规划和开发上，有利于提高产品规划开发的成功率。

2.1.2　创意开发

1. 创意开发的内涵

创意开发既可以从个人和组织角度理解，也可以从结果和过程角度进行阐述。从个人层面来看，创意开发指提高个人的创造性思维能力、开拓个人创造力以及提高个人产生创造性想法的能力；在组织层面上，创意开发指提升组织创造性解决问题的能力，以提高组织对问题的分析解决能力以及产生创造性的解决方案；从结果来看，创意开发指产生解决问题的创造性方案；从过程来看，创意开发指创造性解决问题的过程管理。创意开发具有目的性、新颖性、主观能动性等特性。

2. 创意开发的方法

创意的来源存在很多方面，创意的方法也各式各样，创意本身需要灵感，更需要日常的观察、积累、分析和联想。根据创意产生方式的不同，可以将创意开发方法分为思维能力拓展法、分析能力促进法、团队合作法等。

1) 思维能力拓展法

创造性思维是一种求新的、无序的、立体的思维，它是人类思维的一种高级形式。创造性思维在创意开发过程中处于中心和关键的地位，创意开发的思维方法是对创造性思维的综合运用。创造性思维包括直觉思维、逻辑思维、集中思维和发散思维。创意开发的思维能力拓展方法主要包括以下几种方法：

(1) 类比创意开发法。类比创意开发法主要是运用不同的类比方法进行创意开发，包括直接类比、拟人类比、因果类比、荒诞类比、对称类比、象征类比、结构类比和综合类比。

(2) 移植创意开发法。根据移植内容不同，将移植方法分为原理性移植、方法性移植、结构性移植、功能性移植和材料移植。

原理性移植是指把科学原理与技术原理移植到某一新领域的方法。方法性移植是指把某一领域的技术方法有意识地移植到另一领域而形成创造的方法。例如，20 世纪 60 年代中期，美国一位数学家把经典数学、统计理论的研究方法移植到对模糊现象的研究中，创立了一门新的数学分支——模糊数学。结构性移植是指把某一领域的独特结构移植到另一领域而形成具有新结构的事物。功能性移植是指把某一技术所具有的独特技术功能以某种形式移植到另一领域。材料移植指通过材料的替换达到改变性能、节约材料、降低成本的目的。

(3) 模仿创意开发法。模仿创意开发法包括功能性模仿、结构性模仿、形态性模仿、仿生性模仿和综合性模仿。

功能性模仿是指从某一功能的要求出发来模仿类似的已知事物。例如，从傻瓜相机的功能特征模仿开发出傻瓜计算机、傻瓜汽车等。结构性模仿是指从结构上模仿已有事物的结构特点并为己所用。例如，双层火车的创意可能来源于双层汽车，而双层汽车的构思则是对双层居室的模仿。形态性模仿是指对已知事物的形状或物态进行模仿而形成新事物的方法。例如，军人穿的迷彩服就是对大自然的模仿。仿生性模仿是指模仿事物产生运作的原理、技术、力学、控制、信息或化学等方面特性而形成新事物的方法。例如，电子警犬就是对狗鼻子灵敏度的信息仿生。综合性模仿是一种全面系统的模仿。

(4) 组合创意开发法。组合创意开发多种多样，几乎覆盖人类生活的各个领域，主要包括材料组合、结构组合、方法组合、原理组合、功能组合和技术组合。功能组合法主要是通过利用一项技术所具有的多面性，并将其多面性进行整合而得出新的创意。如一种半导体复合材料施加直流电后会产生热量转移，即将半导体片一端的热量传导到另一端，当热端实施冷却后，冷端会源源不断地向热端补充热量。这种半导体材料已经在低温或亚低温设备中应用，但多数用的仅是制热或制冷一个方面。倘若将它的两端分别连接两个相互隔离的容器，便可制成一个加热、一个制冷的食品箱。

(5) 逆向创意开发法。逆向创意开发法是一种与原有事物、思路相反的思维方法。在正向思维难以突破的情况下，逆向思维常常会收到柳暗花明的效果。例如，在洗衣机正朝着大容量、大功率方向发展时，海尔洗衣机开发出"小神童"洗衣机。它以体积小、省水、省电的特点，满足了洗衣量少、轻、勤的需要。尽管逆向思维法创意是在已有产品或创意的前提下进行的，但只要反向发现产品功能与社会需求的契合点，就能不失时机地开发出新的产品。

(6) 转移创意开发法。转移创意开发法就是转换解决问题的重点途径的方法，也就是一种另谋它途的思考方法。

2) 分析能力促进法

分析能力促进法可以分为问题分析法、需求分析法和属性分析法。

(1) 问题分析法。问题分析法主要是从问题发现机会，产生创意，主要分为发现问题和定义问题两个步骤。

第一，发现问题。发现问题是解决问题的第一阶段，也是创意开发的起点。首先要找到问题所在，紧接着要确立需要实现的目标，最后寻得解决问题的方法。比较成熟的问题分析方法是 SWOT 分析法。

SWOT 分析是一种结构化的分析工具，包含四个方面的分析，分别是：S——Strength(优势)；W——Weakness(弱势)；O——Opportunity(机会)；T——Threat(威胁)。通过 SWOT 分析，可以将四个方面的特征加以详细说明，同时将其彼此间的关系也梳理清楚，从而达到发现问题的目的。

第二，定义问题。定义问题的方法包括二次定义技术和要素分析技术。

二次定义技术旨在利用对问题的再次定义来尽量避开对问题的固有成见和思维束缚，力图获得不同于首次问题描述的可能定义。要素分析技术通过分析者对问题的重要因素、属性加以分析，通过不同纬度的分析达到从整体到局部的思考。要素分析法比二次定义法更有助于缩小选择的范围和整合与问题相关的信息，也有助于获取新的信息。

(2) 需求分析法。需求是创新的外在推动力。采用需求分析法时，创意开发者应首先设法把需要满足的需求全部列出来，在罗列需求过程中发现以前所未知的需求。常用的需求分析法有应需开发法和用户法。

应需开发法是指根据社会的某种需求来开发新产品。创意开发者既可以通过寻求不同个性和爱好、不同地区和民族、不同年龄和经济收入人群、特殊人群的不同需求来激发创意，也可以寻求更加健康和安全的需求、更为省时、省力、方便的需求来激发创意；创意开发者不仅可以从满足人们物质上的需求中激发想法，更加可以从满足人们精神和心理上的需求中获取灵感。

用户法是指从用户反映的意见中获得智慧。用户的意见反映了用户的需求，尽可能满足用户的需求，不仅是企业的职责，也是推动企业创新产品、改善经营管理的原动力。利用好用户的意见反馈，可以让企业积极地把握用户的需求，为用户量身定做适合的产品，推动产品创新。

(3) 属性分析法。属性分析法主要是指运用列举法将事物的属性一一列出，再采用自由关联的方法，对所列出的属性进行配对考察，激发新创意的方法。属性分析法是由Crawford 于 1954 年提倡的一种著名的创意思维策略。此法强调使用者在创造的过程中观察和分析事物或问题的特性或属性，然后针对每项特性提出改良或改变的构想。

3) 团队合作法

(1) 头脑风暴法。头脑风暴法又可称为脑力激荡法(Brainstorming)，是最为人所熟悉的创意思维策略。该方法由 Osborn 早于 1937 年所倡导，强调集体思考，侧重互相激发思考，鼓励参加者于指定时间内构想出大量的意念，并从中引发新颖的构思。头脑风暴法虽然主要以团体方式进行，但也可于个人思考问题和探索解决方法时，运用此法激发思考。该法的基本原理是：只专心提出构想而不加以评价；不局限思考的空间，鼓励想出越多主意越好。此后的改良式脑力激荡法是指运用头脑风暴法的精神或原则，在团体中激发参加者的创意。创意六项来源中除了公开市场购买之外，其余五项创意来源均可用头脑风暴法来获得。

(2) 德尔菲法。德尔菲法又名专家意见法，最早出现于 1950 年末，是当时美国为了预测在其"遭受原子弹轰炸后，可能出现的结果"而发明的一种方法。这种方法是依据系统的程序采用匿名发表意见的方式，即团队成员之间不得互相讨论，不发生横向联系，只能与调查人员发生关系，可以反复地填写问卷，以集结问卷填写人的共识及搜集各方意见，用来构造团队沟通流程，应对复杂任务难题的管理技术。德尔菲法吸收专家参与预测，充分利用专家的经验和学识，并且采用匿名或背靠背的方式，能使每一位专家独立自由地作出自己的判断，而且预测过程经过几轮反馈，使专家的意见逐渐趋同。德尔菲法能发挥专家会议法的优点，即能充分发挥各位专家的作用，集思广益，准确性高，并能把各位专家意见的分歧点表达出来，取各家之长，避各家之短。

(3) 讨论法。讨论法可分为三三两两讨论法和六六讨论法。三三两两讨论法可归纳为每两人或三人自由成组，在三分钟时限内，就讨论的主题互相交流意见及分享，三分钟后再回到团体中做汇报。

六六讨论法是以脑力激荡法作为基础的团体式讨论法。此方法是将大团体分为六人一组，只进行六分钟的小组讨论，每人一分钟，然后再回到大团体中分享及做最终的评估。

4) 其他方法

(1) 心智图法。心智图法是一种刺激思维及帮助整合思想与信息的思考方法，也可说是一种观念图像化的思考策略。此法主要采用图志式的概念，以线条、图形、符号、颜色、文字、数字等各样方式，将意念和信息快速地以上述各种方式摘要下来，成为一幅心智图(mind map)。结构上，该方法具备开放性及系统性的特点，让使用者能自由地激发扩散性思维，发挥联想力，又能有层次地将各类想法组织起来，以刺激大脑做出各方面的反应，从而得以发挥全脑思考的多元化功能。

(2) 分合法。分合法是 1961 年 Gordon 在其《分合法：创造能力的发展》一书中指出的一套团体问题解决的方法。此法主要是将原不相同亦无关联的元素加以整合，产生新的意念/面貌。分合法利用模拟与隐喻的作用，协助思考者分析问题以产生各种不同的观点。

(3) 检核表法。检核表法是在考虑某一个问题时，先制成一览表，对每项检核方向逐一进行检查，以避免有所遗漏。此法可用来训练员工思考周密，以及有助于构想出新的意念。

(4) 七何检讨法(5W2H检讨法)。该方法能提示讨论者从不同的层面去思考和解决问题。5W 指为何(Why)、何事(What)、何人(Who)、何时(When)、何地(Where)；2H 指如何(How)、何价(How Much)。

(5) 曼陀罗法。曼陀罗法是一种有助扩散性思维的思考策略，利用一幅九宫格图，将主题写在中央，然后把由主题所引发的各种想法或联想写在其余的八个圈内，此法也可配合"七何检讨法"从多方面进行思考。

(6) 强制关联法。关联法指在考虑解决某一个问题时，一边翻阅资料性的目录，一边强迫性地把在眼前出现的信息和正在思考的主题联系起来，从中得到构想。

(7) 创意解难法。美国学者 Parnes(1967 年)在 Osborn 所倡导的脑力激荡法及其他思考策略的基础上，发展提出了"创意解难"(creative problem solving)的教学模式。此模式的重点在于解决问题的过程中，问题解决者应以有系统、有步骤的方法，找出解决问题的方案。

(8) 相似诱发法。相似诱发法是人们通过一个已知事物的原理、过程、方法，推衍另一具有相似特性的未知事物，从而可以引发对另一产品新的创意的方法。例如，人的血液与植物的叶绿素在特征上有着惊人的相似，原子运动与天体运动反映了微观运动与宏观运动的雷同。

2.1.3　创意的筛选与评价

新产品创意构思的筛选是用一系列评价标准对各种新产品创意构思进行甄别比较，从中把最符合评价标准的创意构思挑选出来的一种过滤过程。并非所有的创意均具有可产品化的潜力。对于一项不具前景的创意，创新企业必须在它耗去大量资源之前尽快加以淘汰，并通过机会测试和进一步评价及筛选，找出合格创意中最强、最具前景的。筛选创意构思，一要检查新产品开发的正确方向；二要兼顾企业长远发展和当前市场的需要；三要有一定的技术储备。企业能愈早淘汰无法商业化的创意，就愈能节省成本；愈早做好淘汰工作，就愈能让真正有价值的少数创意享有更多资源。

创意筛选一般考虑两类因素作为评价标准，一是评价该创意与企业的战略目标是否相适应，二是评价企业有无足够的能力开发这种创意。

1. 创意发展潜力评估

有趣的构想与真正具有商机的创意之间有天壤之别。创意发展潜力评估又称为机会评估，就是探寻创意对顾客是否具有实际价值的试探过程，通过辨识创意商品化的机会及其潜力大小来做好创意商品化的事前控制，能有效降低和避免创意提出后盲目乐观和激进心理带来的潜在风险。

创新机会的发掘通常具有高度不确定性。要判断创新的实际效用，只能根据很有限的材料，就是只能凭想象。金伟灿与莫伯格尼认为，应当将焦点放在创新所带来的效益——改变顾客的生活上。创新组织可以通过实验方式进行市场试探，观察顾客对于实验反应和顾客对商业化的创新的反应，进而推测商业创新是否存在商品化的机会和机会存在的潜力大小。

2. 企业战略目标评估

在经过第一阶段机会评估后，筛选和淘汰掉不具有发展潜力的创意，保留对顾客具有实际价值的创意，但对于这些有价值的创意，创新企业没有必要全部商业化，我们还需要进行企业战略目标评估。企业战略目标评估主要是评价有潜力的创意与企业战略目标的一致性。就算再有发展潜力的创意，如果与公司的战略不符，它的开发和商业化长期下来就可能带来问题，因此，在做战略评估时，需要更加慎重和仔细。

根据企业战略目标与创意一致性，可以将现有的创意分为两类：

第一类：有潜力并与企业战略一致的创意。

第二类：有潜力并与企业战略目标不一致的创意。

对于第一类创意的处理，企业可以进入下一阶段的评估，如果通过评估，则可以投入资源，进行开发。

对于第二类创意的处理，有三种途径可以选择：放弃创意，将它授权或转让给别的企业或个人进行开发、建立独立或合资组织来负责开发。

3．企业开发能力评估

企业只有具备一定的能力才能进行创意的开发并保证开发的成功。创意的开发要求企业必须具备一定的技术能力和商业能力。

1) 企业技术能力评估

企业技术能力评估是通过评估企业现有员工研发和生产技术能力现状，衡量现有技术能力与创意的一致性以及现有技术能力的充足程度和利用程度。如果一致性程度越高，技术能力越充足，现有技术能力就越能支撑创意实现商品化；如果现有技术能力的利用程度已经很高，企业就可能没有充足的技术能力来支持创意的商品化过程。

经过技术能力评估后，企业可能面临以下三种结果：

A1：企业有必要而且充足的技术能力。

A2：企业有必要但不充足的技术能力。

A3：企业技术能力与创意不一致。

2) 企业商业能力评估

商业能力包括营销、新产品开发、服务特定顾客族群的能力，以及管理散布于各地的员工与设备等能力。企业商业能力评估就是通过对于企业现有的商业能力与创意一致性以及现有商业能力充足程度和利用程度进行了解，衡量企业现有商业能力对创意商品化的支撑程度。

经过商业能力评估后，企业同样面临三种结果：

B1：企业有必要而且充足的商业能力。

B2：企业有必要但不充足的商业能力。

B3：企业商业能力与创意不一致。

将技术能力和商业能力的评估结果进行综合，将形成创新企业可能面临的决策组合(如图 2.1 所示)。

企业技术能力和商业能力按照与创意一致性、能力充足程度可以组合成九种情形。对于不同的情形，企业的技术能力和商业能力对于创意的支撑能力都不同，企业创意商品化的投入和风险不同，企业对于是否继续坚持创意产品化、创意产品化的实现方式等问题的决策也就不同。

图 2.1 中的能力评估组合大体可以分为两类，也就是从原点出发到 A1B3 的对角线作为分界线，拥有对角线以上的分类组合的企业实施创意产品化有较大的优势，而对角线以下的分类组合的企业，必须完全或大部分借助外部的能力来实现创意的开发，因而企业将面临更

大的投入和风险。企业应根据外部和企业内部环境进行判断，做好创意产品化的成本-收益分析，可以视情况决定放弃创意开发，也可以将它授权或转让给别的企业/个人进行开发。

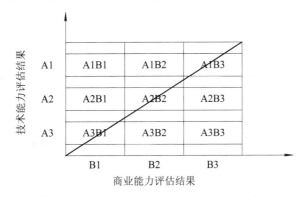

图 2.1　企业技术能力和商业能力评估组合

在企业商业能力与技术能力都能与创意一致且充分的时候，企业应该全力进行创意的产品化规划与开发。在技术能力不充足时，企业可以进行技术资源搜寻；通过引进研发技术人才、购买专利技术和机器设备；通过租借研究所和高等院校的试验室，聘请研究所和高校教师作兼职技术人员；通过项目招标方式实行技术外包，在别处找寻技术支援。商业能力不充足时企业可以通过只专注生产、利用产业分工、借助分销商和营销外包等方式予以弥补。

2.1.4　创意管理

1. 构件创意管理体系

完善的创意管理体系的建立将有利于全方位的激发创意，通过关注企业内部产生、发展、构建创意，并且关注创意来源的多样化，从顾客、供应商、竞争对手等多角度、多渠道来激发创意。完善的创意管理体系包括创意文化管理、创意途径管理、创意制度管理与创意工具管理四个方面要素。

(1) 创意文化管理。创意文化管理指企业构建鼓励创造力、强调团队沟通以及将创新、产生创意作为一种典范的氛围。创造力(提出创意)和创新由组织文化因素影响，文化是影响组织创新属性的重要影响因素。正确的组织文化能够激发每个员工的创新积极性，组织文化具有整合功能、凝聚功能和员工行为指导功能。通过创意文化的构建，营造出全员创新的氛围，从企业的管理人员、财务人员到研发人员、生产制造人员、销售人员和售后服务人员等，人人都可以成为出色的创新源。

(2) 创意途径管理。创意途径管理是指企业激发创意的各种渠道和通道，开发企业内部，以及企业外部的用户、供应商、竞争对手及关联单位等创意通道。新技术的采用已经使得企业与用户的互动从"企业开发顾客知识观"向"企业与顾客共同创造知识观"转变。供应商关于技术、成本、设计和制造方面的知识在产品定义和项目计划上扮演了重要的角色。来自于竞争对手的信息和情报包括竞争者的资源和能力分析、竞争者的可用信息技术分析等，可以有效地整合企业内外部乃至全球资源，比竞争对手更快、更有效地为顾客创造新的价值，使公司在众多企业中脱颖而出获得超群的收入来源。通过开发创意来源的多渠道，能使企业享受到远大于仅借助企业自身力量所取得的价值——协同效益。

(3) 创意制度管理。创意制度包括创意产生激励制度、创意筛选评估制度、创意开发能力评估制度。

通过构建合适的激励制度与发展制度，激发企业创意，提出尽可能多的符合新颖性和创造性的想法和认识；通过选取合理的创意评价标准对创意进行筛选和评价，淘汰那些对顾客不具有实际价值的创意；选取科学的方法对企业技术和商业能力进行评估，对于不同能力现状的企业或企业的不同能力状态，实行不同的创意产品开发决策和方式选择。

(4) 创意工具管理。创意工具管理指企业利用知识库以及电子平台构建良好的创意平台，促使企业内创意的产生。创新网络电子平台是一种动态创新系统，它的参与者既是创新的提出者，又是创新的学习者。组织内知识库构建了组织学习的基础，共享的知识库提高了企业知识管理的水平，增加了组织内学习的氛围，也促进了企业内创意的产生。

2．新产品创意中的几个误区

新产品开发是若干个过程的活动结果。创意只是开发的基础。有了好的创意并不意味着开发的成功。因此，新产品创意并非像一些人想象的那样令人兴奋。由于市场的不确定性和创意者主观方面的局限性，新产品的夭折率极高。美国曾有人对 200 种新产品进行研究，结果表明，新产品夭折率竟高达 80%。

新产品创意中存在几个误区，具体表现如下：

(1) 跳不出固有的思维定势。技术和产品本不是一回事，产品只是某一技术在特定领域中的应用结果。不能跳出思维定势有两种情况：一是由于有形产品本身掩盖了技术的独立性和与其他产品的关联性；二是只看到本产品所应用的技术，否定了其他技术与本产品的关联性。

(2) 没有明确的目标。新产品开发的目标不一定限于谋求更多的利润，还可以是维持稳定的市场或创造更佳的商誉。一个好的创意在于为企业赢得发展的最佳机遇，所以不能轻易判定某一创意在本企业内的成功与否。

(3) 忽略创意人才的培养和鼓励。一个企业中技术人才不仅应包括设计和工艺人员，而且应蓄积一定的创意人才。生产产品的企业如果没有创意人才，企业就会因循守旧，跟不上技术、市场等外界环境的变化。企业的任何决策都具有时滞性甚至落后性，而不具有超前性，如果企业只能适应需求，而不能创造需求，企业就不可能长久。

2.2　新产品开发管理

2.2.1　新产品开发的内涵、类型及其特征

1．新产品开发的内涵

新产品是指新发明创造的产品，或对现有产品组成中的任何一个层次，包括结构、性

能、质量、技术特征、外观、品牌、包装装潢和服务等某一方面或几个方面改进提高了的产品。新产品开发的科学程序为：调查研究与提出新产品开发整体设想—新产品创意构思—新产品创意构思的筛选—新产品开发决策—新产品的设计与试制—新产品的鉴定与评价—市场试销—投放市场。

2．新产品开发的类型

一般的新产品分为以下几类：

(1) 全新产品(new-to-the-world)。全新产品是指应用新原理、新技术、新材料，具有新结构、新功能的产品。该新产品在全世界首先开发，能开创全新的市场。

(2) 改进型新产品(product improvement)。这种新产品是指在原有老产品的基础上进行改进，在结构、功能、品质、花色、款式及包装上具有新的特点和新的突破。改进后的新产品，结构更加合理，功能更加齐全，品质更加优良，能更多地满足消费者不断变化的需要。

(3) 企业内新产品(new-to-the-company)。企业对国内外市场上已有的产品进行许可模仿生产或与其他企业联合生产，称为本企业的新产品。

(4) 形成系列型新产品(addition to product lines)。这种新产品是指在原有产品大类中开发出新的品种、花色、规格等，从而与企业原有产品形成系列，扩大目标市场。

(5) 降低成本型新产品(cost reduction)。以较低的成本提供同样性能的新产品，主要是指企业利用新科技，改进生产工艺或提高生产效率，削减原产品的成本，但保持原有功能不变的新产品。

(6) 重新定位型新产品(repositioning)。这是指企业的老产品进入新的市场而被称为该市场的新产品。该类新产品没有技术开发过程，主要是集中在产品商业化运作方面的创新。

3．新产品开发的特征

新产品开发是一项错综复杂的活动，投资多、风险大、周期长、影响面广。这项活动的特征如下：

(1) 涉及面广。新产品开发属于全企业的活动，涉及面广，与企业内部各个层次和各个部门都密切相关，任何一方面和任何一环节出现障碍都可能导致新产品开发活动的失败。因此，这项活动一般由企业最高领导层直接控制管理，统一协调。

(2) 不确定性大。新产品开发中存在着大量的不确定因素，科技的发展、竞争的态势、政府的引导和限制、市场需求的动向、社会经济发展的水平等，无一不对新产品开发活动产生极大的影响。更为困难的是，影响新产品开发的众多环境因素并非现实的，而是预测的，现实和未来的差异波动以及预测方面的困难将使企业新产品开发的风险大大增加。

(3) 新产品开发活动与现有产品生产相互制约。企业的前景十分重要，新产品的作用不可替代，但是，如果没有可以获利的日常生产经营为基础，新产品开发就可能成为无本之源。因此，需要在现有产品与新产品之间进行妥善的资源配置，保持新旧产品的合理、平衡发展。

2.2.2 新产品开发的规划

1. 产品规划的内涵及其内容

产品规划是指产品规划人员通过调查研究，在了解市场、了解客户需求、了解竞争对手、了解外在机会与风险以及市场和技术发展态势的基础上，根据公司自身的情况和发展方向，制定可以把握市场机会、满足消费者需要的软件产品的远景目标以及实施该远景目标的战略、战术的过程。

产品规划是一项复杂的工作，包含多方面的内容，主要如下：

(1) 研究。产品规划人员研究与产品发展和市场开拓相关的各种信息，包括来自市场上的、来自销售渠道的和来自内部的信息；研究用户提出或反馈的需求信息；研究竞争对手；研究产品市场定位；研究产品发展战略等。

(2) 沟通。产品规划人员应及时与消费者以及公司内部的开发人员、管理人员、产品经理等保持良好的沟通，这种沟通不仅仅在规划阶段，而且要覆盖整个软件生命周期。

(3) 数据收集与分析。产品规划工作中最基本也最重要的一项内容就是收集与产品规划相关的各类数据，并对这些数据进行科学的分析。

(4) 提出产品发展的远景目标。产品规划工作的基本任务是提出产品发展的远景目标(vision)，并通过各种沟通渠道让公司内的相关人员熟悉和理解这个远景目标。

(5) 建立长期的产品计划除了提出当前产品的远景目标外，产品规划人员还负责对产品的长期发展规划(如 3～5 年内的发展计划)进行设计和描述。

此外，产品规划工作还具有不受产品开发周期约束的特点。也就是说，产品规划工作通常会跨越整个产品开发周期，在产品开发周期的每个阶段中，产品规划人员的工作方式并没有明显的不同，他们会随时了解客户、市场、技术创新等情况，并根据内、外部的各种变化调整或完善产品规划。

2. 新产品开发规划的步骤

新产品开发规划必须要遵循一定的流程，如图 2.2 所示。

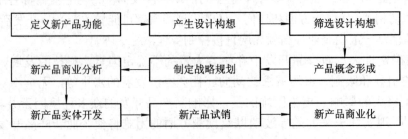

图 2.2　新产品开发规划流程图

1) 定义新产品功能

企业可以根据技术进步的程度、促进企业成长、增加利润、提高顾客满意度或降低成本等不同层面来定义新产品的功能需求。企业的新产品可以原创产品、将现有产品加以改良、换代或以全新品牌等不同的形态出现。

同时，需要分析新产品的特征，这是因为在开发新产品初期，可能会面临利润极低或亏损的情况，竞争对手虽然较少，但企业也仅有不多的渠道据点，面对的也是新的顾客群。此时可以从销售额、利润、顾客群、竞争对手、价格和渠道等不同事项来分析考虑应该着重于哪些产品特征才能成功，进而发展可能的新产品构想，采用可行的营销策略。

2) 产生设计构想

产品设计始于研发动机，新的设计构想产生于不同的来源，它是对新产品功能定义的诠释。产生的设计构想要对当时技术发展程度、市场需求状态、企业生产能力作一个系统的考虑。设计构想主要由顾客需求而衍生出来，也可以是由企业内部研发部门的研发成果，还可以由企业在对外合作研究发展时产生，或者是供应商与经销商的建议等，还有法律的相关规定等也会影响新产品的设计构想。

3) 筛选设计构想

筛选设计构想是根据经济赢利、技术上可行的原则，采用适当的评价系统与评价方法，对各种构想进行分析比较，从中把最有希望的设想挑选出来的过滤过程。能够满足或部分地满足新产品定义的构想很多，因此必须对这些设计构想进行筛选，通常可从工程和管理两方面加以考虑。在工程方面，必须考虑此构想是否会违反工程设计原理或该构想是否为一个可行的技术；在管理方面，则须考虑是否与企业目标和策略相契合，以及执行设计构想所需具备的营销技术和分销渠道等。

通常在筛选设计构想的过程中，厂商要面对两种风险情况：一是忽略了有利的产品，以致丧失获利机会；二是留下了无良的产品，浪费了宝贵的投资和时间。为避免这两种风险情况，应建立一套完善的新产品构想评价系统，对众多的构想进行评价筛选，以提高新产品的开发效率。

4) 新产品概念的形成

产品概念形成的过程就是把粗略的产品构想转化为详细的产品概念。一个完整的新产品概念是对选择的预期产品特性的陈述，这些特性表明，相对于其他产品或可行的解决问题的办法，它将如何产生特定的利益。产品构想只有包括了产品的品质和效益，才有可能是完善的新产品概念。

5) 制定新产品的战略规划

战略规划可以分成三部分：

一是描述目标市场的规模、结构和行为，新产品在目标市场上的定位，市场占有率及前几年的销售额和利润目标。

二是对新产品的价格策略、分销策略和第一年的营销预算进行规划。

三是描述预期的长期销售量和利润目标，以及不同时期的营销组合策略。

6) 新产品的商业分析

商业分析的主要内容是对新产品概念进行财务方面的分析，即估计销售额，估计成本和利润，判断它是否满足企业开发新产品的目标。

7) 产品实体开发

这是产品概念转化为新产品实体的过程，主要解决产品构思能否转化为技术上和商业上可行产品的问题。它是通过对新产品实体的设计、试制、测试和鉴定来完成的。新产品开发是对企业技术实力的考验，能否在规定时间内用既定的预算开发出预期的产品，是整个新产品开发过程中最关键的环节。

8) 新产品试销

新产品的样品经过鉴定以后，企业可进行小批量试生产，在所选择的有代表性的目标市场中做检验性的试销。

市场试销是对新产品的全面检验，可为新产品是否全面上市提供全面、系统的决策依据，也能增进对新产品销售潜力的了解和对新产品改进的启示，完善市场营销的策略。但试销会加大企业成本，并且在试销期间也会使竞争者有可乘之机。然而，试销成功并不一定意味着市场规模销售就一定成功，反之亦然。

9) 新产品商业化

如果新产品试销达到了预期的结果，企业就会决定对新产品进行商业性投放。此时应着重做好以下几方面工作：

(1) 正确选择投放市场的时间。

(2) 正确选择目标市场。

(3) 制定正确的营销组合策略。

2.2.3　编写产品规划书

产品规划书是企业产品规划过程的成果，一般的产品规划书主要由七个部分组成：

• 产品概述。

• 市场分析。

• 产品的发展规划。

• 产品研发规划。

• 市场营销规划。

• 可行性分析。

• 总结。

1．产品概述

产品概述着重从使用者的角度来介绍产品预期的功能和效果，这部分包括：

(1) 产品介绍：说明是什么样的产品。

(2) 产品特色：展示产品的竞争力所在。

(3) 产品的差异化体现：分析本产品和市场上的产品有什么不同。

(4) 生命周期：研究本产品如何延续。

2．市场分析

(1) 产品的背景：说明产品来自于市场及用户需求，还是来自于公司的产品发展规划以及技术积累。

(2) 产品的市场概述：介绍国内外行业状况、市场容量，分析该产品在市场中的增加趋势，最好有数据分析、对比。

(3) 产品的市场需求：分析该产品市场可接受的容量，国内市场在哪里，主要市场分布在哪个行业。

(4) 产品的市场定位：结合产品优势、企业优势，确定该产品的细分市场定位，明确所面对的用户群体。

3．产品的发展规划

(1) 产品的发展蓝图：描述产品的生命周期/产品的更新换代策略以及产品的中长期发展规划，制定产品的发展蓝图；描述产品的一些突出优点，这些描述可成为产品将来的卖点，也是后面开发过程中首先需要把握的部分。

(2) 产品的版本规划：突出每个版本明确的目标和令人感觉明显的差别、卖点。

(3) 里程碑规划：是对于版本规划的分解，里程碑可以根据产品的版本规划以及研发、上市计划来确定。

4．产品研发规划

(1) 需求分析：产品的需求规格说明书(技术需求分析)。

(2) 产品设计：主要给出产品设计的思路、系统框架、工作流程、功能设计等内容。

(3) 研发计划：包括研发资源的配置、研发实施进度安排、测试以及产品包装设计等。

5．市场营销规划

(1) 产品上市计划：制定具体的产品上市计划；明确产品化的阶段目标及每个阶段的主要工作内容(月计划、年计划)。

(2) 产品手册：包括对产品技术文档、宣传资料、演示程序等的要求。

(3) 市场推广：制定产品市场的推广以及宣传计划，制定产品销售计划，制定售后服务流程及制定计划时所采取的各种策略。

6．可行性分析

(1) 产品竞争力分析：从公司在该产品上的技术优势、营销优势、行业的认知、企业管理优势等多方面分析与市场同类产品的竞争优势。

(2) 资源要求及保障能力：公司的已有资源优势、技术基础，这涉及人力资源规划、技术储备及外购计划、产品开发及生产相关的设备、资金筹措、市场开发、管理规划等多方面的内容。

(3) 风险分析及对策：包括研发资源配置、关键技术方面的风险问题及应对方案、市场变化风险及对策、外来竞争对手的介入及对策、资金筹措风险及对策等。

(4) 经济效益分析：包括产品的生产成本分析、项目的产品定价、产品的预期生产规模及销量、预期的经济效益分析。

7．总结

此部分是对全文的内容作一个概括性的总结。

2.2.4　新产品开发应注意的问题

(1) 把握论证关。企业开发新产品首先要把住论证关，对原材料、资金、技术、成本、市场需求、竞争能力等方面逐一进行周密调查，反复论证，以制订出切实可行的开发计划。

(2) 注意时效性。在制订出开发计划之后，应抓紧组织实施，早日将产品投放市场，切勿失去机遇。同时，信息要灵，反应要快，决策要准。

(3) 严把质量关。必须牢记"质量是企业生命"的座右铭，新产品开发同样要坚持"质量第一、信誉至上"。

(4) 尽量降低成本。在新产品开发过程中要尽量降低成本，以价廉质高的优势扩大销售，赢得市场。

(5) 全方位获取资源支持。企业在资金短缺、技术力量薄弱的情况下，应采取"借鸡下蛋"、"借船登陆"等横向联合的办法开发新产品。

(6) 关注新产品的寿命周期。新产品的寿命周期一般为导入期、成长期、成熟期和衰退期。在成熟期，要对产品进行改进，增加功能或提高性能，扩大产品的适应性、方便性和安全性，延长产品的使用周期。

(7) 服务至上。提供周到的售前、售后服务，是企业新产品赢得信誉、在市场竞争中取胜的重要一环，其中包括运输、维修、零配件供应、质量保障等措施。

(8) 产品设计和包装注意美感。在新产品开发中，务必使产品和装潢设计新颖美观、经久耐用。

(9) 加大宣传。可利用新闻媒介和交易会、信息发布会等，对新产品扩大宣传，提高产品的知名度。

(10) 注重知识产权保护。新产品开发成功后，应及时申报注册商标或申请专利，并利用产权法保护自己的权利不受侵犯。

2.3　创业计划书撰写

2.3.1　创业计划书的内涵和内容

1. 创业计划书的内涵

创业计划书是创业者计划创立业务的书面摘要，通常是市场营销、财务、生产、人力资源等职能计划的综合，它用以描述与拟创办企业相关的内外部环境条件和要素特点，为业务的发展提供指示图和衡量业务进展情况的标准。

2. 创业计划书的内容

一般来说，在创业计划书中应该包括创业的种类、资金规划及基金来源、资金总额的分配比例、阶段目标、财务预估、行销策略、可能风险评估、创业的动机、股东名册、预定员工人数。具体内容一般包括以下 11 个方面：

(1) 封面。封面的设计要有审美观和艺术性，一个好的封面会使阅读者产生最初的好感，形成良好的第一印象。

(2) 计划摘要。计划摘要涵盖计划的要点，以求一目了然，使读者能在最短的时间内评审计划并作出判断。

计划摘要一般包括以下内容：公司介绍，管理者及其组织，主要产品和业务范围，市场概貌，营销策略，销售计划，生产管理计划，财务计划，资金需求状况等。

摘要要尽量简明、生动，特别要说明自身企业的不同之处以及企业获取成功的市场因素。

(3) 企业介绍。这部分是对公司作出介绍，因而重点是公司理念和如何制定公司的战略目标。

(4) 行业分析。在行业分析中，应该正确评价所选行业的基本特点、竞争状况以及未来的发展趋势等内容。

关于行业分析的典型问题如下：

- 该行业发展程度如何？现在的发展动态如何？
- 创新和技术进步在该行业中扮演着一个怎样的角色？
- 该行业的总销售额是多少？总收入为多少？发展趋势怎样？
- 价格趋向如何？
- 经济发展对该行业的影响程度如何？政府是如何影响该行业的？
- 是什么因素决定着该行业的发展？
- 竞争的本质是什么？你将采取什么样的战略？
- 进入该行业的障碍是什么？你将如何克服？该行业典型的回报率有多少？

(5) 产品(服务)介绍。产品介绍应包括以下内容：产品的概念、性能及特性，主要产品介绍，产品的市场竞争力，产品的研究和开发过程，发展新产品的计划和成本分析，产品的市场前景预测，产品的品牌和专利等。

在产品(服务)介绍部分，企业家要对产品(服务)做出详细的说明，说明要准确，也要通俗易懂，使非专业人员的投资者也能明白。一般地，产品介绍都要附上产品原型、照片或其他介绍。

(6) 人员及组织结构。在企业的生产活动中，存在着人力资源管理、技术管理、财务管理、作业管理、产品管理等，而人力资源管理是其中很重要的一个环节。

因为社会发展到今天，人已经成为最宝贵的资源，这是由人的主动性和创造性决定的。企业要管理好这种资源，更是要遵循科学的原则和方法。

在创业计划书中，必须要对主要管理人员加以阐明，介绍他们所具有的能力，他们在本企业中的职务和责任，他们过去的详细经历及背景。此外，在这部分创业计划书中，还应对公司结构做一简要介绍，包括：公司的组织机构图，各部门的功能与责任，各部门的负责人及主要成员，公司的报酬体系，公司的股东名单(包括认股权、比例和特权)，公司的董事会成员，各位董事的背景资料。

(7) 市场预测。市场预测应包括以下内容：

- 需求预测。
- 市场预测、市场现状综述。
- 竞争厂商概览。
- 目标顾客和目标市场。
- 本企业产品的市场地位等。

(8) 营销策略。在创业计划书中，营销策略应包括以下内容：

- 市场机构和营销渠道的选择。
- 营销队伍和管理。
- 促销计划和广告策略。
- 价格决策。

(9) 制造计划。创业计划书中的生产制造计划应包括以下内容：

- 产品制造和技术设备现状。
- 新产品投产计划。
- 技术提升和设备更新的要求。
- 质量控制和质量改进计划。

(10) 财务规划。财务规划一般反映在现金流量表、损益表以及资产负债表几个方面。

流动资金是企业的生命线，因此企业在初创或扩张时，对流动资金需要预先有周详的计划和进行过程中的严格控制；损益表反映的是企业的盈利状况，它是企业在一段时间运作后的经营结果；资产负债表则反映某一时刻的企业状况，投资者可以用资产负债表中的数据得到的比率指标来衡量企业的经营状况以及可能的投资回报率。

(11) 风险与风险管理。风险与风险管理计划主要回答以下问题：

- 你的公司在市场、竞争和技术方面都有哪些基本的风险？
- 你准备怎样应付这些风险？
- 就你看来，你的公司还有一些什么样的附加机会？
- 在你的资本基础上如何进行扩展？
- 在最好和最坏的情形下，你的五年计划表现如何？

【例】 嘉洁环卫科技有限责任公司创业计划

一、项目背景介绍

(一) 产业背景

我国目前市场上出售的垃圾桶(篓)主要有室内和户外两大种，制作材料主要为塑料、铁皮、铝合金等，塑料制造材料的主要特点为成本低，制作简便，使用方便；而铁皮、铝合金等材料的垃圾桶生产成本较高，且易丢失、损坏。作为一种新型的垃圾桶，自动套袋垃圾桶除了具有垃圾桶本身的特性外，还采用了专利设计，使产品具有自动供应垃圾套袋的功能，给使用者带来方便和卫生。自动套袋垃圾桶(篓)的生产和销售，将有利于我国垃圾的处理，促进我国环保产业的发展，具有巨大的经济效益和社会效益。

(二) 公司背景

嘉洁环卫科技有限责任公司的性质是有限责任公司。公司设在湖南省湘潭市高新技术开发区，基础设施完善，并享受税收优惠政策，同时靠近湘潭三大高校，研发力量雄厚。它拥有自动套袋垃圾桶(篓)的专利技术，提倡"以人为本，以科技为依托"的健康生活新理念，为社会提供尽善尽美、健康文明的环保产品。公司成立初期生产各种自动套袋垃圾桶(篓)，以满足市场需求的迅速增长；并通过各种方式从社会中筹集资金，启用投资建厂解决方案；同时，针对行业的特殊情况，充分解决环保制品品种多且杂、产品实用性及安全健康等问题。公司注重短期市场目标与长远可持续发展战略相结合，1~3 年内成长为垃圾桶(篓)市场的大中型企业，做实市场和做强企业；4~8 年进入塑料等原材料上游行业，以保障原材料的供应，降低企业的生产成本，提高潜在的市场竞争能力；长期发展目标定位在垃圾无害化处理产业，通过上市等资本运营手段建设成为以塑料环保产业为核心业务的大型企业集团。

公司成立初期共需资金 500 万，其中引入风险投资 200 万。股本规模及结构暂定为：公司注册资本 500 万，风险投资 200 万(40%)；湖南工程学院专利技术入股 100 万(20%)，公司发起人现金入股 200 万(40%)。

公司初期的组织结构采取直线职能式。公司实行所有权与经营权分离的总经理负责制，下设营销副总、技术与生产副总、财务副总。

(三) 市场描述

垃圾桶(篓)是家庭日常用品，对消费者来说是低值易耗品。我国市场大量销售的为通用型塑料垃圾桶(篓)，产品档次较低，品牌忠诚度不高，但市场需求面广、量大，主要购买者为家庭、机关企事业单位。

目前，我国的垃圾桶(篓)主要有两种：室内和户外。室内产品主要为家庭和企事业单位办公室内用的小型垃圾废纸篓，其产品类型主要有脚踏式、印花式、格子式等不同档次的产品；户外产品主要为居民小区、工厂等单位使用的容量较大的垃圾桶。室内和户外垃圾桶本身存在着不足：① 低档次的产品制作粗糙、质量差、不美观，产品式样较少；② 产品设计没有针对性，不能适应不同消费对象的需求；③ 使用不方便；④ 不同档次的产品价格偏高；⑤ 很多产品没有质量保证，没有相关的质量管理认证。本公司生产的自动套袋垃圾桶(篓)将把以上问题作为突破点，从而逐步扩大市场占有的份额，迅速研究开发并推出其他系列的卫生环保产品。

(四) 产品描述

自动套袋垃圾桶(篓)属于文明社会生活领域的一种与人们生活贴近的、有着爱卫意义和环保价值的实用新型发明创造。它是研发人员通过对日常生活用品的细致观察，分析当前同类产品在应用中的缺陷后进行的创新，它结构简单，造价低廉，使用方便。与现有垃圾桶(篓)相比，其突出的创新点表现为：

首先，垃圾套袋与垃圾桶(篓)是一体化结构，每次换袋不用从外面拿放垃圾套袋。

其次，每次换袋都有已装满垃圾的套袋自身从垃圾桶(篓)内牵出一个新的套袋，减少了换袋的麻烦，节省了时间。本产品除具备自供套袋功能外，还具备了在没有套袋的情况下，取出隔底板作为传统垃圾桶(篓)使用的功能。公司将建立国际先进的 ISO9001 质量管理体系，力争通过国际 ISO9001 质量管理认证。因此本产品推广的空间和产品市场的前景十分理想，社会效益和经济效益十分可观。

二、市场机会分析与战略决策

(一) 需求分析

垃圾桶的实际消费对象主要为家庭、机关企事业单位等，垃圾桶(篓)产品属于日常用品，家庭购买方式为单件或多件购买，主要为室内使用；机关企事业单位的购买方式为大宗团购，主要为城市街道卫生、单位办公、处理生产废弃物等使用。随着社会发展和人们生活水平的提高，我国国民的环保意识不断增强，政府亦相当重视。自动套袋垃圾桶(篓)的需求普及化程度将提高，家庭、机关企事业单位等都要用到垃圾桶(篓)，所以消费需求大。

有关市场调查数据显示：我国每年城镇新婚家庭有 500 万左右，假如每个新婚家庭购买三个垃圾桶，则全国每年需求垃圾桶 1500 万个。同时我国还有 5.1 亿的城镇人口也存在着巨大的市场需求，以每个家庭 3.5 口人计算，则约有 1.5 亿个家庭，假如每个家庭 3 年更换一次，平均一次购买 3 个的话，全国城镇家庭需求为 1.5 / 3 ×3 = 1.5 亿个。

(二) 竞争分析

1. 竞争产品和竞争对手。据调查，目前市场上生产垃圾桶的厂家有很多，但没有一个厂家在市场上占有很大优势，生产厂家主要集中于华北、浙皖地区以及珠江三角洲地区，其中各个厂家的产品、价格差不多，没有突出优势。

2. 公司竞争力量模型分析

国家法律法规及政策方针对环境影响力量结构有较大影响。

A. 销售商：主要指批发商。垃圾桶(篓)销售渠道主要为：厂家—批发商—零售商，因此取得代理商的合作是在竞争中取胜的关键因素。

B. 材料供应商：制造垃圾桶(篓)的原材料来源广泛，市场供应充足。

C. 替代风险：公司拥有自动套袋垃圾桶(篓)的专利技术，形成保护壁垒，在较长时期内不会出现同类产品。

D. 新加入者的威胁：防止仿制或专利侵权；加大市场力度，深化渠道管理设置；

E. 行业内的竞争：面对现有市场产品的竞争，我们应积极加强自主专利权的保护与运用，同时采用差异化的价格策略，逐步建立自己的品牌。

3. 竞争优势。自动套袋垃圾桶(篓)本身具有优越性能，设计科学、价格设计合理，使用简捷；在技术方面，自动套袋垃圾桶(篓)拥有自主的专利技术；在管理方面，我们使用现代企业管理制度，竞争优势明显。

(三) 公司特长

嘉洁环卫公司以生产塑料环保系列制品为主，拥有国际先进的制备技术和高素质的管理队伍，提倡"以人为本，以科技为依托"的绿色健康生活新理念，为社会提供健康的环卫产品。

公司拥有先进的专利技术和优秀的科研人员，有能力不断改进产品，深入研究开发塑料材料的环保产品，形成以生产塑料环保产品为核心的多元化经营战略。

公司拥有高素质的营销队伍与相关技术的研发人员。公司营销管理人员均受过管理专业的系统教育，具有丰富的管理经验和良好的市场意识：销售人员具备营销专业知识和相关的技术知识。公司属于国家政策鼓励的生产环保产品的中小型企业，准备投资于湖南省湘潭市高新技术开发区。

(四) 公司战略规划

公司将在 5～7 年内成为塑料环保产品的市场领导者。

1. 公司发展初期(1～3 年)主要达成以下目标：

产品导入市场，树立企业形象及企业品牌；逐步建立销售网络；通过积极的营销战略打开并逐步扩大垃圾桶(篓)市场；年生产量达 75 万个，销售额达到 1500 万元，利润约达到 301 万元；市场占有率达到 5%左右。

2. 发展中期(3～5 年)主要完成以下任务：

进一步完善和健全销售网络；重点研制新型环保产品，进一步拓展产品线，实行多元化经营战略；开始进入塑料回收、加工等原材料上游行业，降低企业运营成本，提高潜在的市场竞争能力；市场占有率达到 12%～16%，居于国内行业主导地位，积极拓展国际市场，努力提升并完善品牌形象。

3. 公司的长期目标是：

利用公司塑料制品研制方面的技术优势，开发研制塑料环保相关产品，实现产品多元化，拓展市场空间，扩大市场占有率，成为环保领域的一面大旗。进入垃圾无害化处理产业，通过上市等资本运营手段建设成为以塑料环保产业为核心业务的大型企业集团。

三、市场营销策略

(一) 市场细分

1. 总起来说，垃圾桶(篓)主要分为两大类：室内品和户外品。

A. 室内品：这类产品主要放在室内使用，购买者主要是家庭日用、机关企事业单位办公用品。

B. 户外品：购买者主要是机关、企事业单位等公共场所。

2. 按产品价格，国内垃圾桶(篓)主要分为：通用品和中高档品。

A 通用品：这类产品的购买者主要为中低收入家庭及对价格敏感者。

B 中高档品：这类产品购买者主要为中高收入家庭和企事业单位以及追求生活品质者。

(二) 目标市场

全国城乡家庭，机关企事业单位。

(三) 产品

1. 产品。保证产品质量，开发多种规格的产品，在核心产品的基础上延伸产品的功能。同时不断开发相关新产品，拓宽产品线的广度和深度。我们提供的不仅是有形的产品，更重要的是产品所代表的尽善尽美的服务和关注环保的健康理念。

2. 品牌。公司发展初期采用单一品牌策略，初定"嘉洁"，有利于在客户中树立明确的品牌形象；随着公司的不断壮大，逐步建立起多品牌的产品组合，提升公司的企业及品牌形象，实现无形资产的增值。建立商标防护网，注册品牌和商标，包括相关或相近的品牌、商标名，利用有关国际条约保护自己的权益；提前在网络上注册公司的域名，为发展电子商务打下基础；宣传产品品牌，提高品牌知晓度。公司将建立国际先进的 ISO9001 质量管理体系，力争通过国际 ISO9001 质量管理认证。

(四) 价格

自动套袋垃圾桶(篓)采用全国统一批发定价与零售指导价相结合的价格体系。针对国内市场情况，我们拟采取需求导向定价法，根据消费者能够接受的最终销售价格计算自动套袋垃圾桶(篓)的经营成本和利润后，逆向推算出产品的批发价和零售价。公司将在全国设立六大分区，每个区域设分销中心，通过区域中间商建立健全完善的销售网络。根据调查，目前市场的传统家庭日用垃圾桶价格一般为 3～50 元。我们是后进入者，传统家庭日用垃圾桶定价策略对于我们影响较大；从增强产品竞争力和公司发展的角度考虑，产品价格较现有市场价格高 20% 左右。

(五) 分销渠道

经调查，市场上垃圾桶(篓)的主要销售模式拟采用的销售渠道有两种：自建销售网络；利用现有垃圾桶代理商。

1. 自建销售网络。将全国划分为东北、华北、华南、华东、西北、西南七大区域，每一区域设一个分销中心，由区域分销中心和代理商共同开发市场，并且负责监管这一区域代理商的工作和二级网络的建设，销售网络的建立原则是为客户提供最高效率的服务。

2. 利用现有垃圾桶代理商。公司处于起步阶段，销售网络正在逐步建设，利用垃圾桶分销商的销售网络扩大市场范围，并吸引有良好业务网络、有发展潜力的代理商，完善公司的销售网络。

（六）推广策略

以"推式"为主策略，在促销等方面调动中间商的积极性。如：大量赠送产品附属品，自动套袋垃圾桶(篓)销售时赠送一卷(50个/100个)垃圾袋。自动套袋垃圾桶是创新发明，广告以户外广告为主，广告的诉求点应侧重于介绍自动套袋垃圾桶的创新性、在家庭中的用途、环保效益、社会效益等。产品品牌宣传表述为"为环保加油，对健康负责"。品牌广告可以通过多种渠道进行。利用不同媒介的特色建立全方位、立体的信息传播网。在社会公益活动中树立公司的良好形象。如在城市主干道摆放自供套袋垃圾桶，达到社会效益的同时宣传产品，提高产品知名度。

（七）市场开发与进入

根据调查，目前市场销售的传统家庭用垃圾桶的品牌忠诚度较低，家庭主妇对价格敏感度较高，比较易于试用不同品牌的产品，市场开发与进入相对容易。

（资料来源：刘艺，周鹏近，张百浩.嘉洁环卫科技有限责任公司创业计划[J]，湖南工程学院学报，2007.6。该作品曾荣获2006年湖南省第二届"挑战杯"大学生创业计划竞赛银奖，并被推荐参加2006年全国"挑战杯"大学生创业计划竞赛。内容有删减)

2.3.2 创业计划书的编写步骤

创业计划书的编写，需要经过以下7个阶段：

(1) 经验学习阶段：通过参观、考察、访谈等方式，了解和学习别的企业和个人成功创业的经验，并且深入分析和了解市场环境和顾客的需求，找寻商机。

(2) 创业构思：在第一阶段的基础上，进行思考和总结，并进一步结合市场进行探寻，激发创意。

(3) 市场调研：在已有创意构思基础上，再次进行市场调研和市场试验，了解创意对于顾客的真实价值，对创意进行完善和评价。

(4) 方案起草：在所有准备工作完成之后，开始撰写创业计划书正文。

(5) 最后完善阶段：首先，根据报告，把最主要的东西做成一个1~2页的摘要，放在前面；其次，仔细检查，避免出现错别字之类的错误；然后，设计一个漂亮的封面，编写目录与页码；最后将计划书打印、装订成册。

(6) 检查阶段：对计划书相关问题进行重新审查，核实信息的翔实性、准确性，以及是否能突出创业方案的吸引力等等。

2.3.3 创业计划书的评价

在创业计划书完成之后，需要对计划书进行详细的评价，以确认该计划书是否能准确回答投资者的疑问，争取投资者对本企业的信心。通常，可以从以下几个方面对计划书加以检查：

(1) 对于创业者管理公司的经验的显示性。创业计划书一定要突出创业者在管理公司方面所拥有的丰富的经验和较强的能力。如果创业者自己缺乏管理公司的能力，一定要明确地说明已经雇了一位有经验的人员来管理公司。

(2) 对于偿还借款的显示性。创业计划书要显示对公司借款的偿还能力，要保证给预期的投资者提供一份完整的比率分析。

(3) 对于完整市场分析的显示性的。创业计划书要用一定的图表和数据来显示创业者已经进行了完整的市场分析，计划书所提出来的产品开发方案建立在真实、完整的市场分析基础之上，要让投资者坚信创业者在计划书中阐明的产品开发潜力是真实可信的。

(4) 简明易懂性。创业计划书应很容易被投资者所领会。创业计划书应该备有索引和目录，以便投资者可以较容易地查阅各个章节。此外，还应保证目录中的信息流是有逻辑的和现实的。

(5) 技术摘要是否有吸引力。计划摘要相当于公司创业计划书的封面，投资者首先会看它。因此，创业计划书应该有计划摘要并放在计划书的最前面，为了保持投资者的兴趣，计划摘要应突出关键信息，使投资者产生兴趣阅读后面的内容。

(6) 保障计划书在文法上准确无误。计划书的文法错误就足以让投资者对创业者的创业态度和能力提出质疑。计划书的拼写错误和排印错误很可能就使创业者的机会丧失。

(7) 对投资者关于产品或服务疑虑的消除程度。创业计划书要尽可能地提供充足的信息，以消除投资者对于产品或服务的疑虑。

2.3.4　编写良好的创业计划书应注意的问题

创业计划是创业者叩响投资者大门的"敲门砖"，一份优秀的创业计划书往往会使创业者达到事半功倍的效果。

要编写良好的创业计划书，需要注意以下问题。

1．关注产品

在创业计划书中，应提供所有与企业的产品或服务有关的细节，包括企业所实施的所有调查。这些问题包括：产品正处于什么样的发展阶段？它的独特性怎样？企业分销产品的方法是什么？谁会使用企业的产品，为什么？产品的生产成本是多少，售价是多少？企业发展新的现代化产品的计划是什么？把出资者拉到企业的产品或服务中来，这样出资者就会和创业者一样对产品有兴趣。在创业计划书中，企业家应尽量用简单的词语来描述每件事——商品及其属性的定义对企业家来说是非常明确的，但其他人却不一定清楚它们的含义。制订创业计划书的目的不仅是要出资者相信企业的产品会在世界上产生革命性的影响，同时也要使他们相信企业有证明它的论据。

2．敢于竞争

在创业计划书中，创业者应细致分析竞争对手的情况。竞争对手都是谁？他们的产品是如何工作的？竞争对手的产品与本企业的产品相比，有哪些相同点和不同点？竞争对手所采用的营销策略是什么？要明确每个竞争者的销售额、毛利润、收入以及市场份额，然后再讨论本企业相对于每个竞争者所具有的竞争优势，要向投资者展示顾客偏爱本企业的原因是：本企业的产品质量好、送货迅速、定位适中、价格合适等。创业计划书要使它的读者相信，本企业不仅是行业中的有力竞争者，而且将来还会是确定行业标准的领先者。在创业计划书中，企业家还应阐明竞争者给本企业带来的风险以及本企业所采取的对策。

3. 了解市场

创业计划书要给投资者提供企业对目标市场的深入分析和理解。要细致分析经济、地理、职业以及心理等因素对消费者选择购买本企业产品这一行为的影响，以及各个因素所起的作用。创业计划书中还应包括一个主要的营销计划，计划中应列出本企业打算开展广告、促销以及公共关系活动的地区，明确每一项活动的预算和收益。创业计划书中还应简述企业的销售战略：企业是使用外面的销售代表还是使用内部职员？企业是使用转卖商、分销商还是特许商？企业将提供何种类型的销售培训？此外，创业计划书还应特别关注销售中的细节问题。

4. 表明行动的方针

企业的行动计划应该是无懈可击的。创业计划书中应该明确下列问题：企业如何把产品推向市场？如何设计生产线及组装产品？企业生产需要哪些原料？企业拥有那些生产资源，还需要什么生产资源？生产和设备的成本是多少？企业是买设备还是租设备？解释与产品组装、储存以及发送有关的固定成本和变动成本的情况。

5. 展示管理队伍

把一个思想转化为一个成功的风险企业，其关键的因素就是要有一支强有力的管理队伍。这支队伍的成员必须有较高的专业技术知识、管理才能和多年工作经验，管理者的职能就是计划、组织、控制和指导公司实现目标的行动。在创业计划书中，应首先描述整个管理队伍及其职责，然而再分别介绍每位管理人员的特殊才能、特点和造诣，细致描述每个管理者将对公司所做的贡献。创业计划书中还应明确管理目标以及组织机构图。

6. 撰写出色的计划摘要

创业计划书中的计划摘要也十分重要。它必须能让读者有兴趣并渴望得到更多的信息，它将给读者留下深刻的印象。计划摘要将是创业者所写的最后一部分内容，但却是出资者首先要看的内容，它将从计划中摘录出与筹集资金最相干的细节：对公司内部的基本情况、公司的能力及局限性、公司的竞争对手、营销和财务战略、公司的管理队伍等情况简明而生动的概括。

 讨论与复习题

1. 什么是创意？创意的来源有哪些？
2. 如何评估和选择创意？
3. 创意管理的内容有哪些？

4. 新产品创意中存在哪些误区？

5. 产品规划书的内容有哪些？

6. 新产品开发应注意哪些问题？

7. 创业计划书包括哪些内容？如何评价创业计划书？

案例分析

深圳草根创业英雄——因特实名总裁伍旭辉

伍旭辉(深圳因特实名网络技术有限公司董事长)，一个没有显赫学历、没有关系背景、没有巨额启动资金，却有着永不放弃信念的不平凡人。

1. 靠卖书赚钱的保险业务员

伍旭辉毕业不久便进了一家保险公司，三个多月过去了，伍旭辉的业绩依旧是挂零，主管为此公开断定他是一个不合格的保险业务员，不久他就辞职了。

虽然伍旭辉业绩挂零，但在这三个月的推销经历中，伍旭辉惊奇地发现，现在的客户都比较理性，基本上能够认同保险，也觉得有买保险的必要，他们不可能了解各种险种的细节及条款，他们比较在乎的是能够比较出各大保险公司的各种险种一年交多少钱，利益保障有哪些，是否合算。伍旭辉想要是能把这些险种的汇率表集合在一起那就容易多了。因此，他经过千辛万苦地上门找各家保险公司的业务人员谎称要买保险，把他们公司所有险种的汇率表收集在一起，然后再把各种各样的险种汇编成册，以挂靠朋友的文化传播公司的名义找到出版社的编辑商量出版。由于出版社不负责印刷与发行，因此伍旭辉编的书很快出版了。保险汇率手册却卖得出人意料得火，根据市场的需求，伍旭辉汇编了很多不同的版本——同一公司的不同险种汇编、几个主要竞争对手的险种汇编、所有公司的险种大全等，同时随着人民币汇率的下调，险种也跟着作相应的调整，每次修订后都有新市场。从 1998 年到 2000 年，伍旭辉汇编的保险书一共卖出去近 30 万册，每册印刷成本为 3～4 元，批发价为 8～12 元，零售价为 15 元，伍旭辉为公司创造近 200 万元的利润。

2. 歪打正着的网络门外汉

1999 年秋，因工作关系伍旭辉出差到南京，完全是出于对网络的好奇，在南京大学他生平第一次走进了网吧，就是在这第一次上网时他发现了一个可免费注册域名的服务，出于好奇，他注册了一个一连串数字号码(因为刚在火车站看到的那块大大的广告牌上的服务电话特别好记，就这么用上了)作为"域名"。就在免费注册的域名三个月"保留期"将至时，伍旭辉接到了时下在中国鼎鼎有名的深圳润迅公司老总的电话，力邀伍旭辉加盟公司以取得这个以润迅服务热线注册的域名。伍旭辉经过反复权衡，最终决定南下深圳加盟润迅公司，并担任网络站经理一职，负责润迅公司互联网的新业务拓展。从此，伍旭辉开始真正认认真真地钻研网络技术。他十分认同比尔·盖茨说的"网络就是计算机"(《未来之路》），并且计算机一直伴随着他一路走来，在润迅的日子里，也使他从一个网络门外汉成为一名专业的网络人士。伍旭辉凭借着认真的态度与勤奋的学习精神，他很快就融入公司的团队中，并成为了公司的中坚力量。

3. 敢为天下先的创业先锋

2001 年 7 月，3721 网络实名这项可以方便中文上网的全新服务正在全国如火如荼地进行推广，伍旭辉认为中文实名拥有一个潜在的巨大市场。于是，他凭着对市场敏锐的判断力，代表润迅公司到北京去和 3721 洽谈合作代理一事。但润迅正处于收缩战线阶段，作为润迅公司的高层及决策人认为网络实名这个产品利润太薄(一年只收 500 元，而且当时 3721 的知名度远远无法与润迅相提并论)，发展空间也很小，不愿承揽这块"小"业务，因此润迅最终决定放弃与"小老弟"3721 合作网络实名。但在伍旭辉看来，这是一个巨大的商机。2002 年初，他辞去了润迅公司待遇优厚的工作，拿出 3 万元启动资金开始了自己的网络事业，正式成为 3721 一个普通的授权代理商。公司创业之初，伍旭辉租住在梅林村一个偏僻的民房里，当时公司的全部资产是一部价值 400 元的二手传真机、一台从旧货市场以 900 元购得的复印机及两台 486 电脑、两台普通家用电话机和 3 个员工，公司就这样正式开张了。

公司刚开业，伍旭辉就面临着前所未有的压力。网络实名的推广需要的是众多的销售人员去跑客户，由于公司在民房里办公，招聘广告贴了好几次就是无人问津，他只好既当公司总经理，又当起了公司业务员，主动跑出去谈客户。

他首先想到的就是老东家——润迅公司，不用多介绍润迅当即就买下了"润迅"这一网络实名，并且一买就是五年，这是润迅对伍旭辉最好的支持与鼓励，也更加坚定了他把网络实名做大的信心。虽然有了信心，前景也是十分看好的，但是客户不能都像润迅一样很爽快地接受网络实名，伍旭辉与他的团队无数次面对客户的拒绝与怀疑，他与他的团队却从来没有放弃过。就是抱着"永不放弃"的信念，第一个月销售额 1 万元，第二个月销售额达 7 万元，第三个月猛增至 25 万元……"我们要做的就是用诚意去打动他，用专业的销售方法引导他，用优质的服务感染他，用最好的宣传效果刺激他。事实证明，我们做到了！"伍旭辉如是说。

在接下来的时间里，销售业绩不断猛涨，公司开张三个月后便搬出了民房，并且正式成为 3721 的深圳总代理，公司开始迈向一个新台阶。伍旭辉边干边摸索且不断地总结，他认为当时"网站建设"也是个热门"产品"，但网站建设是个太个性化的产品，无法批量生产，有一定的市场局限性。当人们都对"网站建设"趋之若鹜时，他已经从摸索中建立了清晰的发展规划。2003 年，他将若干营销手段结合起来，发展了多个以网站业务为主的代理商，并很好地利用了直销与分销的各自优势，将公司的营业额在半年内由几万元/月提高到了近百万元/月，公司进入快速发展阶段。凭借完备的服务体系，因特实名已成功地帮助超过 10 000 余家的深圳企业利用互联网在全球或全国范围推广自己的产品和服务。

如今，伍旭辉与他领导的因特实名在深圳黄金商圈华强北租了 500 多平米的办公室，公司团队员工接近 100 人，公司拥有 100 多个代理商，珠三角客户量已经突破 1 万多家，月销售增长率达到 200%，年销售额近 2000 万元。伍旭辉与他的因特实名凭借网络实名、实名搜索项目已成为网络经济中的行业小巨人与领头羊，俨然是全国中文上网的营销先锋。因特实名提供的服务为客户带来的收益，让这些企业亲身体验了互联网巨大的商业价值。

因特实名由于其骄人的业绩和独特的运营模式，先后与著名网站 3721、雅虎、搜狐、新浪、Google、百度等合作，为因特实名的长足发展营造了良好的发展空间。

（资料来源：Http://News.wenzhouglasses.com）

问题：

1. 在本案例中，你认为一个成功的创业者需要具备哪些素质？
2. 在本案例中，创业需要哪些资源？在这些创业资源中最重要的是什么？
3. 你从本案例中能得到哪些有关创业成功的启发？

第3章 创业的资源、知识和能力

重点提示

- □ 资源的内涵及其分类
- □ 战略性资源的内涵、特性及其识别
- □ 创业资源的内涵、分类以及创业资源的整合过程和机制
- □ 知识的内涵及其特性
- □ 知识管理的内涵、分类
- □ 新创企业知识创造、知识共享和知识产权管理
- □ 创业能力的构成与影响因素模型
- □ 个人创业能力向企业(团队)创业能力转化机制

阅读材料

知识产权创业

江苏张家港的李文清，在五十多岁时向朋友借了 2.5 万元，在郊区一个不到 1 亩的院子里重新创业。现在他的产品迅速打开了郑州、洛阳、新乡等 16 个城市的建筑市场，与 200 多家房地产建筑商建立了供货联系，销售收入达 2000 多万元。这不是一个普通创业的故事，从李文清的坚韧里我们看到了他充满智慧的一面，下面来分析他如何巧妙利用知识产权来创业。

1. 创业始于一件失效的专利

地下城市管网冒出的阵阵臭气，让李文清想到在沿海建筑市场曾经见过一种地埋式玻璃钢化粪池，能够较有效地解决生活污水处理问题。于是他从一项"整体玻璃钢化粪池"失效专利中看到了商机。他在原专利技术基础上进行了技术改进，把原来玻璃钢化粪池的方形结构变为承压更大的圆桶形，把直流泛水结构改为环流泛水结构，并在内部加设了悬挂式水处理填料；他摸索出独特的玻璃钢原材料配方，并制订自己企业的工艺流程，研制成功了第一代玻璃钢整体化粪池。这项产品供不应求，从而在中原建筑市场中掀起了一场

化粪池"革命"。

2. 积极取得知识产权保护

李文清没有接受过很好的技术教育，也绝不是专业技术人员，但是他从别人的专利上进行改进，从而申请了 7 项专利，可见作为普通人，只要有创新的意识，积极探索，也能够有所发明创造。

其实一般的企业都会有技术的创新，但是基本被当成雕虫小技而忽略了，不去申请专利，最终使自己创新的技术被轻易仿制而成为公有的技术。李文清却在律师的帮助下，先后为他发明的地埋式玻璃钢化粪池申请发明、外观设计、实用新型等 7 项专利，已经有 5 项得到授权，同时注册了"威龙"商标，这为他事业的进一步发展打下了深厚的基础。

3. 巧妙利用知识产权许可，使利益最大化

由于玻璃钢化粪池体积庞大，长途运输成本较高，因而李文清无法将他在河南生产的产品卖到全国。于是李文清利用知识产权规则，以专利入股，2 年时间就成功在山东济南、甘肃兰州、宁夏银川、广东东莞、江苏昆山、北京顺义等地建设了 8 个工厂。别人出钱出力，他以专利的使用权入股，别人管生产还要管销售，而他只需要派技术人员进行技术指导，就可以享有各地工厂 30% 的分红，因而其每年"卖专利"的收入是卖产品收入的 4~5 倍。他要求各地工厂的产品统一贴上"威龙"商标，这样他又享有商标带来的利益。李文清还在招商，利用知识产权许可的模式在全国各地建设生产基地。李文清通过这种模式将其生产规模加以迅速膨胀，利用知识产权规则为自己带来滚滚财源。

4. 制定标准

懂得利用知识产权许可为自己带来财源已经是相当的高明，但是李文清已经着手制定河南省玻璃钢化粪池的省级标准，并积极促成国家标准尽快出台。标准，更多的人理解是产品的规则、质量要求等。李文清却有不同的看法："可不敢小看这个行业标准，今后谁想干这项产品，质量必须达到这个标准，要想达到这个标准，就必须花钱购买我标准后面的专利。"标准其实就是制定者将自己相关的专利技术打包，强制许可给同行业。

民间流传"三流企业做苦力，二流企业卖产品，一流企业卖专利，超级企业卖标准"，大家一贯认为只有世界五百强企业才有可能卖标准，而从李文清的企业可以看到能够卖标准其实也不是太难。

李文清的成功典范让我们看到了知识产权无限的经济诱惑，发现其实创新并不难，合理地利用知识产权制度就能实现美好的"钱途"。

3.1　创　业　资　源

3.1.1　资源的内涵

资源是经济学的一个基本范畴。资源从经济学角度来看被认为是财富的来源，可以分为自然资源和人力资源。前者包括水、土地、森林、草原、动物、矿藏等；后者包括知识资源、信息资源以及经过劳动创造的各种物质财富。从财富创造角度来看，资源是指企业在生产过程中的投入，包括厂房设备、资金、劳动力在内的各种要素。

资源存在多种分类类型。按资源性质可以将资源分为自然资源、社会经济资源和技术资源；按资源用途可以将资源分为农业资源、工业资源、信息资源(含服务性资源)；按资源可利用状况可以分为现实资源、潜在资源、废物资源。综合来看，资源是一切可被人类开发和利用的客观存在。

3.1.2 战略性资源的内涵与检验

1. 战略性资源的内涵

从资源基础论来看，企业是一种资源或能力的集合体。资源可分为一般性资源和战略性资源。一般性资源是企业在产业领域立足和竞争所必需的前提和基础，战略性资源是指满足价值性、稀缺性、难以模仿性和难以替代性四个特性的企业资源，是企业竞争优势的来源。具体来说，战略性资源是指企业用于战略规划、战略执行及其计划推行的外部资源(自然资源)、人力资源、信息资源(知识、情报、技术、管理经验、品牌等)、资本(实物与货币)、社会资源(关系)等的总和。自然资源、资本(实物与货币)、人力资源属于有形资源，可以直接计量；信息资源、社会资源必须附着于某些载体，因此属于无形资源。

2. 战略性资源的识别

战略资源是企业竞争优势的源泉。如何识别和创造战略资源是培养、巩固和壮大核心竞争力的前提和基础。以下主要从内、外部两方面介绍战略性资源的识别途径。

1) 企业内部检验

(1) 资产专用性检验。这主要是检验资源所创造的价值能否被企业完全掌握。企业能完全掌握其所创造价值的资源，说明其资产专用性高，难以被转移和模仿。

(2) 成长发展性检验。这主要是检验资源能否持续提升、发展和完善。战略性资源具有自学习性，体现了企业隐含知识的聚集，收益具有长期性，不能通过简单模仿获得，是企业长期积累学习的结果。战略性资源有其生命周期，需要不断地提升、发展与完善。

(3) 价值链检验。这主要是检验资源能否在价值链活动中起关键作用。

价值链检验需要遵循三个步骤：首先，识别关键活动。从价值链中找出对价值增值起关键作用的那几个环节。其次，识别关键资源。找出这些关键环节的支撑资源。最后，寻找共用资源。支撑关键环节的共同资源被视为战略性资源。

2) 企业外部检验

战略资源的识别不仅从企业内部着手，也应从企业外部市场各主体着手，一种资源能否成为有效战略的基础，必须通过市场的一系列检验。

(1) 独特性检验。主要是从竞争者角度考察资源是否难以效仿使用。独特性是创造价值的中心点，因为它限制了竞争。独特的资源不仅决定了企业战略的差异性，也是企业效率差异与收益差异的源泉。独特性检验主要参照以下四个标准：

① 物质唯一性，竞争对手无法得到资源。

② 获取长期性，竞争对手无法在短期获得资源。

③ 资源隐含性，隐含资源具有过程性、完整性和不明确性因而不易于被模仿。

④ 规模经济性，资源一旦获取并形成规模经济，就能有效快速地构建进入壁垒，阻止竞争对手的跟进。

(2) 价值性检验。主要是从顾客角度考察资源是否创造更多"消费者剩余"。价值性检验角度有内、外部之分。从企业内部出发进行资源的价值检验主要是分析资源能创造多少企业利润，但企业很多资源都能为企业创造利润，却并不一定创造为顾客所看重的独特价值，并且竞争对手也能轻易获得。从企业外部出发进行价值检验，分析带给顾客价值中哪些是顾客所看重的，更具有实际意义。

战略性资源具有以下价值特征：

① 企业运营的中心。战略资源在创造价值和降低成本方面具有核心地位，能提高企业的整体运营效率，能够带动其他资源围绕其运作，从而创造更多价值。

② 创造价值具有顾客易感知性。战略资源能实现顾客所看重的价值，其最重要的是顾客能感知，这对于赢得顾客忠诚度至关重要，因此企业在制定战略时应该详细分析哪种资源能创造这种价值。

③ 为顾客创造独特价值。战略资源不仅能创造顾客所看重的价值，而且还要创造不同于竞争对手的独特价值，这样才能维系持久的竞争优势。

(3) 持久性与可替代性检验。主要是从潜在竞争对手、替代品角度检验资源是否维持长时间价值。一种资源持续的时间越长，就越有价值，但资源的价值却受到创新与可替代产品的威胁。创新可使先行者迅速占领市场并获得可观利润，但资源会很快被他人仿效，或被新一代更伟大的创新抛到后面，它们创造的客观利润也是昙花一现。另外，替代产品也会影响到资源价值的持久性。能不断自我更新、维持其持久价值的资源是企业追求的战略性资源。

3.1.3　创业资源的内涵与分类

1．创业资源的内涵

创业资源是指在创业活动中替企业创造价值的特定资产，包括有形资产与无形资产，并通过对不同资源的整合和利用，使其发挥最大的效益。

2．创业资源的分类

根据资源在创业过程中所起作用的不同，又可将创业资源分为要素资源与环境资源(如表 3.1 所示)。

表 3.1　创业资源分类表

资源分类		资源内容
要素资源	场地资源	场地内部的基础设施建设，便捷的计算机通信系统，良好的物业管理和商务中心，以及周边方便的交通和生活配套设施
	资金资源	及时的银行贷款和风险投资，各种政策性的低息或无偿扶持基金，以及写字楼或者孵化器所提供的便宜租金
	人才资源	高级科技人才和管理人才的引进，高水平专家顾问队伍的建设，合格员工的雇佣等
	管理资源	企业诊断、市场营销策划、制度化和正规化企业管理的咨询等
	科技资源	对口的研究所和高校科研力量的帮助，与企业产品相关的科技成果，以及进行产品开发时所需要用到的专业化的科技试验平台等

续表

资源分类		资源内容
环境资源	政策资源	允许个人从事科技创业活动,允许技术入股,支持海外与国内的高科技合作,为留学生回国创业解决户口、子女入学等后顾之忧,以及简化的政府办事手续等
	信息资源	及时的展览会宣传和推荐信息,丰富的中介合作信息,良好的采购和销售渠道信息等
	文化资源	科技创业企业之间相互学习和交流的文化氛围,相互合作和支持的文化氛围,相互追赶和超越的文化氛围等
	品牌资源	借助大学或优秀企业的品牌,借助科技园或孵化器的品牌,以及借助社会上有影响力的人士对企业的认可等
	社会资源	创业者的社会关系网络

(资料来源于:林嵩,张帏,林强. 高科技创业企业资源整合模式研究. 科学与科学技术管理,2005.(3))

1) 要素资源

创业者在创业之初所需的创业要素资源包括以下要素。

场地资源:高科技企业用于研发、生产、经营的场所。良好的场地资源能够为企业提供便利的生产经营环境,有效改善企业的生产运作管理。

资金资源:资金资源对于任何一个企业都非常重要。对于高科技企业来说,无论是进行产品研发还是生产销售,都需要大量的资金,如何有效地吸收资金资源是每个创业者都极为关注的问题。

人才资源:高素质人才的获取和开发,是现代企业可持续发展的关键,对于高科技企业来说,因为其知识比重大,人才资源则更为重要。

管理资源:高科技企业的管理者大多是科技人员出身,他们本身具备较强的科研能力,但是对于企业管理知识往往有所欠缺,很多高科技企业都失败于管理不善,这意味着拥有一套完整而高效的管理制度是新创企业宝贵的资源。

科技资源:对于高科技企业来说,积极引进和寻找有商业价值的科技成果,加强和高校科研院所的产学研合作,将有助于加快产品的研发速度,为企业在市场上的竞争提供有力的优势。

2) 环境资源

环境资源是指高科技企业成长过程中所需要的除了五种生产要素之外的其他支撑条件。环境资源包括以下几个要素。

政策资源:从中国的创业环境看,发展高科技创业需要相应的政策扶持,只有在政策允许和鼓励的条件下,高科技企业才能获得更多的国内外人才、贷款和投资、各种服务与优惠等。

信息资源:对于高科技创业企业来说,由于竞争十分激烈,因此更加需要丰富、及时、准确的信息,以争取到更多的生产要素资源。由专业机构提供的信息资源可以为创业者制定研发、采购、生产和销售的决策提供指导和参考。

文化资源:文化资源是创业中尤为重要的一环。硅谷成功的一个很重要原因就是那里有浓厚的创业文化,如鼓励冒险、容忍失败等。这种文化氛围对于创业者有着极大的精神激励作用，使得高科技企业具有更强的动力和能力去获取更多的生产要素，有效组合并创造价值。

品牌资源：高科技企业所置身的环境也具有一定的品牌效应。例如，优秀的孵化器更会为居住于其中的企业提供一种品牌上的保证，这可以提高政府、投资商和其他企业对该企业信誉度的估价，有助于提高高科技企业获取资金、人才、科技、管理等资源的可能性。

社会资源：主要是指中小企业所面临的社会关系网络。从我国的创业环境来看，中小企业的活动需要相应的政治法律环境、经济环境和社会自然环境，只有在正确地处理好与各个组织之间的关系条件下，企业才能获得更多的国内外人才、贷款和投资、各种服务与优惠等。

表 3.1 中，有些资源具有产权特征，在保护和交易方面具有显著的特征，而有些资源是知识型的，在保护和交易上比较复杂；有些资源直接用于组织的运作，来创造新的资源，而有些资源并不直接用于生产过程，而是用来获取其他资源；有些资源是离散性的，不依赖于组织的存在，而有些资源是系统性的，要与其他资源相互协调才能发挥作用，这就需要对创业资源进行整合。

3.1.4　创业资源的整合

1．创业资源整合的内涵

创业资源整合就是把创业者所拥有的要素资源与环境资源在时间和空间上加以合理配置、重新组合，以实现资源效用的最大化。资源融合并不是单项资源的简单叠加，而是使企业各项资源相互作用、互相影响，从而实现"1＋1＞2"的放大效应。

2．创业资源整合的内容

创业资源整合主要包括以下四个方面的内容：

(1) 内部资源与外部资源的整合。一方面，识别、选择、汲取有价值的、与企业内部资源相适应的诸如隐性技术知识等外部稀缺资源，并将这些资源融入到企业自身资源体系之中；另一方面，实现外部资源与内部资源之间的衔接融合，激活企业内外资源，从而能够充分发挥内外资源的效率和效能。

(2) 个体资源与组织资源的整合。一方面，零散的个体资源进行系统化、组织化，能够不断地融入到组织资源之中，转化为组织资源；另一方面，组织资源也能够迅速地融入到个体资源的载体之中，能够激发个体资源载体的潜能，提高个体资源的价值。

(3) 新资源与传统资源的整合。新资源可以提高传统资源的使用效率和效能，反过来，传统资源的合理利用又可激活新资源，促进隐性技术知识等新资源的不断涌现，如此循环反复、螺旋上升。

(4) 横向资源与纵向资源的整合。横向资源是指某一类资源与其他相关资源的关联程度，纵向资源是指某一类资源的广度和深度方面的资源。它们的整合，对于建立横向资源与纵向资源的立体架构具有十分重要的意义。

3．创业资源整合流程

创业资源的整合是指包括资源识别与选择、资源汲取与配置、资源开发三大环节创业资源管理过程(如图 3.1 所示)。资源识别与选择是指根据产业、市场和产品状况以及企业自身的战略目标等要素识别和选择资源；资源的获取与配置是指企业将创业资源积极融入到企业发展过程之中，快速提高企业能力的活动，这当中包括了市场机制下资源的获取以及外部资源完全内部化的并购等；资源开发环节是将创业资源完全用于企业研究开发领域、组织和管理领域、产品生产领域以及市场开拓领域中，最终决定着创业资源能否发挥最佳效益，进而提升企业获利能力的最重要环节。

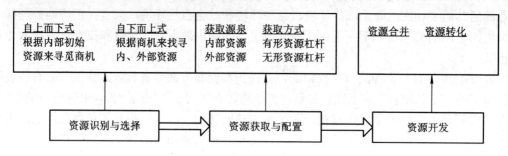

图 3.1　创业资源整合流程

1) 新创企业资源识别过程

具有不同创业动机的创业者其创业过程是不同的。J.D.Hunger、P.F.Korsching 和 H.V.Auken[①]将创业动机分为决策驱动和机会驱动。决策驱动是指新企业的形成过程开始于创业者的创业决策，创业者先决定创办新企业，然后开始识别商业机会。机会驱动是指创业者在决定创业之前先要识别商业机会，根据基本的产品或服务理念来评估环境和创业者的能力及资源，以判断这种商业机会是否可行，一旦机会可行将制定商业机会并进行企业的创建活动。因此，我们可以根据创业者的不同驱动因素，将新创企业资源识别过程分为决策驱动型资源识别过程和机会驱动型资源识别过程。

(1) 决策驱动型资源识别过程——自上而下式。在这种资源识别方式中创业者首先形成创业决策，目的在于满足其自身的成就需要，然后再通过开发商业机会得以实现。这一过程是一种自上而下的过程，创业者首先将建立企业作为其创业目标，由于这类创业者只拥有一种愿景，创业者将努力地挖掘自身现有的资源禀赋，因此创业者的初始资源将决定其能够识别的商业机会。在这一过程中通过创业者对自身禀赋资源的反复评价，也将会对创业远景进行不断地修改，这是一个反复的过程，直到找到适合自己创业的商业机会为止。通过这一过程确定的商业机会是以创业初始资源为基础的。

(2) 机会驱动型资源识别过程——自下而上式。这种资源识别过程是创业者在发现可行的商业机会后决定创建企业并进一步开发机会，将创办企业作为机会实现的手段，其目的是提供一种产品或服务。创业者对资源的识别和评价都是围绕商业机会来进行的，相对于决策驱动型资源识别过程来说，这种资源识别过程更注重机会开发所依赖的核心资源和独特能力，其他资源都是围绕这些基础资源来识别和利用的。由于在资源识别之前创业者已经建立一个相对明确的计划，因此可以称之为自下而上的识别过程。创业者将从不同的驱动因素出发，对已掌握的禀赋资源进行识别，并加以归类，确定资源的不同用途，然后

① J.D.Hunger, P.F.Korsching, H.V.Auken. The Interaction of Founder Motivation and Environmental Context in New Venture Formation[A].in frontier of entrepreneurship, Bab-son,2002.

进入新创企业资源获取阶段。

2) 新创企业资源获取过程

由于资源所有者有限的先验知识，再加上新创企业的技术和产品上存在着不确定和信息不对称问题，因此对于新企业来说在获得资源方面存在着很大的困难。这就需要新创企业在资源获取的过程中要灵活地利用资源获取方式来建立与外部资源所有者之间的联系。在资源获取过程中创业可以通过识别创业禀赋资源的价值，利用有形资源杠杆和无形资源杠杆来实现资源的获取。

(1) 有形资源杠杆。由于新创企业没有资源基础，因此很难从内部开发资源，故其获取资源的主要途径是通过从外部资源所有者手中获得资源的使用权。新创企业一般拥有一定的资金或所有权性资产或如技术和市场资源等的生产性资源，我们称之为有形资源。新创企业可以用掌握的资金或所有权性资产作为抵押，通过购买和租赁等方式来获取所需资源，也可以利用实物(生产型资源)，通过暴露这部分资产的期权价值，来吸引其他资源所有者，我们称这种通过有形资产获取资源的方式为有形资源杠杆。有形资源杠杆通常与资源所有者进行直接交易或签订期权合约，一般通过出让占有的资源或暴露资源的期权价值来实现。

(2) 无形资源杠杆。新创企业占有和控制的有形资源必定是有限的，但创业者可以通过个人的网络关系和声誉等无形资源，与外部资源所有者之间建立联系，从而获得外部资源，我们称这种途径为无形资源杠杆。资源基础理论认为社会网络对于新企业来说是一种异质的、有价值的资源，它可以作为获得其他类型资源的杠杆。

创业者利用自身社会网络从而获取外部资源的路径有：

第一，创业者可以利用社会网络使资源所有者集中了解创业者能力方面的重要信息，了解新企业的技术和产品的市场潜力，从而为获取外部资源提供前提条件。

第二，创业者的社会网络为创业者履行合约提供了声誉保障，增加了创业者机会主义行为所产生的机会成本。一旦创业者违约或从事不法行为，资源所有者可以通过网络散布创业者的负面信息。因为声誉的形成是要靠时间积累的，但声誉的损毁却非常快，社会网络能够产生"自加强"效应来约束机会主义行为。

3) 新创企业资源开发过程

在创业者识别和获取资源之后，并不能保证企业的存活，还需要对所获取的创业资源进行整合和开发。新创企业资源的开发是指创业者根据不同的创业理念将资源的价值和潜能加以整合转化为新企业所特有的资源。资源开发过程不是简单组合资源，而是通过配置和整合创业者(创业团队)的初始资源和所获得的其他资源，从而获得特有的能力和功能，将它们一起转化为组织资源。因此，资源开发阶段包括资源的合并和转化两个环节。

资源合并是指创业者将各种离散资源进行整合，形成系统的资源，这一开发过程依赖于组织资源整合过程。这一过程可以建立在现有的资源和能力基础之上，对现有能力进行提升，也可以通过吸收新的资源，开发新的能力，但无论哪种方式，其最终结果都可实现资源的整合。

资源转化是指创业者或创业团队将个人的优势资源投入到新创企业之中，或者将个人的能力与组织优势相结合，产生独特的竞争优势。创业者的知识和能力是实现新企业资源规模不断扩大、价值逐渐提高的必要基础。创业者要通过个人的能力来建立新企业这个学习系统，从而开发、管理和维持整个资源基础。

4. 新创企业资源整合机制

新创建企业在创业初期往往资源贫乏，并且缺少管理经验和行业经验。创业者需要通过多种手段、策略和方法，整合资源，建立起整合资源的一套机制，这种机制的核心就是以利益相关者为核心的资源杠杆机制。要利用利益相关者资源整合机制，需要经过利益相关者的挑选和资源整合机制的运用两个步骤。

1) 利益相关者的挑选

创业者利益相关者是指有能力进行投资并愿意承担风险的人。投资或经营多样化的投资主体比单一化的投资主体更容易向新企业进行投资。有丰富经验的投资主体更容易向新企业投资。有些投资主体有很多过剩的资源，对自身资源如何运用的压力大大高于新创建企业资源的需求。

在与利益相关者洽谈时，创业者需注意以下问题：

(1) 要有充分信心。在创业初期，投资的回报很低甚至没有，创业者需要表现出十足的信心，给利益相关者以美好的预期。

(2) 要诚实可信。创业者的诚信是利益相关者投资的基本基础。

(3) 要与利益相关者建立利益公平分享机制等。公平的利益分享机制是合作的前提。只有建立公平的利益分享机制，赋予利益相关者以一定的利益分享权，利益相关者才可能做出投资决策，只有利益相关者投资，创业企业才能获取所需资源，企业才能继续发展和壮大。

2) 资源整合机制的运用

利益相关者为核心的资源整合路径有以下几种：

(1) 通过吸纳策略，建立社会资产运用机制。新创建企业，一方面通过吸纳他人资源而获得合法地位。新创企业可以依靠同学、朋友等关系，甚至媒体的宣传，缩短人们的认识过程，拉近与利益相关者的距离，尽快建立起自己的合法地位。另一方面，吸纳未被利用的物品。这一方法包括借用和恳求两大策略。借用策略暂时是借用或租用他人的资源或资产，待租借期满后归还资源。恳求策略是通过恳求资源所有者的施舍、奖赏和善意而获得资源。通过这一方法获得的资源是不用归还的，尽管所有者认为资产是有价值的。

(2) 建立合作联盟，构筑共赢机制。企业之间的联盟成为获取竞争优势的重要来源。但新创企业在寻求联盟合作伙伴方面面临着很大的挑战，这是因为它们缺少资信，潜在的合作伙伴并不知道创业者们是否会按照他们的要求去做，因而新创企业在网络中并没有占据重要位置。但是当所在的行业具有松散的结构时，如技术和竞争方式发生了巨大的变化，那么他们就有机会形成联盟。新创企业通过与利益相关者形成合作联盟，从而在联盟中获取所需的人才、信息、知识、技术等资源，与利益相关者形成共赢局面。

(3) 克服障碍，形成成本转移机制。创业，一方面是克服他人转移成本的过程，另一方面也是自己转移成本的过程。创业者希望顾客及各种潜在的资源提供者提供资源，就需要让这些资源提供者感受到将资源转投到新创建的企业给他们带来的收益大大高出由此产生的转移成本。所以，创业者获取资源的前提是能提供创新的产品和服务，为潜在的资源提供者创造更大的价值，或者针对他们目前不满意的问题提供有明显改善的方案。信息经济的快速发展为初创者克服转移成本提供了机遇。在当今的电子商务时代，消费者的选择范围扩大，电子邮件、即时通信工具可以将卖家的所有资源在最短的时间内从一个网上交易平台传播到另一个平台，转移成本大大减少，从而为创业者吸引顾客、建立自己的优势提供了方便和条件。

(4) 以少取多，发挥杠杆机制。杠杆效应就是以尽可能少的付出获取尽可能多的收获。美国著名的投资银行家罗伯特·库恩说过："一个企业家要具有发现价值和创造价值的能力，就要具有在沙子里找到钻石的功夫。"识别一种没有被完全利用的资源，能看到一种资源怎样被运用于特殊的方面，说服那些拥有资源的人让度使用权，这意味着创业者并不被他们当前控制的或支配的资源所限制，他们用大量的创造性的方式撬动资源。杠杆资源能力体现在以下方面：能比别人更加长久地使用资源；更充分地利用别人没有意识到的资源；利用他人或者别的企业的资源来完成自己创业的目的；将一种资源补足另一种资源，产生更高的复合价值；利用一种资源获得其他资源。

3.2　创业企业的知识管理

1. 知识

知识是人们通过学习、感悟和实践获得的关于客观世界的认识的总和，是根据已认识的事物对客观世界所作的解释，是被人们理解和认识并经头脑重新组织和系统化的有价值的信息。因此，知识是信息的一部分，知识具有共享性、传播性、非消耗性和价值变化性、不可逆性、依附性、分布性等特性。

经济合作与发展组织在题为"以知识为基础的经济"的年度报告中从"知识的内容"把知识分成事实知识(know-what)、原理知识(know-why)、技能知识(know-how)和人力知识(know-who)四类。著名的化学家和哲学家波拉尼从知识编码和传递特性的角度把知识分为显性知识和隐性知识。

一般来讲，企业中存在以下几类知识：

(1) 业务知识：由 ERP 等业务系统所生成和管理。

(2) 员工知识：员工个人技能、知识潜力、工作经验、工作记录。

(3) 流程知识：将知识嵌入业务流程之中，在关键环节能有专家知识支持。

(4) 组织记忆：记录现有经验以备将来之用，包括知识库、案例库、最佳实践库和历史档案等。

(5) 客户知识：通过客户关系发展深层知识，提高产品和服务质量，以此赢得更多客户。

(6) 产品和服务知识：产品中要有知识含量，围绕产品提供知识密集服务。

(7) 关系知识：提高跨领域的知识流动，比如利用与供应商、客户以及雇员的关系等。

(8) 知识资产：智慧型资本/专利和无形知识产权。

(9) 外部情报：从 Internet、外部专家等企业外部渠道收集到的知识和情报。

2. 创业知识管理的内涵和核心流程

对知识进行管理就是通过对知识资源的开发和有效利用，达到提高创新能力和创造价值能力的管理活动。

创业知识管理是指对创业企业的知识资源进行管理的过程，主要包括知识的创建、识别、获取、储存、传递、共享、价值评判和保护，以及知识资本化和产品化的实现。其管理的核心流程是知识管理导入过程中最关键的步骤。这些步骤主要包括：创造、分类、存储、分享、更新和价值。各部分没有统一的固定顺序，对创业企业来说最为重要的就是创业知识的创造、创业知识共享和创业企业知识产权管理。

1) 创业企业的知识创造

(1) SECI 模型。被学术界誉为"知识创造理论之父"的野中郁次郎曾认为，新知识是通过隐性知识与显性知识之间的相互转换创造出来的，并以此为基点提出了著名的知识创造 SECI 模型，并用"知识螺旋"一词来形象地描述新知识被源源不断地创造出来的动态过程。SECI 模型包括三个组成部分：第一，SECI 指知识的四种创造历程，即社会化(Socialization)、外化(Externalization)、组合化(Combination)、内在化(Internalization)；第二，Ba，日文"场"的意思，即整合资讯为知识的场所，包括特定的时间和地点；第三，知识资产(Knowledge Assets)。这三个部分处在有机地、动态地互为作用之中。组织的知识资产在 Ba 之间被组织成员分享，与此同时，组织成员的个人隐性知识也在 Ba 之间通过 SECI 模型被传递和放大。

知识创造是存于隐性知识与显性知识之间一个持续的、互动的过程，并以螺旋式进行，形成四种模型[①]。当组织规模向上跃进的时候，知识创造的螺旋也会相应变得越来越大，同时触发新的知识创造螺旋，如图 3.2 所示。

图 3.2　SECI 模型

模型一：社会化，这是从隐性知识到隐性知识的转移过程。通过共享经历、交流经验、讨论想法和间接等社会化手段，隐性知识得以被交流。

模型二：外化，是指隐性知识到显性知识的转化。借助于隐喻、类比和模拟等方式，将隐性知识用明晰的概念和语言表达出来，外化为显性知识，一个典型例子是构建模型和范式。

模型三：组合化，是指从显性知识到显性知识的转化，通过文件、会议、或电子交流等媒体语言或符号，将各种显性知识组合化和系统化的过程。

模型四：内化，是指通过内部员工对组合化的显性知识的吸收、消化，最终升华为隐性知识的过程。将学习与实践紧密结合起来，从而使得外在的显性知识成为个人知识的一部分基础(如心智模型)，同时成为组织资产的一部分。

野中裕次郎提出，SECI 模型离不开许多人的共同合作，更离不开这些人的相互沟通和活动空间，从而引出了"场"的概念。他把"场"定义为"分享、创造及运用知识的动态

---

① 耿新. 知识创造的 IDE-SECI 模型——对野中郁次郎"自我超越"模型的一个扩展[J].南开管理评论，2003(5)

的共有情境"，是"为进行个别知识转换过程及知识螺旋运动提供能量、质量及场所"。这种"场"包括物质的、虚拟的、心灵的空间。"场"的参与者将自己的情境带进来，并通过与他人及环境的互动，"场"的情境、参与者及环境会发生变化。"场"的本质是相互作用。

对应于知识创造的四步过程(如图 3.3 所示)，野中提出了四种场：起源场、对话场、系统场和实践场。社会化过程需要起源场，外化过程需要对话场，组合化过程需要系统场，内化过程需要实践场。每个场分别提供一个平台，以方便进行特定阶段的知识转化，并提供知识创造的催化剂。野中认为，将四个场的四步知识转化过程前后连贯，就构成了一个不断自我超越的宏观场景，能够显示出知识转化的螺旋式演进。

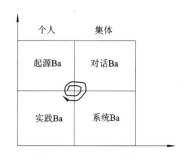

图 3.3　知识创造转化场

起源场是指互相了解、相互信赖，能够自由轻松地交流，从而能够孕育出种种想法和思路的场所，是实实在在的物理意义上的场，比如家庭、会议室、办公室、车间、研究室、餐厅、酒吧、咖啡馆、茶座、各种娱乐场所等。起源场是传播、转移、扩散和共享个人隐性知识的场所。但起源场仅仅能够形成共同体验，并不产生新知识，只是一个孕育新知识的肥沃土壤。

对话场是把个人的想法和思路用文字、语言、符号等形式表达出来，转化为显性知识的场所。对话场和创出场在物理意义上是类似的，只是在知识创造中的作用不同。它主要提供一种氛围，促进交流意见和激烈争论，以获取"理不辩不明"的效果，使个人的隐性知识转化为部门的显性知识，把个人的专有知识转化为部门的共同知识。对话场能增加组织的知识存量，促进新知识的生产。

系统场是传播、拼接和整合知识的场所。它推广和共享对话场产生的新概念、新知识，并与其他概念对接、叠加和融合。系统场可以利用计算机技术、网络技术和人工智能等现代化手段展开，把对话场的知识整合一体化，转化为组织内部的知识。系统场可以使组织内部的知识资源得到充分利用和共享。

实践场是个人为主体的情景场所。它通过个人的主动行为，检验和吸收新创造的知识，并把它变成新的属于自己的隐性知识。

四种"场"都有助于新知识的创造，每个"场"所产生的知识终将成为组织的知识基础而归大家共同分享。知识创造通过"场"、知识资源、SECI 过程三个层面来实现。因此，"场"是知识创造过程中的主要平台，"场"的作用程度会直接影响到知识创造的效果和效率。

(2) 创业者知识创造和获取。

第一，创业者知识管理的内涵。创业者知识管理是指对创业领域、环境和自己头脑中所蕴藏的信息和知识的组织、利用过程，创办企业的过程即所有储备的知识重新组合、充分使用、充分吸纳新知识和广泛学习的过程，这种处于积极动态的学习和利用知识是创业者价值的真正体现，它是在知识经济时代创业成功与否的一种决定性因素。

第二，创业者知识来源。企业创办所需的信息(知识)包括：创业者的专业技能与经验、可能的竞争者信息、关于特定市场的知识和信息、产品技术数据、融资信息等。知识无处不在，他们存在于创业者以及与创业过程相关的亲戚、朋友、同学、政府机构、企业组织等的大脑和数据库里，并且往往被忽视。有些知识则藏在创业者的朋友间以及机构企业间的相互关系中。创业者还应学会利用图书馆、工商局、专利局、孵化器等公益性机构的数据库，同时还要学会充分利用电话簿、114、科研院所等知识、信息的渠道和信息源，当前网上存在大量与创业相关的站点和丰富的知识与信息，上网寻找、下载、分类保存相关信息是创业者进行知识管理很重要的方面。

第三，创业者知识获取途径。创业者想要获取创业所需知识的方法有：

· 通过做日记、做计划、做总结等，把知识及时整理、归类、记录下来，使其进入一种管理状态。要用时，知道什么地方有，用什么方法或渠道可以获取自己所需的创业知识和信息。

· 发掘有用的隐性知识，并使其编码化。商业计划或创业经营计划书的形成就是创业知识的积累、流动与组合的管理过程。更是显性知识、隐性知识最好的组织、利用方法。当然各种合同、协议、记录的编码化都是使创业者的各种知识和信息纳入管理状态的重要手段。

· 利用自己所不具有的和不懂的专业知识。当前在高新技术企业的创办中，创业者以创业团队组合的形式出现就是创业者学会利用别人的知识，学会利用知识网络来进行创业的体现。另外，创业者还须善于借助专业人员的知识和技能，尤其是发现投资商、小企业管理咨询专家、财务会计专业人士的支持和服务。对于高新技术企业的创办来说，创业的技术越超前，对知识管理水平的要求就越高。

2) 新创企业的知识共享

(1) 新创企业知识共享的内涵及其分类。

新创企业知识共享主要是指新创企业知识主体之间有意识地共同分享彼此所拥有的信息和知识，实现知识在知识主体之间的转移，从而促进新创企业的知识增长。

新创企业知识共享同样也可以根据不同层次将知识共享类型分为三个主要层次：个人层面、群体层面、组织层面知识共享。

个人层面知识共享主要是指创业团队成员之间的相互知识交流和共享。

群体层面知识共享主要是指创业团队与新创企业其他部门的知识交流和共享。

组织层面知识共享主要是指新创企业与新创企业互相交流和共享创业经验或企业经营管理、技术创新等知识，也可以是新创企业与成熟企业之间的知识交流。

(2) 新创企业知识共享的功能。新创企业知识共享对于新创企业具有如下重要意义：

第一，有助于营造充分信任的创业团队文化。创业团队成员之间相互交流个人知识，使个人知识在创业团队之间实现共享，从而有助于缩小和拉近创业团队成员之间的距离，形成充分信任和紧密合作的创业团队文化。

第二，有助于创业成功。创业团队成员之间相互交流个人知识，有效地收集创业团队所有成员的个体知识，有助于实现创业团队的个体知识的有效整合，从而产生"1+1≥2"的协作效应，有助于提高创业成功的可能性。

第三，有助于提升新创企业员工的整体知识水平，促进新创企业快速发展。创业团队与新创企业其他部门的知识传递和共享，有助于促进知识从创业团队到整体企业的流动，从而一方面增强其他部门员工对创业团队的信任和认同，一方面提升新创企业员工的整体知识水平，增强员工的业务能力和技术创新能力，促进新创企业快速发展。新创企业和成熟企业交流知识，有助于新创企业吸收成熟企业的发展经验，有助于新创企业更好地发展。

(3) 新创企业知识共享的障碍。创业团队的工作方式提供了一个知识共享平台，但并不是团队一经组建就可以达到知识共享的目的，团队中往往存在影响知识共享的种种障碍。

一是团队成员不愿分享其知识。"经济人"假设，认为人都是自利的，人的所有活动都是围绕着怎样使其利益最大化而进行的。在创业团队中，知识被看做是最重要的创业资源，成员的竞争力毋庸置疑来自于他所拥有的知识。因此，他们不会轻易与别人分享那些花巨大成本得来并能保持自己竞争力的财富。团队成员不愿分享知识主要由知识共享意愿决定。创业团队成员主要出于对创业成员不信任、对创业成功缺乏信心或缺乏知识共享的激励而不愿与其他成员分享其自身知识。

二是成员知识存在差异。知识共享不是各方愿意并付出行动就能够达到共享目的的活动，有时候即使知识提供方愿意这样做，由于知识接受方知识结构差异的原因也会造成知识共享障碍。知识传递和共享过程中，当知识接受方与知识提供方的知识背景相似时，知识传播会比较容易；当双方知识结构大相径庭时，知识接受方理解、学习别人的知识会十分吃力，也就降低了知识传播的效率。

三是缺乏新创企业文化的支持。新创企业中团队的文化价值观不支持知识共享，否认知识共享对于创新的重要性，会影响到团队知识共享的意愿和程度。例如，有的管理者漠视知识共享或者为了维护自身权威，人为地限制知识流动；还有成员的文化差异，不同的民族、国籍、语言都会造成知识传播的障碍，若企业文化造成信任缺乏，将直接导致团队成员对知识共享采取保守态度。组织文化可以分为三种类型：官僚型文化、创新型文化、支持型文化。一般认为，官僚型文化对知识共享有负向影响作用；支持型文化对知识共享有正向影响作用；创新型文化对知识共享有正向影响作用；创新型文化比支持型文化对知识共享的影响作用更大。

(4) 新创企业知识共享的策略。为了使团队成员主动、情愿地共享其知识，必须让他们认识到与别人分享知识的行为对自己有利，可以达到"双赢"。与人分享知识的好处来自于两个方面：① 知识共享是一种"交易"，分享自己的知识意味着也可以从别人那里得到知识，如果每个团队成员都愿意这样做的话，那么分享知识就能得到更多的知识。② 积极的共享行为会得到团队其他成员的认同和尊敬，有利于建立个人声誉。第一方面主要是要建立员工知识共享收益机制，可以将知识共享引入绩效考核，从而影响员工薪酬发放；第二方面主要是营建知识共享信任机制和声誉机制。因此，新创企业促进知识共享可以实施如下策略：

第一，将知识共享的程度纳入员工绩效考评，按"知识贡献"分配。为了强化团队成员的知识共享行为，在激励中要考虑成员在知识共享中作出的贡献。把成员知识共享程度纳入绩效考核，按"知识贡献"分配，就是要实现有目的、有针对性的激励。为了公平的实现，必须以成员对知识共享所作出贡献的大小为基准进行激励，务必使其相信对知识共享的努力可以得到回报。另外，还要正确分辨各种有利于知识共享的因素，譬如作报告、帮别人解答问题的次数，并赋予这些因素合理的权数，目的是建立能促进知识共享的，并且是有效的、公正的绩效考评标准。

第二，实施有效的知识共享激励机制，促进知识共享。有效地激励机制包括物质激励和精神激励两部分。一方面，物质激励可以将员工薪酬奖金发放与员工绩效挂钩，而员工绩效考核中强调知识共享贡献度，利用绩效考核和薪酬制度来营造、巩固创业企业知识共享文化，引导创业企业员工的知识共享行为。另一方面，精神激励可以满足创业团队成员的较高需求层次特性。从较高的需求层次着手，满足创业团队和企业成员的成就感、胜任感，给予成员较高荣誉，设计"隐性的激励机制"，要让成员在知识共享中得到极大的成就感、荣誉感，促进创业企业知识共享。

第三，建设知识共享渠道，搭建知识共享平台。知识共享渠道是传播知识所用的具体方式和方法，包括：面对面的接触与交流、电话交流、私人书面材料、正式书面材料、正式数据材料。建设知识共享渠道，就是要设计出合适的沟通机制，具体包括以下内容：

· 加强知识共享技术应用，充分利用现代科学技术带来的便利，给团队成员提供必要的硬件设施组建内部局域网，以便于团队成员可以突破时间、空间的限制方便地交流。

· 建设团队"知识库"，把以往的知识以文字的形式"记忆"存储下来。通过构建团队知识库，有利于实现个人隐性知识显性化，帮助企业有效整合个体知识，并有助于在个人知识整合基础之上创造出新的知识，提升企业的核心竞争力。

· 组织成员的知识交流活动，例如组织同事聚会，召开问题讨论会议，利用头脑风暴法实现知识共享等。面对面的接触与交流更有利于隐性知识传播，通过人们尽可能地接近彼此，消除了人们心理上的隔阂，可以达成成员之间的互动，有助于形成团队和睦、融洽的工作氛围。成员在互相交流中，不仅实际问题得到解决，而且知识也会广泛传播，新知识、新思维迅速发展起来。

第四，推进知识共享的制度化。知识共享制度化是指用制度去规范、指导、强化团队成员的知识共享行为。推进知识共享制度化包含以下措施：

· 把好团队成员挑选关。组建团队之初，就要对团队成员的挑选慎之又慎。团队成员应具有相似的知识背景、不同的知识结构以及具有知识共享意愿和实践经历。相似的知识背景有助于团队成员相互沟通，不同的知识结构可以实现团队成员知识互补，知识共享意愿能促进团队成员主动寻求知识共享，知识共享实践经历能帮助团队成员有效实现知识共享，最大限度地挖掘团队的整体知识潜力。

· 构建创业团队知识共享实施制度。在创业之初，创业团队领导者需明确告诉成员知识共享的重要性，并且对知识共享的相关问题作出硬性规定，例如每周成员的最少交流次数。企业创立之后，新创企业管理者要明确各个部门或团队建立知识共享实施制度和检查制度。

· 明确知识共享是每位员工的工作内容和责任。将知识共享纳入职位说明书，在职责说明书中要明确规定每个团队成员都有向其他成员提供帮助的义务，也可以建立导师制，以提高学习知识的效率。

· 建立知识共享的反馈机制，强化成员对知识共享效果的认识。运用会议通报、公司简报、局域网文件资料下载等形式，将共享知识记录下来。

· 认识到团队内生制度对知识共享的影响。在运营一段时间，通过多次知识共享实践后，团队会产生一种"不成文的规定"，这种内生的制度规范了成员的行为，尽管没有形成文字，但这种规范却非常有效：知识共享能得到别人尊重，而破坏知识共享将受到其他人的排斥和惩罚，那么团队成员就会趋利避害，主动共享知识。管理者要对内生制度产生的过程有很清晰的认识，以便通过种种手段来促进这种有效内生制度的形成。

第五，创建"差异加团队精神"创业团队(企业)文化。创业团队的学习和创新绝大部分起源于某些不同观点的冲突、融合中，在团队中求同存异，在工作协调一致的原则下成员可以个性独立，允许、鼓励出现任何不同的观点，以利于创新和创造。要塑造团队精神，所谓"团队精神"，是团队成员为了团队的总体目标和利益相互协作，对工作尽心尽力的意愿和作风。团队精神让每个团队成员感觉到了前所未有的和睦气氛，可以充分表现自己而不用担心其行为会承担人际关系的风险。总之，培养团队成员共同学习的氛围，以人为本，加快培养团队精神，并用团队精神去引导成员行为，是实现有效知识共享的必由途径。

3）新创企业知识产权管理

知识产权通常包括著作权、商标权和专利权，此外，字号、域名、非专利技术、技术秘密、商业秘密、动植物新品种、集成电路布图设计等也已纳入知识产权保护领域。知识产权对于企业创业成功和新创企业发展都具有重要作用，具体体现在以下几个方面：

第一，利用知识产权创业。创业团队利用某项发明专利，通过专利转化来进行创业，成为知识产权创业。创业团队利用的发明专利可以是自主研发而来，也可以是通过外部购买得到，还可以通过对时效已到的过去的发明专利进行重新改良和研发获取。

第二，有助于新创企业获取超额垄断价值。新创企业研发的新技术，通过申请获取了专利，将拥有排他权，进而获取该项技术专利的收益独家占有权，在一定阶段里企业将在市场上取得成功，拥有最大的效益，为新创企业带来超额垄断价值。

第三，健全的知识产权管理制度是企业保障自身合法权益的基础。在日趋激烈的知识产权竞争中，完善的知识产权管理制度将有助于明确企业各个组织环节与相关人员的法律责任，帮助企业规避知识产权纠纷带来的风险，获得市场竞争的战略主动权。

第四，自主创新和自主知识产权为新创带来核心竞争力。在科技竞争日趋激烈的今天，自主创新能力和自主知识产权已经成为企业的核心竞争力，尤其是对新创企业发展更为重要。企业借助知识产权制度来保护自主创新成果和无形资产也成为维护竞争优势的重要手段。新创企业可以借助知识产权制度赋予创新者对其专利、商标、商业秘密等拥有独占使用权和市场排他权，有效地制止了侵权行为，维护了自身的合法权益，还可以进一步扩大自主创新，研发自主产权，提升企业的核心竞争力。

新创企业可通过以下途径加强知识产权管理。

（1）促进发明专利的转化，利用知识产权进行创业。专利转化的前提首先是对发明成果做评价，评价因素主要有：第一，市场需求，发明成果是否有明确的市场需求；第二，工艺成熟性，该发明专利市场工艺是否成熟，是否能低成本大规模生产该专利转化产品；第三，技术可靠性和成本的高低。

发明成果转化成败的决定要素很多，主要有：

第一，发明成果最终形成的产品和服务是否有市场。市场需求是发明成果产业化的原始推动力，同时也是检验发明成果产业化成败的标准。摩托罗拉的铱星具有很高的技术含量和工艺水平，但是却因为成本太高而失去市场，最终导致失败。需求是供给的前提，没有市场需求，就没有产品生产的必要和基础。

第二，发明成果能否和资本成功结合。发明成果在概念设计时，要把发明成果、发明专利产业化，如果没有资本结合是不可能的。所以产业化的必要条件是必须和资本结合。

第三，是否可以组织起一支高效的产业化团队。团队是推动发明成果产业化另一个不可或缺的条件，而且是最重要的条件。因为技术成果产业化是靠团队执行的，技术是靠人去掌握的，所以团队是最核心的因素。

第四，政策环境也是影响环境转化的重要因素。某段时间因为能源比较紧张，所以一些地区开展了很多生物柴油、生物燃油的研究。发明成果的成功转化离不开政策的支持。

(2) 强化新创企业的知识产权保护意识，设置专门的知识产权岗位。技术型创业企业由于意识、经验等多方面因素的影响，虽然有较强的创新能力，但缺乏很好的知识产权管理与保护制度，使企业在自身权益维护方面存在着巨大的风险，被侵权后却无法有效地保护自身的利益，造成重大损失，严重影响企业的进一步发展。因此，政府或创业中心应通过媒体报道、新闻发布、召开企业知识产权保护经验交流会、研讨会等形式，举一反三，广泛宣传，强化创业企业的知识产权保护意识。举办知识产权讲座或设立知识产权咨询服务中心可帮助提高创业企业的知识产权管理能力，健全企业的知识产权管理与保护制度，促进企业自主创新与知识产权保护的协调健康发展。

设置专门的知识产权岗位，是创业企业迈出知识产权保护的第一个关键步骤。知识产权岗位有两种专业类别：一种是技术类专业类别(需要非常熟悉公司的技术情况，最好在公司已经具有 2～3 年的开发工作经验)；一种是法律类专业类别。两种类别互相补充，比较利于开展工作。

(3) 寻找合适的知识产权代理机构。合适的知识产权代理机构能为企业提供较为专业的有关知识产权建议，可以规避技术创业企业相关知识缺乏的缺陷，而且代理机构具有专业社会网络，由其处理相关事务会比创业企业自己处理更有效率，更能节约成本。但随着国家对于知识产权代理机构的管理逐渐放开，越来越多的机构开始介入知识产权代理业务，而随着代理机构的不断增加，代理水平也变得良莠不齐，新创企业需要具有明辨知识产权代理机构的专业水平。

(4) 建立合理的知识产权管理以及培训机制。知识产权从业人员需要结合公司的实际情况，制定出切实可行的企业知识产权管理和奖励制度，并建立专门的培训制度。

新创企业可以建立与企业技术创新、生产经营活动相配套的科技成果奖励和知识产权保护制度，制定《关于商业秘密管理的规定》，明确企业科技秘密和商业秘密范围，并采取发放保密文件、签订保密协议等措施，明确公司有机会接触技术秘密和经营秘密的员工都负有保密义务，员工在退休、调离、离职后一年内做出的与原任职务或与原承担工作任务相关的发明创造的专利权都归公司所有。通过制定和实施知识产权保护制度，可以为司法机关确定相关技术，为商业秘密以及追究被告泄密责任提供了有力的法律证据，使新创企业在取证、诉讼等程序上可以占据有利地位，有效地保护了新创企业的合法权益。

知识产权管理和奖励制度内要明确公司的知识产权范围，包括员工在公司知识产权业务中所具有的权利和承担的义务，以及在知识产权活动中公司对于员工的奖励措施等；而培训制度则主要包含普通员工的公司基本法、保密法等的日常性培训，开发工程师知识产权专业知识培训以及公司管理层面的知识产权战略培训等。

(5) 制定技术要素参与收益分配的激励制度。为了促进知识产权创业企业的涌现，新的《公司法》规定："股东可以用货币出资，也可以用实物、知识产权、土地使用权等可以用货币估价并可以依法转让的非货币财产作价出资，全体股东的货币出资金额不得低于有限责任公司注册资本的百分之三十。"也就是说，非货币出资最多可以占注册资本的 70%，比原有公司法中最多占注册资本的 30%的规定放宽很多。

知识产权创业企业为了促进创业团队成员的创新和更多努力，应尽快制定技术要素参与收益分配的激励制度，将创业团队成员个人知识和技术作价入股，参与企业收益的分享，进而提高创业团队成员的积极性，促进创业企业的持续发展。

(6) 实行专门的知识产权状况检索数据库，进而改善产品开发流程。技术创业企业由于其管理模式往往是老板直接管理研发工作，一些技术骨干在公司有着举足轻重的地位，如果知识产权工作引起了他们的反感，将很难开展下去，这就需要知识产权工作者在从事知识产权工作时一定要有一个工作策略。一定要先行建立专门的知识产权状况检索数据库，让开发工程师可以在自己的开发习惯没有经过多大变动的情况下，享受到知识产权检索给自己带来的好处(在产品未开发前，就已经了解了自己将要开发的产品有哪些现有技术)，等到经过开发人员的认可后，再适当改变开发流程，要求开发工程师在开发初期进行相关知识产权检索，建立起包含知识产权保护工作内容的开发流程并严格执行下去，新创企业将能获取良好的发展前景。

3.3　创　业　能　力

3.3.1　创业能力的内涵

目前学术界尚不存在为人普遍接受的创业能力定义。概括起来，大多数的创业能力定义都是从创业和能力的静态结果或动态过程分析入手的。

从静态结果来看，创业能力的定义如下：

- 创业能力是一种具有很强创造性、实践性、综合性的能力。
- 创业能力是指将自己或他人的科研成果或市场创意转化为现实生产力的能力。
- 创业能力是指工资形式就业以外的自我谋职能力，是一种以智力为核心的、具有较高的综合性、突出的创造性，能够顺利实现创业目标的特殊能力。

从动态结果出发的学者认为：创业能力是指影响创业实践活动效率，促使创业实践活动顺利进行的主体心理条件。具体来讲，是以智力活动为核心的，具有较强综合性和创造性的心理机能；是与个性心理倾向、特征密切结合在一起的，在个性的制约和影响下形成并发挥作用的心理过程；是经验、知识、技能经过类化、概括化后形成的，并在创业实践活动中表现为复杂而协调的行为过程。

综合以上的观点，创业能力是指创业者拥有的关键技能和隐性知识，是个体拥有的一种智力资本，它是一种高层次特征，包含个性、技能和知识，是创业者能成功履行职责的整体能力。

3.3.2　创业能力的构成要素

创业者是创业活动的中心，创业者能力与外部环境共同决定了企业的生存与发展。创业能力是一种具有较强综合性程度的能力，主要包括：

(1) 识别与捕捉市场机遇的能力。创业的本质可以看做是创业者发现市场机会并利用各种资源抓住市场机会商机的活动过程。因此，对市场机会的识别能力是创业行为能力的重要部分，它包括市场机会评估能力和市场机会判断能力。美国一项对创业投资的研究调查发现，当机会窗口的时间短于 3 年时，新事业投资失败率会高达 80%以上；如果机会窗口的时间超过 7 年，则几乎所有投资的新事业都能获得丰厚的回报。机会识别与捕捉能力要求创业者能够判断机会窗口的长短，还要准确感知和识别消费者没有被满足的需要，并花费大量的时间和精力去寻找可以给消费者带来真正有价值的产品或服务，以捕获到高质量的商业机会。

(2) 战略能力。这是创业者在剧烈变化的外部环境下为取得长期生存和发展而进行总体规划的能力，包括战略规划水平、资源整合能力、市场适应能力。战略能力主要体现在及时调整目标和经营思路，快速地重新组合资源以适应环境的变化，制定适宜的战略目标与计划等方面。它要求创业者对国内外宏观经济、政治、文化等环境具有敏锐的洞察力，以及系统和辩证的思维能力。

(3) 分析决策能力。分析决策能力是指创业者对问题及相关关系进行认识、洞察、判断，从而敏锐、果断、准确地选择最佳方案的能力。这是创业者必须具备的诊断复杂情况的心智能力。

(4) 控制和协调能力。控制和协调能力是指对企业内部各种资源进行组织、协调、控制的能力。它要求创业者善于开发新创意，开发新产品和服务，发现新的市场区域，开发新的生产、营销和管理方法；随着企业的发展，能够选择合适的组织结构，领导建立一套完善的管理规则，进行有效的企业文化建设，培养团队精神和创业精神。

(5) 社会能力。与创业相关的社会能力包括社会适应能力和社会实践能力。社会适应能力包括忍耐力、抗挫折与抗压力、心理调适能力等，社会实践能力包括社交与合作能力、谈判能力、社会洞察力和组织指挥能力等。研究表明，在我国转型经济背景下，市场经济不成熟，企业的关系能力对资源获取至关重要。社会实践能力要求创业者能与政府职能部门、各种中介机构、掌握重要资源的人或组织、周围的企业家建立良好的关系。

(6) 信息的收集和处理能力。创业者监控环境变化，具有获取和分析信息的能力。信息搜集和分析是适应环境变化，进行机会识别和正确决策的前提和基础，因此信息的接受和处理能力具有重要作用。

(7) 创新能力。创新是创业的灵魂。只有不断创新，才能不断超越自我，超越竞争对手。创新能力包括学习型组织的建立和企业创新体系的建立，指创业者具备不断打破旧秩序，建立包含新产品、新技术、新市场、新制度和新组织结构的新秩序的创新精神和能力。

(8) 团队合作精神。创业成功建立在充分的资源条件基础之上，但创业者不可能拥有全部的创业资源。因此，创业只有在多方资源主体的精诚合作基础上才能取得成功。

(9) 风险管理能力。创业风险是客观存在的，在商业机会利用过程中的每个阶段都存在风险，哪一个阶段出现问题都有可能造成创业的灭顶之灾。因此，风险管理是创业管理的重要内容。风险管理能力包括风险识别能力和风险防范能力。

3.3.3 创业能力的层次

按照创业者主体的不同，创业能力可以划分为三个层次：个人创业能力、公司(团队)创业能力、地区创业能力。

(1) 个人创业能力：创业活动基本依赖于某个个体时所表现出来的创业能力。这些个体一般单独进行创业活动，或几个单独的个体也可以联合起来进行创业活动，但相互之间并不存在明确的资源配置契约，也不存在一个处于个体上层的、支配个人创业能力的权威的机制。在个人创业能力含义中，并不存在一个严密的组织结构。从实际来看，个人创业能力主要体现在独立职业者、新生企业和中小企业的创业过程中。

(2) 公司(团队)创业能力：公司通过内部发展新的资源组合，将公司业务扩展到公司当前能力和机会允许的范围内。公司创业包括两种类型：一是在已建公司中产生新业务，二是更新公司关键构想，实现公司转型。公司创业能力与个人创业能力最明显的区别是公司创业能力内涵中存在明确的组织结构。通过组织的激励、创新和变革，公司内部整体的资源与能力，包括单个个体的创业能力被融合、重组，确保组织发挥出最大的效率。

(3) 地区创业能力：从层次上看，地区创业是中观层次的创业活动，其创业的主体不是个体和企业，而是地区。地区创业能力的内涵包括了个体创业能力和企业创业能力，但是其含义更为广泛。它更多的是指地区经济发展的协调、创业环境的建设、创业政策的设计、产业结构的合理化、产业布局的科学化、创业资源的积蓄等，这一切与地区政府密不可分。所以，地区创业能力归根结底表现为地区政府的创业能力。

3.3.4   创业能力的影响因素模型

创业者具有多因性和多元性，因而影响创业能力强弱的影响因素很多。各影响因素相互作用，形成创业能力影响模型，如图 3.4 所示。创业能力的生成路径为：创业环境→创业认知→创业意向→创业行为→创业能力。

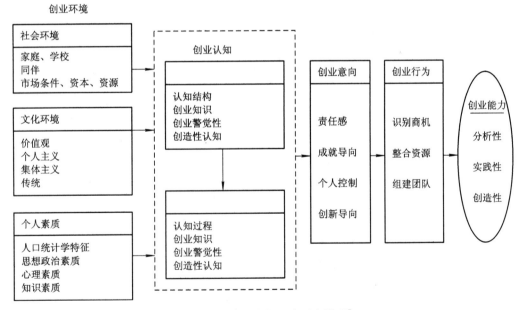

图 3.4   创业能力的影响因素模型[①]

1．创业环境

创业者能力与外部环境共同决定了企业的生存与发展。创业能力受环境因素影响与制约。创业者的创业决策是其对环境的察觉和解释的结果。创业环境主要包括社会环境、文

---

① 资料改编于：倪锋，胡晓娥.基于认知的创业能力发展理论模型初探[J]. 企业经济，2007(10).

化环境以及创业者个人素质因素。

家庭、学校、同伴、市场条件、资源等社会环境因素是影响创业认知的主要动因，同时构成了影响个体创业认知发展的主要环境系统。

文化的某些观念上的特征，例如价值观、个人主义、集体主义、对待顺从和传统观念的态度等对创业认知有着极大的影响，它们可能起激励作用也可能起阻碍作用。对比我国创业者与西方创业者，他们不同的创业认知是与其价值观念和环境直接相关的。西方文化强调个人价值，中国文化则强调集体价值。

创业者自身素质包括创业者人口统计学特征、思想政治素质、心理素质和知识素质。创业者的人口统计特征主要指创业者的自然状况，年龄、性别、教育程度、健康状况、工作经历等。思想政治素质是创业者在一定价值观念支配下通过言行表现出来的思想认识、动机、作风等方面的特征。心理素质指创业者的气质、性格、兴趣等心理特征的总和。知识素质指创业者所具有的知识和技能，主要包括工商管理知识、宏观经济政策和形势、行业知识、专业知识等。创业者的自身素质直接影响到创业认知的不同，进而影响创业行为。

2．创业认知

创业认知是个体创业能力产生、发展的必要前提，而认知的一些形式(如创业思维等)，本身就构成了创业能力的重要成分。因为创业是从人们形成新创意或识别新机会开始的，而认知过程是产生创意、激发创造力、识别机会的基础。正是由于具备了认知能力，人类才能发挥出创业能力。创业认知是指个体对创业认识与理解的心理历程，它主要由认知结构和认知过程两个方面构成。认知结构是指在头脑中形成的对认识主体起影响作用的认知模式和知识结构，认知过程是指个体获取知识和运用知识的过程。

创业认知结构通常由商机、资源、组织、管理、风险和利益等一系列相关概念的结构化知识所组成。研究发现，良好的创业认知结构在创业中具有重要的作用，主要体现为下列功能：搜索与预测功能，建构与理解功能，推论与补充功能，整合与迁移功能，指导与策划功能。一旦具有良好的创业认知结构，便有助于创业者识别机会、构建商业模式、整合资源、制定创业计划。创业者的创业认知结构一旦建立，又成为其学习新创业知识和感知市场信息的极重要的能量或因素，从而促进创业者形成创业警觉性，能敏锐感知到市场的变化，并快速推导出改变的原因和洞察到改变所带来的商业价值。

创业者的创业认知过程主要有两种形式：由创业榜样的示范作用引起的观察学习和由创业实践结果引起的亲历学习。创业榜样力量是无穷的，创业者大都经过一个对自己创业偶像创业活动长期关注的过程，积累了大量创业知识和信息。创业者从创业行为结果中得出关于创业结果与创业行为之间关系的认识，由这一认识所指导的创业行为及其结果又有选择地加强或否定这一认识，成功的创业行为过程易于被选择，无效的则被摒弃，从而不断改善和提高个体的创业技能。

3．创业意向

创业意向是由一个人的创业认知、个性以及社会和经济环境的相互作用共同决定的。创业意向是引导创业者追求某一目标而投入大量资源、精力和行动的一种心理状态。创业意向是个体因素和社会因素指向创业行为的中介变量。创业意向的高低决定了创业行动的可能性，又取决于个体和社会因素的强弱程度。

创业意向对于创业者创业能力的形成和发展具有十分重要的影响。除了存在偶然的发展机会以外，责任感、成就的需要、对模糊性的容忍和创新等因素是促使某些创业者更愿意寻找并利用商机来创业的主要因素。责任感意味着个人牺牲，需要付出资本、信誉和生活。成就的需要是创业者找出新建企业必定会面临的挑战并积极应对的动机。对模糊性的容忍是创业者的一个重要特征。创业面临着不确定性的环境，前途机遇的高度不确定性是选择创业的一个大的障碍。

4．创业行为

创业意向决定创业行为，而创业行为成就创业能力。创业行为是将创业意向付诸实践的过程，主要体现在识别机会、整合资源和组建团队等创业活动中，即机会识别和机会开发过程。机会形成是一个演进和重复的过程，这一过程由两方面的认知行为构成：信息收集和概念创造。具体包括四种相关行为：信息浏览、讨论与思考、信息搜寻以及资源评估。通过这些行为，初始想法被提炼成或形成可行的商业机会。机会开发过程，就是促使商业概念转换成可销售的产品或服务的过程。在这一转变过程中，首先需要一个强有力的团队，然后根据商业概念确定资源需求及其潜在的供应者，最后整合所获得的资源以建立一个资源平台，从而推动商业概念转换成可销售的产品或服务。开发机会还关系到商业模式的构建。

5．创业能力

根据社会认知观，个体创业能力的实现是由创业行为、创业认知和创业环境因素三者作为相互决定因素共同起作用的。个体的创业行为、创业认知和创业环境三者构成动态的交互决定关系。一方面，个体的创业期待、创业信念、创业目标、创业意向等主体因素影响或决定着他的创业行为；另一方面，创业行为的内部反馈和外部结果反过来又部分地决定着他的思想信念和情感反应等。同样，在创业行为与创业环境的相互决定中，虽然创业环境状况作为创业行为的现实条件决定着创业行为的方向和强度，但创业行为也改变着环境以适应创业者的需要。创业者与创业环境这一对相互决定的关系表明，虽然创业者的人格特征、创业认知等是环境作用的产物，但创业环境的存在及其作用并不是绝对的，而是相对的，并取决于创业者的认知把握。

3.3.5　个人创业能力向企业(团队)创业能力的转化

个人创业能力是指创业活动基本依赖于某个个体时所表现出来的创业能力。企业(团队)创业能力以个人创业能力为基础。个人创业能力越强，企业(团队)创业能力有可能越强，但却不一定。个人创业能力与企业(团队)创业能力并不必然处于一致状态，需要建立一系列的能力转化机制(如图 3.5 所示)，促使个人创业能力向企业(团队)创业能力转化。

(1) 构建个体知识向企业(团队)知识转化机制，提高企业(团队)创业能力。

知识是能力的基础。个体知识转化为企业(团队)知识，有助于促进个人创业能力向企业(团队)创业能力转化。个体知识向企业(团队)知识充分转化受到很多因素的制约和阻碍，如企业(团队)缺乏信任，导致难以共享知识和紧密合作；企业(团队)成员间知识距离过大，知识无法顺利转移；企业(团队)成员关系疏远，相处不融洽，无法实现知识共享等。为了促使个体知识成功向企业(团队)知识转化，必须搭建相应的知识转化机制。

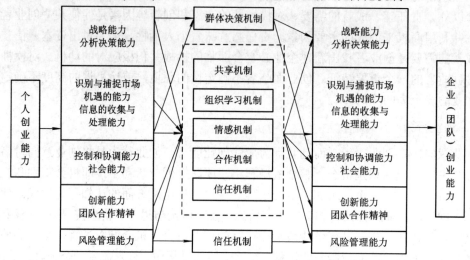

图 3.5　个人创业能力向企业(团队)创业能力转化机制

第一，情感机制。情感是人对客观事物和所处环境是否符合个人需要产生的态度和经验。由于客观事物与人的需要之间的关系不同，人们对客观事物抱有不同的好恶态度，产生不同的内心变化和外在表现。情感具有辐射、传递、感染、交流功能，可以促进人与人之间的思想沟通，协调人们的言论行动，加固人与人之间的各种联系纽带，通过满足人们的情感需要来增强个人对集体的向心力和集体对个人的凝聚力。在团队相对稳定的人际关系中，情感的协调维系功能表现得尤为明显(见表 3.2)。情感机制的优势在于能够从内心调动人的积极性，产生管理学中的"内激力"。

表 3.2　感情的主要分类及其对团队知识交流的影响

功能分类	代表性感情	对团队知识交流学习的影响
进取感情	兴趣、希望、愉快、期待	培育探索和发展，为持续有目的的活动提供动机支持
成就感	欣慰、满意、满足、快乐、自豪、得意洋洋	积极加强成就，是对积极偶然结果的反应；可能意味着对个人有点过分强调，鼓励停滞
威慑感情	忧虑、害怕、苦恼、悲观	作为对迫在眉睫的危险或负面后果的警告，建立在对过去的经验概括上；可能阻止进一步的发展，阻碍探索以及妨碍知识的交流和学习
退却感情	悲伤、听天由命、羞耻和犯罪感	在一种不可控制的损失或发生重大缺陷，需要掩饰、修补或本人两者兼而有之之后促进力量的恢复和内部适应；可能剥夺有机体的精力，迫使其有力地寻求知识交流和学习或按照所获得的知识行动
敌对感情	愤怒、恼怒、仇恨、侵略性	强有力地克服实现目标的障碍，重申个人或组织的利益和地位；可能导致一意孤行、自我欣赏，导致阻碍或永久性的损害和相互作用的冲突

(资料来源：戴俊，朱小梅. 团队组织的知识交流机制研究[J].科学与科学技术管理.2004(1).)

　　第二，信任机制。企业(团队)中的信任主要是指在从事知识创新开发的一系列过程中，企业(团队)成员之间在一定认知、判断基础上，形成的对彼此履行职责和义务以达成企业(团队)目标应采取的正确行为的预期。知识共享不是任何时候都可能出现的，它需要建立在双方的信任基础之上。只有双方相互了解、互相信任，才可以促进对彼此知识的理解、吸收和运用。信任作用于知识共享的不同阶段。在知识寻找阶段，信任影响到知识接收方向谁寻找知识和确定知识共享关系的决定；知识编码阶段主要是知识提供方依据对知识接收方的信任和了解用何种方式来交流和分享知识。在此过程中，信任将发挥极大作用。在知识的运用阶段，知识接收方对知识发送方的信任使他更加坚信所得到知识的可靠性，并且得到知识发送方的信任可以使他在知识运用的过程中进一步得到原有知识所有人即知识发送方的支持。

　　第三，共享机制。在情感和信任机制建立之后，企业(团队)需要建立特定的知识共享机制，以促进知识的共享和转移。知识共享渠道是传播知识所用的具体方式和方法，包括：面对面的接触与交流、电话交流、私人书面材料、正式书面材料、正式数据材料。企业(团队)应加强知识共享技术应用，充分利用现代科学技术带来的便利，给企业(团队)成员提供必要的硬件设施、组建内部局域网，以便于企业(团队)成员可以突破时间、空间的限制方便地交流；建设团队"知识库"，把以往的知识以文字的形式"记忆"存储下来；通过构建企业(团队)知识库，有利于实现个人隐性知识的显性化，帮助企业有效整合个体知识，并有助于在个人知识整合基础之上创造出新的知识，提升企业的核心竞争力；举办组织成员的知识交流活动，例如组织同事聚会，召开问题讨论会议，利用头脑风暴法实现知识共享等。

　　第四，合作机制。企业(团队)情感、信任机制的构建，知识的共享有助于实现企业(团队)成员相互紧密合作。企业(团队)的组成是以知道每个成员拥有的知识片断的特征为前提，而且这些知识片段之间是相互联系并具有互补性。成员之间在长期的工作中，会获得更多的关于合作伙伴的知识特征信息，调整自己的知识专业方向。这种动态的调整过程会进一步优化企业(团队)组织内的知识互补结构，使得成员之间的知识协作变得更加容易，协作成本也将降低。知识拥有者双方因协作关系必须进行知识片断的交换和交流。

　　第五，组织学习机制。通过建立组织学习机制，营造学习型组织文化，有利于缩短知识、权力距离，促进全体员工跨部门、跨层次、跨组织边界的知识共享；鼓励创新、冒险和实践精神，避免知识传播者隐藏错误和失败的知识，从而导致重复犯错和对创新的抵制。一方面，建立适合于学习型组织文化的组织结构。学习型组织是以信息和知识为基础的组织，其管理层次比传统结构要少得多。组织结构要尽量"扁平化"，从而减少组织内部管理层次，使得组织的成员可以直接和公司的领导以及其他的员工接触，从而使员工学习和知识交流共享变得更加容易。组织结构的设计还要克服组织内部部门划分的障碍，从而有利于跨部门的学习和知识共享。另一方面，在建立相应的组织结构基础上塑造组织的学习机制，需要做到以下几点：必须支持和奖励学习、创新、共享知识的行为；鼓励员工的不耻下问以及员工之间的交流；提倡员工的冒险和实践精神；允许员工犯错误，并把错误看成最好的学习机会；帮助员工树立正确的价值观。

(2) 建立有效的群体决策机制，提高企业(团队)的战略能力与分析决策能力。

群体决策是由群体成员共同决策的行为。相对于个体决策而言，群体决策具有很多优势。群体决策可以获得更多的信息，有利于形成知识互补；可以获得对决策目标的大量看法或解决问题的不同途径，从而达到最终的解决方案；群体决策还能促使人们思考，并产生比个体更大的创造性；通过争论，集体决策还能使决策参与者更深入地理解决策；群体决策还能使得决策者对决策都达到高度的认同，从而增强决策者对方案实施成功的信心。通过构建有效的群体决策机制，企业(团队)能够有效地利用个体的战略能力和分析决策能力，并将逐步转化为企业(团队)的战略能力和分析决策能力。

(3) 建立完善的风险管理机制，提高企业(团队)的风险管理能力。

完善的风险管理体制，有利于企业(团队)将个人的知识或能力转化为企业(团队)的知识和能力，将个人的风险管理能力整合转化为企业(团队)风险管理能力。

风险管理就是通过风险识别、预测和衡量、选择有效的手段，尽可能降低成本，有计划地处理风险，以获得企业安全生产的经济保障。企业(团队)风险管理能力主要依赖于其风险管理机制的完善程度。完善的风险管理机制包括风险识别机制、风险评估机制、风险防范机制和风险处理机制。风险识别是指用感知、判断或归类的方式对现实的和潜在的风险性质进行鉴别的过程。风险评估是指，在风险事件发生之后，对于风险事件给人们的生活、生命、财产等各个方面造成的影响和损失进行量化评估的工作。风险评估任务包括识别组织面临的各种风险、评估风险概率和可能带来的负面影响、确定组织承受风险的能力、确定风险消减和控制的优先等级、推荐风险消减对策。风险防范是有目的、有意识地通过计划、组织、控制和检查等活动来阻止风险损失的发生，削弱损失发生的影响程度，以获取最大利益。证券交易的风险防范通常可以从制度、检查和自律管理等方面着手，以达到消除或减缓风险发生的目的。风险处理是指针对不同类型、不同规模、不同概率的风险，采取相应的对策、措施或方法，使风险损失对企业生产经营活动的影响降到最小限度。风险处理的方法主要有风险预防、风险规避、风险分散、风险转嫁、风险抑制和风险补偿等。

 讨论与复习题

1. 什么是创业资源？创业资源包括哪些类型？
2. 创业资源整合应遵循怎样的流程？
3. 企业应怎样识别战略性资源？
4. 什么是知识管理和知识共享？二者有何区别与联系？
5. 什么是 SECI 模型？
6. 什么是知识产权？知识产权有哪些形式？
7. 哪些发明不能授予专利权？
8. 什么叫创业能力？创业能力由哪些因素构成？
9. 阐述创业能力的影响因素模型。
10. 简述个人创业能力向企业(团队)创业能力转化的机制。

案例分析

蓝天公司的知识产权案

蓝天公司是 2000 年 11 月由浙江化工科技集团有限公司、国家消防工程技术研究中心等 6 家法人单位共同发起并设立的国有控股公司。公司研发生产的消耗大气臭氧层物质 (ODS) 替代品，工程技术达到了国际水平，打破了发达国家对我国 ODS 替代品生产技术的垄断，是国内 ODS 替代品技术开发实力最强、品种最全、产业规模最大的高科技企业，被评定为"浙江省高新技术企业"和"浙江省环保产业骨干企业"，自成立后发展迅猛。但是，自 2002 年下半年开始，蓝天公司发现 ODS 替代品的生产经营受到了苏州联氟化学有限公司的强力冲击。苏州联氟于 2001 年 10 月成立，2002 年 6 月开始陆续投产，大量生产销售与蓝天公司完全相同的产品，并总能以略低的价格占领蓝天公司原有的销售渠道，极大地影响了蓝天公司的生产经营。并且苏州联氟迅速发展，2003 年实现主营业务收入超过 5 千万元，2005 年达到 2 亿元以上。

调查发现，苏州联氟是由 2001 年 9 月后陆续从蓝天公司辞职的 6 名高层管理人员和技术骨干，使用化名或以亲戚的名义，通过技术入股形式与一名私营企业家共同投资成立的，产品和技术与蓝天公司完全相同，而相关技术骨干正是蓝天公司取得该技术成果时的主要完成人。由于蓝天公司建立了相关技术的知识产权保护制度，相关人员离开蓝天公司时都签署了保密协议，因此蓝天公司于 2003 年 7 月以商业秘密被侵犯为由向杭州市公安局报案。

问题：

1. 如果你是蓝天公司的负责人，你将如何应对这件事？

2. 你从蓝天公司案例中得到哪些启示？

第4章　创业的形式

 阅读材料

在企业内部成功创业

每个新的创意都会遇到很多批评者。毫无疑问，做一个企业内部创业者是很困难的，即使在最宽容的企业中也是如此。那么怎样才能取得成功呢？

为实现自己的创意做好每件事情。如果你本来要做研究，但问题出在制造过程中，那就悄悄地到试验工场去并建立一个新的工艺流程。如果是一个营销问题，那就做自己的营销研究。如果这意味着你要扫地，那就去扫地。只要是能帮你实现梦想的事情，那就毫不犹豫地去做。不用说，不可能每件事情都十分满意，所以请时刻牢记以下建议。

1. 请求饶恕总比请求许可更容易。如果你四处去问，就会得到并不想要的答案，所以尽量把要做的事情做好，然后再去问。经理们应该鼓励员工这样做。把那些管理方面复杂的批准程序做些简化是十分有必要的。

2. 每天来上班时都想象自己被解雇。我在与一位久经沙场的老军人的谈话中加深了对这个道理的理解。他说："你知道，要想在战争中生存下来有一个简单的秘密：每天进入战斗时都把自己想成已经牺牲了。如果你已经牺牲了，你就能更清醒地考虑问题，那么在战斗中生还的机会也就更大了。"

内部创业者要像战士那样，必须有勇气去做正确的事情，而不是去取悦那些试图阻碍创业者前进的人。如果他们太小心翼翼，那么就输了。如果他们太畏首畏尾，这种恐惧的气味对公司免疫系统是一个化学信号，会将"不同"的想法迅速地扼杀在摇篮里。

我发现必要的勇气来自于内部创业者对自己所掌握知识的自信——如果他们的雇主愚蠢得想解雇他们，他们能够马上找到一份更好的工作。没有勇气是不可能做出创新的，而没有自信就没有勇气可言。

3. 尽可能地不被发现。每个企业都有一个免疫系统，当有新创意产生时，马上就会有"白细胞"出来将其扼杀。我在此并不是批评企业。如果企业没有免疫系统，那么它就难以长久生存。但是为了让新鲜创意长久生存，我们必须得想办法将其隐藏起来。这是每位经理的工作，经理必须能够确认哪些创意是需要隐藏的，哪些创意可以暴露给公司免疫系统，然后自然而然地消亡。

(资料来源：载约翰. E.艾特略. 创新管理——全球经济中的新技术、新产品和新服务. 上海：上海财经大学出版社，2008.)

在大多数企业中，人们将员工分为梦想家或实干家两种。把内部创业者与发明家相比较的话，发明家问的问题通常是"如果……那该多么美好啊"，而内部创业者会问"谁能帮我做这件事情……"。阅读材料总结了对于怎样才能成为成功的内部创业者所提出的建议。

4.1　公 司 创 业

4.1.1　创业与公司创业

新创企业会逐渐走向成熟，随着自身的发展，必然会变大或变强，或者两者皆备。然而，公司的管理者应该清晰地认识到，当企业成为大公司之后，尽管能够承担更大的风险，掌握着更完善的商业知识，但在与小企业的竞争中并非总能占优，很多公司无形中患上了"大公司病"。

大公司因规模大而管理层级多，其固有的管理方式和组织文化也随着公司年龄的增长而深植于公司内部，难以转变。当企业达到一定规模时，一种竭力保持稳定现状并为此排斥变革的内在的趋向就会取得主导地位。它在一定程度上是大公司内部扼杀创业精神的罪魁祸首，最终可能导致企业的灭亡。在迅速发展的创新型小企业利用其灵活性与市场环境巨变的时机，迅速"侵蚀"着大公司的市场份额和利润，威胁着大公司的生存与发展的情况下，如何解决"大公司病"，并使得公司实现其持续发展的目标就成为必须要解决的问题。

事实已经证明，在公司内部实施创业无疑是达到这一目的的一个有效捷径。充满活力与创新思维的内部创业往往可以对组织结构臃肿、拘泥于传统工作方式的大公司带来强烈的观念冲击，从而彻底转变公司的经营理念，保持不断创新与持续发展。20 世纪 80 年代，美国电话电报公司(AT&T)、3M 公司、贝尔特兰大公司(Bell Atlantic)和宝丽来公司(Polaroid)等一批企业率先在公司内部开展创业活动，并取得了巨大的成功。

在此背景下，创业概念就不应再局限于新组织的形成。一个已经建成的公司同样需要通过不断实施创业活动来对自身进行"创造性破坏"，并在这一过程中不断创造公司竞争优势，从而推动公司的持续成长。因此，如何在公司战略中注入"创业精神"、恢复小公司时代的活力和柔性、提高公司的创新能力、增强公司的发展原动力，成为大公司获得持续增长的关键。于是，公司创业的概念应运而生。公司创业不仅是公司发展过程中面对来自外部竞争和公司内部管理问题进行变革的产物，同时也是公司开发其员工和管理者才能的一种十分有效的途径。

4.1.2 公司创业的内涵

1. 公司创业的相关定义

公司创业不仅包括大公司的创业活动，也包括成熟中小企业的创业活动。因此，公司创业的概念、范围可以扩大到各种规模和类型企业的研究方面。

米勒(Miller，1983 年)首先提出公司创业的概念，并开始受到管理学界的关注。学者们认识到公司创业可以作为创造价值和创新的手段，用来提高公司的竞争地位，改变公司的经营现状并实现持续成长。在过去的 20 年里，关于公司创业的理论研究呈现出多方位、多视角的特征，出现了一些令人关注的重要成果和研究前景。学者们普遍认为公司创业是建立和重新构造公司资源的重要手段。Burgelman(1984 年)认为公司创业是指通过内部进行的新的资源组合来拓展公司竞争领域和发掘相应机会的过程，其中新资源组合就是熊彼特所谓的创新。因此，公司创业是通过内部产生的能够显著改变产业平衡或者创建全新的产业来拓展组织竞争优势的努力。Zahra(1991 年)认为公司创业是指现有公司内创造新事业，以改进组织获利能力和提高公司竞争地位，或者从战略的角度更新现有企业的过程。公司创业是通过管理不确定性把个人构想转化为集体行动的组织过程。Chung 和 Gibbons(1997 年)、Pinchot(1985 年)认为公司创业是指发生在大公司或独立的战略业务单位内部的以创建内部试验市场、改进管理和技术为目的的创新活动。Mielson 和 Hisrich(1985 年)认为公司创业是指在具有内部市场的大公司和较小的、独立的业务单位内部的发展活动，目的是在大型组织内部创建内部实验市场，改进、创新管理或技术。Antonitic 和 Hisfich(2001 年)认为公司创业是指在已建公司内开展的活动，包括新业务冒险以及其他的革新活动，诸如开发新产品、新服务、新技术、新管理技能、新战略和新的竞争方式。

从组织再生(organization renewal)的角度来看，公司创业是组织更新的过程，包括两个相关但又显著不同的维度：创新并开创新的事业领域和战略更新。前者是指通过产品、过程、技术和管理创新来开创新事业，后者则包括重新定义公司的概念、再造组织和引进能促进变革的创新系统。

综合国外的研究，公司创业是指现有公司发展新事业和创造新机会，可以归纳为以下四方面的内容：

(1) 开发新事业。新开发的事业同核心事业分而治之，主要考察新开发事业需要的组织布局及将新事业与现有活动"结盟"的过程。

(2) 内部创业。主要研究开展创业活动的员工个体及其偏好，其基本假设是大公司的现有体制和结构就总体而言束缚了员工能动性的发挥。这方面的研究主要侧重于公司内部创业家所采取的战术及其个性和风格。

(3) 创业型改造。这方面的研究基于大公司能够并且应该适应不断变化的环境的假设，认为公司创业型改造能够通过改变公司的文化和组织体系，进而诱导员工以创业行动来实现创业型改造。

(4) 构建内部市场。公司组织结构变革会促进创业，大公司应该用市场机制来配置资源，在公司内部采用市场手段。

综上所述，公司创业就是现有公司进行的创新和新业务创建，以及通过创新和新业务创建而进行的战略更新活动。

2. 公司创业与一般创业的比较

一般创业往往指的是个体创业。尽管公司创业与一般创业皆是创业活动，但从创业主体、创业活动及创业结果来看，两者还是有显著差别的(见表 4.1)。与外部市场和过程相比，内部的创意市场、资源的演进过程以及捍卫内部创业的个人都不同。不论是公司创业者还是一般创业者，他们都寻求独立自主和自由发展，具备相当长期的洞察力。不过，公司创业者必须要对公司的官僚组织和做事方式更加敏感。这就意味着公司创业者必须对传统的公司奖励给出反应，而且必须要有政治敏锐性。尽管公司创业者必须应对官僚体制和企业文化，但是他们也拥有一个支持体系，帮助完成自己的项目。公司创业者必须获得准许，而一般创业者必须鼓足勇气。

表 4.1 公司创业与一般创业的比较

	公 司 创 业	一 般 创 业
创业主体	实施主体是内企业家，也称公司企业家(内企业家是指在公司内部像创业者一样行动的人，在现有公司内部而不是通过独立地建立一个新企业来创造新事物的人)	实施主体是企业家
创业活动	内企业家在受雇公司框架内发起并实施创业活动，因此内企业家可以依托公司现有资源优势开展创业活动；与独立创业相比具有更高的成功几率，但内企业家在公司内会面临更大的阻力	独立企业家在自己营造的创业背景下开展个人创业活动；企业家需要独自筹集创业资源
创业结果	公司创业的最终风险由公司承担，创业失败后，内企业家仍可以回到原部门工作；其目标并不是建立新公司，其结果是现有组织的成长，且这种成长可能发生在产品、组织、战略和使命等多个层次	创业失败对企业家来讲，会导致企业家破产；创业一旦成功，其结果是一个新企业的诞生
起主导作用的时间	当企业达到一定的规模时(即成为大、中型企业)	大、中型企业成立初期，或者小企业的全过程

(资料来源：梁巧转，赵文红. 创业管理. 北京：北京大学出版社，2007)

不论是公司创业者还是一般创业者都轻视短期内的社会地位象征，而更为看重创业企业的启动。一般创业者在制定决策时可以更为独立，但是他们在筹集担有风险的财务资源时需要付出更多的成本。公司创业者就像是拥有技术背景的独立派，必须依靠自己的市场研究。公司创业者在考虑外部市场之前，不得不把自己的创意出售给自己所在的企业。

一般创业者从市场上寻求创业企业所需的资源，而公司创业者通常从组织内部寻求资源，这些资源目前往往未能得以利用或未能有效利用。公司创业者可以探察这些资源，用于当前企业的运营；它们通常与公司的核心资源十分相似。换言之，公司中未被使用的机器和实体工厂与公司正在使用的同类资源并没有什么太大区别。因此，对于公司创业者而言，窍门就是要以一种完全不同于传统使用方法的途径来利用这些资源。

公司创业者和一般创业者在所有权和控制权的分离方面也有根本区别。一般创业者拥有并控制自己的企业，因此所有权和控制权并未分离，两者之间没有什么冲突之处。然而，在一家大型公司里，股东是委托人(所有者)而管理者是代理人。但是，当管理者想要创建一家公司时，他需要像委托人那样行事，也应该像委托人那样拥有同样的激励。由于公司的所有者并不愿信任管理者，给予他们此类激励，因此所有者往往会阻碍公司创业。通常情况下，这意味着公司创业者被迫离开公司。尽管这解决了委托代理问题，但是常常会致使公司境况恶化，因为这些管理者离开时带走了有价值、稀缺、难以复制和不可替代的资源。通常这些资源为技术信息、专长和管理者(人力资源)。这造成了公司创业水平低于企业成功所必需的程度。

3. 公司创业的必要性

现有的企业之所以允许创业现象的存在并且鼓励创业尝试，是因为公司中的高层执行者通常都意识到宏观环境和市场的变化之快超出了任何企业官僚机构所能做出的反应速度。公司创业为大型企业提供了一种机会，用于适应日益变动、对抗和性质不同的经营环境。

公司创业给公司提供了在市场上检验的能力和机会。这些检验可以拿自然选择的生物进化过程进行比较。每个内部创业企业都是现有公司资源的某种突变，这些变异带来了多样性。如果公司和经济环境善于接纳这些变异，这些企业就会在选择中胜出，有可能成长为盈利能力很强的大型部门或者公司。其他公司可能会模仿这些行为，经营的总量将会由此形成。正像创业有助于创建完整的新产业一样，公司创业亦然。

对于现有的企业而言，公司创业还有其他价值。它可以作为培训新管理者的基地，通过监控这些公司创业者的成长，企业可以培养未来的领导者。那些在创业企业中成功的管理者，对"母公司"贡献良多。

此外，公司创业活动有助于创建新的分销渠道。随着互联网的兴起，这一点越发明显。现有企业已经开始通过互联网直销产品，与其他企业结成销售和采购合作伙伴，并且用于建立消费者数据和信息库。比如，百事可乐利用网站找到了新一代的消费者。它们的网站让消费者通过瓶盖上的奖励积累得分。这个小活动的结果使百事可乐净赚了 300 万的登录和注册用户，让公司获得了一个消费者数据库，而建设这样一个数据库本来要耗费数百万的资金和数月的时间。在这次促销过程中，销售量增加了 5%，而成本只有邮寄方式的 1/5。

最后，现有公司利用公司创业活动来提高它们的财务业绩。它们往往通过直接投资到创业型企业中实现该目的。

一些美国公司因为它们持久的保持企业家精神而闻名，如宝洁、强生以及 3M 公司。在 3M 公司的发展历程中，已经开创了 100 项以上的经营业务或产品线，其中 4/5 都取得了成功。在 3M 公司，任何年轻的工程师都可以向高层管理者推销自己的经营或者产品创意。一旦项目获得通过，公司就会任命推荐人为项目的负责人，然后该项目或创业企业单独经营。这些创新性的产品由一名项目经理负责，他会一直负责该企业直到获得成功或者是遭到抛弃。为了产品开发，项目经理可以调动所有必要的技术和资源。随着企业的成长，团队的成员得到奖赏或提升。

4.1.3　公司创业的形式

1. 从战略管理角度的划分

按照 Covin 和 Miles 的相关研究，公司创业有持续再造、组织再生、战略更新和领域重定等四种形式，与组织导入新产品进入新市场的能力、组织自身的能力、组织的战略制定能力、组织创建和开拓新产品市场领域的能力存在紧密的联系，这些形式可同时并存于创业型公司之中。

(1) 持续再造。持续再造是公司创业的一种形式，是公司层次创业活动的证据。持续再造指持续引进新产品、新服务或进入新市场，利用公司有价值的创新生产能力，投资于潜在的、未被发现的市场机会，主要目的是与竞争对手形成差异化的竞争优势。持续再造的成功创业型公司，往往得到其文化、结构和创新的系统支持，也常常是主张变革、勇于挑战竞争对手市场份额的学习性组织。在导入新产品新服务进入新市场的同时，公司也会利用产品生命周期管理技术，剔除原有的产品和服务，努力提高整体竞争能力。如 3M、摩托罗拉公司和东芝公司是典型的持续再造成功创业型公司，均具有创业型的文化、柔性的组织结构、快速的决策能力等共同特征，将创新视为核心竞争力，利用持续产品服务开发战略，保持和维护竞争优势。

(2) 组织再生。组织再生是指通过改变其内部过程、结构和能力，寻求维护和提升其竞争地位，焦点在于组织本身，其主要目标是形成基于成本的竞争优势。公司创业不一定需要改变其战略，可以通过对现有业务战略的实施，保持和提高竞争优势。组织再生常常需要公司价值链的重组，否则会影响公司内部资源的分配模式。

(3) 战略更新。战略更新是指通过改变竞争方式，寻求重新界定其与市场和行业内竞争对手的关系。组织再生的焦点在于组织自身，战略更新的焦点在于周边环境的公司，以及处于公司和环境之间的战略。战略更新在以往研究中具有不同的含义，如 Guth 和 Ginsberg 将战略更新界定为通过关键理念的转变使组织转型；Simons 将战略更新界定为新业务战略的实施。在公司创业中，战略更新必须包含新业务战略的实施，平衡公司资源，充分挖掘产品市场机会。

(4) 领域重定。领域重定是指公司积极创建一个其他竞争对手尚未察觉或开拓的新产品市场领域，有效地将竞争带入新的领域，以第一进入的身份为持续竞争优势奠定基础，打下行业早期的烙印，创建行业的标准和标杆，界定竞争游戏规则，以对市场机会的快速反应形成竞争优势。领域重定存在超越战略和产品市场先驱战略两种形式。Fahey 将超越战略描述为超越竞争对手，这种类型的业务战略受到公司预期的驱动，目的是在某些产品市场领域避免竞争性对抗；或将竞争带入一个新的领域，使现有或潜在的竞争对手遭受后进的痛苦；另一种形式是产品市场先驱战略，具有机会主义的特征，所追求的不是避免已经存在的对手，而是开拓潜在的市场，通过公司产品市场领域创新而获取竞争优势。

2. 从组织形式角度的划分

公司创业既可以在公司现有部门内开展新业务，也可以成立一个独立的新组织。公司内部开展新业务主要强调两个方面：一是看这种新业务是否与现有业务具有一定的相关性，从而可以利用公司各方面的资源和专长；二是看这种新业务是否能服务于公司的整体战略，有利于增强公司的核心竞争力。可见，公司创业活动必定会涉及公司不同层面的问题，包括战略决策、组织结构以及资源配置等。从目前公司创业的组织模式看，公司创业的形式主要有四种：项目小组创业、内部创业、创业孵化器和公司风险投资。

(1) 项目小组创业。按照以往的传统方式，公司大都将新业务按职能专长进行分解。例如，将一个新项目的技术工作交给研发部门，而将营销工作交给市场部门。这种方式的不足之处就是新业务的整体性差，参与项目的人员虽然多，但真正具有创业激情而为之奋斗的人少，结果造成新业务的成功系数大大降低，或者错失了创业机会。而项目小组则是采用项目的方式，以任务为导向，按照公司战略规划和部署，从技术和理念等方面对公司现有业务进行创新和改进。

以项目小组的形式开展新业务，一般具有以下几个特点：第一，它要服务于公司的整体战略构想，与现有业务具有比较紧密的相关性；第二，它有一个明确界定的目标，即一个预期的产品或成果；第三，项目的资金投入全部由公司承担，而且项目过程中需要公司各部门的协作，并利用公司各种资源；第四，应有具体的时间计划和成本预算。与传统方式相比较，项目小组的形式更加有利于调集管理资源、协调各部门的力量，以集中开发新业务。

然而，从大量的企业实践中发现，如果新项目全部在公司内部进行，所有的资金投入均由内部解决，那么很可能出现"软预算约束"问题。软预算约束是指公司内部的新项目启动后，资金需求往往会突破原先预算，而公司又无力对项目进程进行调整，使项目费用保持在预算之内。项目一旦启动便具有一定的刚性，同时由于新业务前景的不确定性，即使项目进行中费用超支，公司决策层也很难"忍痛割爱"去终止项目，因为这意味着彻底放弃了成功的希望，使前期投入变成了沉没成本。

(2) 内部创业。内部创业是公司开展新业务的另一种模式，这种方式在一定程度上要比个人创业具有优势，因为创业者不仅熟悉企业环境，而且还可以从公司获得制造设备、供应商关系、技术、人才、营销网络和商业品牌等资源支持。企业内创业是在公司组织内进行的非正规活动，当内创业家感觉自己的创意很有发展潜力的时候，就可以向公司的中层经理或高层管理者进行推荐，由他们去选择和决定公司是否支持这项活动。另外，公司也可以根据整体发展战略去指导创新和创业活动。

首先，公司要让员工深刻地体会公司未来的愿景和目标，鼓励员工进行符合公司战略发展的创新和创业活动，并承诺给予政策和资源上的支持。其次，公司内必须拥有一批有影响力的创业支持者，由他们来协助内创业家获得资源，沟通信息，并帮助化解创业过程中来自公司内部的阻力，使内创业活动得以顺利开展。最后，由于从事创新和创业活动不仅要付出额外的辛苦，而且还要冒很大的风险，因此对内创业家的激励是影响公司内创业的重要因素。一般地，公司都会以创业股权的方式对创业成功者进行奖励。企业内创业有助于发掘有创业潜力的人才、建立鼓励创新的机制、形成创业的气氛和积极向上的公司文化，是培育新的业务增长点、保持公司持续发展的一种重要模式。

但是，这种模式在实践的过程中也会遇到一些问题。首先，虽然公司在政策上支持和鼓励创业行为，然而创业活动所要求的机制灵活、决策迅速、信息通畅的组织特性是那些层级较多的公司所不能满足的。其次，内部创业家不但要完成固有的本职工作，而且还要利用额外的时间和资源进行创业活动，这两者之间有时会在某种程度上产生冲突。

① 内部创业过程的五个阶段：

第一阶段，确定问题。第一阶段开始于确定问题，问题——或者也可以认为是机遇——或许来自公司或者产业内部的资源。识别公司创业机遇的关键在于对变化的敏感性，对意外情况保持开明。创意的来源之一是出现了出人意料的事情——不论是出人意料的成功还是出人意料的失败。如果企业并未投入过多的精力，或者并未过于关注某项产品或服务，而消费者对该产品或服务需求旺盛，一旦投入了充足的资源，这种成功可以成为整个新企业的来源。同样，如果某种产品失败，弄清楚为什么并且确定消费者真正想要的是什么也可以创办起内部创业企业。比如，3M 公司开发出一种胶带——不过看起来没有工业用户想采用这种胶带，公司正准备放弃该产品。负责该项目的工程师将样品带回家，让他的家里人试用。他发现自己十几岁的女儿们在晚上使用这种胶带扎她们的卷发。他意识到这种胶带或许可以供家用或者个人使用，随后这种产品命名为 Scotch 胶带。

如果事情的结果并不连贯一致，这种不一致也可以作为创意的来源。也就是说，产业或者企业的假设与经济现实之间的不一致也能引发内部创业的创意。质疑传统的"明智之举"（"每个人都知道"）或者察觉到的事实（"这就是做事的方式"）可以使这些不一致清晰显现。当这些"每个人都知道"不再为人所知或者不被所有人接受时，或者传统的做事方式不再适用时，资源可以重新利用来开发此机会。

第二阶段，建立联合体。第一阶段的任务完成后要求建立联合体。内部创业者必须在公司内的官僚机构中建立联系，这有助于让这些机构支持创新性项目的早期开发。这类似于创业者寻求正规合作伙伴和支持者。对于一个能得到支持的创意而言，它必须在某种方式上"符合"公司的胃口，必须与公司的目标一致。如果这项创新过于遵从公司的传统，那么它就无所谓创新，因此，这是一个两难的选择。但是为了推销自己的创意，内部创业者必须恰当处理。除了个人说服之外，争取支持和建立联合体的最好方式是撰写创业经营计划。内部创业经营计划与一般创业者计划的主要区别如下：

内部创业计划不包含所有权环节，不用详细说明持股情况和出售股份的要求。公司"拥有"创业企业。

内部创业计划不用寻求外部融资。但是，它必须符合公司内部融资和资金预算标准所提出的要求。

内部创业计划需要一节来阐述公司和内部创业企业之间的关系（战略、运营、财务和营销）。

创业经营计划有助于内部创业者找到某个或一组保证人，他们可以帮助获取资源，为政治上的认可铺平道路。由于公司管理者和官僚体系常常将这些内部公司创业（Internal Cooperate Ventures，ICVs）视为现有权利结构和资源配置过程的威胁，因此找到保证人至关重要。而且，保证人将有助于内部创业者对项目成败前景保持客观。当陷入具有创造性的创新活动的狂热之中时，内部创业者很容易丧失客观理智。

第三阶段，调遣资源。要求调遣的资源包括物质、技术、财务、组织、人力和声誉。为了使内部创业企业获得成功，这些资源必须稀缺、有价值、无法完全复制、没有更好的替代品。在获取资源的早期阶段，内部创业者可能要"借用"资源——这些资源正式上是应该分配给公司内的其他用途。随着项目启动，资源需求增加，这时需要公司对 ICVs 给以官方和正式的认可。当 ICVs 通过公司内部资本市场的检验并且接受正式预算时，就算是得到了公司的认可。

第四阶段，实施项目。实施项目是 ICVs 的实际运作阶段。它类似于创业者公开创办自己的创业企业，只不过这里有多个层级的管理人员，这些管理者有不同程度的经验。另外，内部创业战略实施中也有类似的环境条件。ICVs 必须制定自己的进入策略，确定自己的踏脚石。如果它有先动优势，则必须采用阻隔机制来尽可能地保护自己的优势。它必须对产业环境进行评估，不论是静态环境还是动态环境，确定出恰当的运营决策和静态决策。ICVs 对外部资源的流入保持开放，从外部招聘员工、引进技术或许也很有必要。最后，创业企业必须采取某种战略姿态，并且制定出相应的评估业绩和战略的标准。

第五阶段，完成创业。这是创业企业完成阶段。如果 ICVs 并不是很成功，创业企业可能遭到分解，其资源由公司重新吸收；如果 ICVs 取得成功，它就会坚持下去，公司就会对其追加投资。这时候或多或少 ICVs 在组织结构中的永久地位已经得以建立。如果因为某些原因(不确定性、激励分配、机会主义)致使委托代理问题难以克服，那么 ICVs 可能从公司中剥离出去——成为一家完全独立的公司。这种情况下，内部创业者可以从公司那里购买资源，然后将股份出售给投资公司或者让公司公开上市。

尽管企业明白这种过程，也承认 ICVs 潜在的收益，对可能妨碍内部创业的因素拥有广泛的共识，但是企业依然发现该项任务挫折不断。不过，企业应该意识到，内部创业者和可行的内部创业过程是两种稀缺、有价值、无法完全复制、不可替代的资源。因此，内部创业是持久竞争优势的来源之一。

② 内部创业的机遇。大型企业在激发和利用内部创业创意方面具有某些优势，其中一些优势直接与内部创业者相关。从大型组织内部角度来看，内部创业者操作起来更加无后顾之忧，因为他们已经拥有工作和带有津贴的稳定收入，他们作为企业中社会网络的一员从中受益。该社会网络由一群朋友、伙伴和知识广泛的个体组成，他们可以提供鼓励、资源和技术帮助。

③ 内部创业的资源。内部创业企业的财务资源来自公司。尽管哪家公司都不可能有无穷的财务资源，但是企业拥有的财务资源一定会超出私人个体或他们亲戚朋友所能提供的资金。这种融资来源降低了内部创业者的个人财务风险。当然，如果内部创业者未能使内部创业企业取得成功，他会有一定的职业风险。但是，一个对内部创业者提供支持的环境更多的是对失败的宽容，而非一般个体创业者所面临的外部环境。

而且，公司拥有构建创业企业资源基础所需的全部或大多数资源。企业已经有一套组织系统——市场营销、工程设计、人力资源、法律事务和会计，这些系统中的很多特征都有助于企业建立持久竞争优势。最后，大多数大型企业都有一定的知名度和声誉，这些可以拓展到创业企业身上。这些可以为内部创业努力提供早期的信用和让人接受的理由，可以作为一种战略性的推动因素。

④　内部创业的障碍。内部创业要想成功实施，也存在一些障碍和制约。主要障碍就是公司的官僚体系。大型企业拥有多级管理层，通常情况下所有层级的管理者必须同意将公司资源用于内部创业企业。公司内的规则、程序和流程减缓了关键时候的决策制定，而这些时候本应该是加速进行的。最近一项研究表明：内部创业努力取得成功的一种途径是通过"松散结合的体系"内部创业企业需要独立性，应该限制与公司所有者的接触机会。

有时候，创业企业威胁到公司生产的另外一种产品，因此对那种产品负责的管理者就会予以抵制。通常情况下，公司中对于资源的需求是矛盾的，那些用于创业企业的资源就不能用于支持已有的产品和市场。实施变革时，人们做事的倾向、目标和行为必须做出调整，但是人们通常并不愿意进行这种转变。这里的矛盾之处在于大型公司提供的放心无忧的环境促使管理者去冒险，却阻碍了员工去冒任何风险。

同时还存在着结构障碍。内部资本市场缺乏风险资本家。风险资本家可能是创业企业成功的至关重要的贡献因素：他们拥有启动创业企业所需的技术专长、关系和经验，而这些大多数公司的高层执行人员则相对缺乏。缺乏风险资本家，投资过程类似于资金预算，或许无法捕捉创业的微妙之处。这可能导致公司对资源的管理是为了效率和投资回报，而非企业的长期优势。

同样，内部创业者并不拥有 ICVs。因此，激励和风险也与单独创业有所区别。给所有牵扯到的人以同样的薪酬——这是官僚行政体系的程序——消除了 ICVs 一项重要的激发动力。结果是要么公司过早放弃该项目，要么是对成功无望的项目不断地承诺升级。

有人怀疑是否创业现象真的能在公司里存在。很多起初的创业型公司在走向"投资级"(investment-grade)公司时，丧失了激情。公司很难在不遭致其他员工和管理者反对的情况下对内部创业现象给予奖励。对公司而言，将主要的奖赏机制由原来的贡献状况和排列转而由收益决定是一种挑战。有些公司可能一时能调动企业中最精明的员工开创 ICVs，但是由于大多数的回报归公司所有，因此这些人几乎无一例外地离开大型公司的限制，转而开办自己的企业。

3. 创业孵化器

创业孵化器(new venture incubator)是通过提供一系列新创企业发展所需的管理支持和资源网络，帮助和促进其成长的创业运作形式。孵化器通过提供场地和设施、培训和咨询、融资和市场推广等方面的支持，降低新创企业的创业风险和创业成本，提高成功率。公司通过独立的孵化器来开展新业务，主要目的是引入创新和创业的思维，为未来发展做战略业务储备。进入孵化器的新业务都是以独立的新创实体形式出现的，公司除了提供有偿的硬件和软件支持外，不过多地参与新创实体的经营管理，所以对新创事业的控制相对较松。公司在利用自身丰富的管理经验和市场运作经验为新创事业提供支持的同时，也时刻在用战略的眼光审视被孵化企业，选择符合自己战略发展的企业或团队作为未来的业务整合对象。

值得注意的是，公司在以创业孵化器的方式进行运作时，应该把握一个专业化的原则，那就是要找到自己的核心优势行业。由于时间、精力和资金等资源是有限的，创业孵化器不可能擅长于所有的行业，因此需要聚集于某一个或者某几个相关的行业，并积累起自身在这一领域的核心优势。只有这样，公司才能够比较容易地辅导这些企业成长，使其逐步登上公司业务的"增长阶梯"。

4．公司风险投资

公司风险投资(New Venture Capital)是指有明确主营业务的非金融企业对具有前景的企业或项目进行的风险投资活动。公司从事风险投资的形式主要有两种：一种是把用于风险投资的资金委托给专业的风险投资公司进行管理，由其成立的投资基金根据委托方的战略需要选择投资目标；另一种是公司直接成立独立的风险投资子公司，其运作方式与专业的风险投资公司相似。

与专业的风险投资公司相比，公司风险投资具有比较显著的协同优势。公司风险投资既可以利用母公司的筹资功能，还可以依靠其丰富的管理经验、销售渠道、品牌优势等为初创企业提供增值服务。而公司则通过投资与其战略高度相关的新创企业，也达到了增强自身的竞争能力、增加财务回报的目的。

美国的施乐公司是成功地运用公司风险投资模式的典范。公司在 10 年间投资了 18 个新创企业，其中有 6 个新创企业的发展对公司业务增长具有很强的吸引力，最终施乐公司通过并购的方式将其全部整合到了公司的核心业务中。施乐通过风险投资的模式投入的 1200 万美元的资金，在 10 年内为其带来了超过 2 亿美元的回报。

但是这种模式在运作中也会暴露出一些问题。许多企业很难建立起专业风险投资公司赖以成功的系统、能力和文化。一般公司的管理人员则受制于比较传统的环境，其技能和所受的培训通常是为了管理成熟的业务，而管理新创公司的能力和经验明显不足。因此，非专业公司要成功地运作风险投资，不但要赋予其合适的机制，还要培养一批专业的风险投资人才。

4.2　个体创业

个体创业是指创业者个人或创业团队为追求市场机会，组织和培植资源、创立新企业并对其进行管理以创造价值的过程。

4.2.1　创业者的素质能力

时代变化使得创业者的作用越来越突出，然而并不是所有有创业激情的人都能够创业成功，创业者及创业家所具备的创业素质与能力对创业及其成长过程有着重要的影响。

全球创业管理教育和研究最著名的商学院美国百森学院企业管理研究中心主任、著名管理学专家威廉·D·拜格雷夫曾将优秀创业者的基本禀赋归为 10 个"D"：理想(Dream)、果断(Decisiveness)、实干(Doers)、决心(Determination)、奉献(Dedication)、热心(Devotion)、周详(Details)、命运(Destiny)、金钱(Dollar)和分享(Distribute)。

荣获"全美青年企业家奖"的美国创业家马丁认为，成功创业者的"九大素质"分别是：选择一个爱好、制定一个目标、拿着薪水学习、与成功者为伍、相信自己、以己之长发财致富、敢于提问、不循规蹈矩、不墨守成规等。

1992 年，美国的一个研究部门对数千名企业老板与最高管理层人员的调查结果显示，创业家(或企业家)最重要的 20 项素质与能力按重要程度排列顺序如表 4.2 所示。

表 4.2　创业家(或企业家)素质与能力排序表

顺序	素质与能力	顺序	素质与能力
1	财务管理经验与能力	11	行业及技术知识
2	交流与人际关系能力	12	领导与管理能力
3	激励下属的能力	13	对下属培养与选择的能力
4	远见与洞察能力	14	与重要客户建立关系的能力
5	自我激励与自我突破能力	15	创造性
6	决策与计划能力	16	组织能力
7	市场营销能力	17	向下级授权的能力
8	建立各种关系的能力	18	个人适应能力
9	人事管理的水平	19	工作效率与时间管理水平
10	形成良好企业文化的能力	20	技术发展趋势的预测能力

(资料来源：田千里. 老板论. 北京：经济科学出版社，2000.)

4.2.2　技术创业者的素质能力

技术创业者的素质能力是对一般要求与特殊要求的综合，具体体现在以下几个方面：

1. 发现市场机会的能力

发现并把握创业机会是技术创业者必不可少的能力。科技的瞬息万变，决定着技术创业者较之一般的创业者要具备更强的市场把握能力，要能抓住重大的技术机遇，并调整自己的战略以适应需要。

技术革新的瞬息万变，使得市场上信息变得更丰富、更复杂，从而使得信息的信度也不高，这就增加了技术创业者把握信息的难度。因此，技术创业者更应该增强这一能力的培养与锻炼。从最终目的的角度看，机会识别是以发现开创科技型企业的机会为目标的，以此为目标的商业机会可以被认为是一种潜能，这种潜能在于是否能够通过创造一种新需求、新方法满足有差异的顾客需求，而机会识别过程就是发现和创造获得这种潜能的过程。

创业机会发现取决于两个必要条件：第一，个体获得承载创业机会的信息；第二，个体合理解读这些信息并识别其中蕴含的价值(Shane，2000 年)。发现创业机会的能力主要受以下两个因素的影响：技术知识储备、发现技术价值。

2. 获取创业资源的能力

获得社会资源的多寡是衡量企业核心竞争力的一个重要标准。创业企业如何获取资源，或者说，创业企业获取资源的渠道是什么，是关系到高科技创业企业成功与否的重要因素。创业资源可以分为以下几类：

(1) 金融资源：以现金的形式存在或者可以随时转化为现金的资源。

(2) 人力资源：企业的员工和他们为企业付出的劳动，以及他们所拥有的知识、技术及洞察力。

(3) 经营资源：各种设施，如房屋、交通工具、办公设备、机器以及原材料等。

企业的创立过程就是将金融资源、经营资源和人力资源进行创造性结合的过程。资源的获取途径与资源的交换途径相互交错共同构成了一个网络，企业就处于该网络中。创业者要想具有较强的竞争力，所能做的只能是把所得的资源以一种与众不同的方式"结合"起来，也就是说他们必须利用这些资源进行"创新"，必须比竞争对手更能充分挖掘所得资源的潜力，只有这样，创业者才能把企业创造的新价值传递到消费者那里。

获取资源能力主要受以下三个因素影响：金融资源渠道、人力资源渠道、经营资源渠道。

3．整合创业资源的能力

在创业之初，资源是十分欠缺的。资源不足使创业成功的概率降低，但要有完全充分的资源也是不现实的。创业者在只具备部分条件的情况下，要同市场中相对条件较好的公司去竞争，这就要求创业者具备较强的资源整合能力，要能把不为自己拥有的资源变成能充分地为自己所用的资源，并不断地为企业创造出相应的价值。

特别是在技术创业者创办的高科技企业中，资源的整合力度对创业成功起着重要的作用，技术创业者在技术方面是专家，但对于企业管理、市场开拓这些方面，却并不那么擅长，技术创业者应该特别注重这一能力的培养。

整合资源能力主要受以下四个因素影响：组织管理能力、市场开拓能力、领导决策能力、团队管理能力。

4．科研学习能力

科技创业的主体是技术创业者，也即掌握高科技知识并具有技术背景，创办高科技企业并实现技术价值的创业者。技术创业者创办高科技企业的最大优势在于掌握着高新技术，为了维持并巩固这一优势，技术创业者必须注重科研学习能力的培养，以保持创业企业的持久优势。

科研学习能力指的是对所掌握的技术进行创新性开发、掌握该技术的发展方向、学习相关领域知识的能力。

5．技术创业特质

技术创业者心理特质主要体现在以下三个方面：理性的风险承担、适度的成就欲望、坚强的意志。

技术创业者的素质能力构成了技术创业者创业的胜任力素质模型，如图 4.1 所示。模型显示了技术创业者的素质能力与创业过程关系密切，并且对创业的成功具有决定性的影响作用。

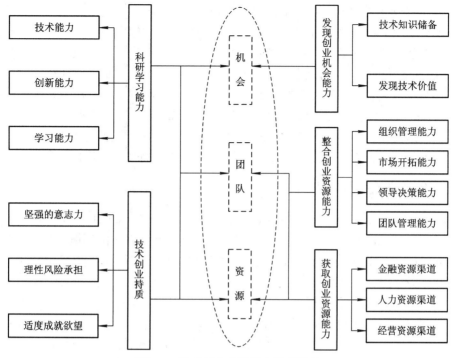

图 4.1 技术创业者胜任力素质模型

4.3 国际创业

4.3.1 国际创业的概念

国际创业作为一种新兴的社会现象,在人们的经济社会活动中必将占据越来越重要的地位,其蓬勃发展的趋势符合当今世界的时代特征——创新、变革和全球化。国际创业实质上是跨越国界的新价值创造活动,不同的学者从不同的角度对国际创业的概念内涵进行界定。按时间顺序,国际创业的代表性定义见表 4.3。

表 4.3 国际创业的代表性定义

提出者与年份	概念界定
McDougall(1989年)	从一开始就致力于国际商务活动的新创企业实现国际化成长的方式
Oviatt和McDougall(1994年)	新创企业利用国际资源或市场,寻求获取竞争优势以实现国际化成长
Wright和Ricks(1994年)	公司层面(包括新创企业和成熟企业)跨越国界的创新行为与创业活动
McDougall和Oviatt(1996年)	以实现组织内价值创造和成长为目标的企业跨国界创新行为
Zahra和Garvis(2000年)	不同年龄、规模的企业为进入国际市场而从事的创业活动和冒险性行动
McDougall和Oviatt(2000年)	以实现组织价值创造为目标的跨国界创新、超前行动和冒险行为的整合
Zahra和George(2002年)	创造性地发现、开发国外市场机会以追求竞争优势的过程
Oviatt和McDougall(2005年)	发现、设定、评估和利用跨国界商机以创造未来商品和服务

(资料来源:薛求知,朱吉庆. 国际创业研究述评,外国经济与管理. 2006(7).)

国际新创企业存在和可持续发展的充要条件是：

(1) 部分交易的内部化，通过内部化一些交易的组织形式以获取可以用来交易的价值。

(2) 网络以及许可协议等可以选择的控制结构，由于新企业通常缺乏足够的资源，因此在很大程度上通过选择性的治理结构获取资源，其中网络结构是主要选择。

(3) 国外的区位优势，通过将有价值的知识与其他不可移动的资源结合起来建立国外区位优势，从而能够创造差异和成本优势，在与东道国企业竞争中赢取优势。

(4) 独特的资源，这些企业对少量的关键资产进行内部化，通过选取适当的组织治理结构(诸如网络治理、特许经营、连锁加盟等)，依赖其所拥有的独特知识来获取海外市场区位优势。

4.3.2　新创企业在国际市场上的生存与发展

企业进入国际市场，可以获得知识，使企业形成更多有价值的技能，并进而影响企业的成长与发展。Autio 等人认为，与成熟企业相比，新创企业在国际环境中具有"新颖的学习优势(learning advantage of newness)"，成熟企业的惰性阻碍了他们在新环境中的学习，而新创企业则不受某些惯性或惰性的束缚，其在新环境中所具有的快速学习能力使得它们拥有知识创新优势，这种优势促进和支撑了新创企业的国际扩张。

新创企业在国际市场上面临三大劣势：① 规模劣势，新创企业通常不具备成熟公司所拥有的资金、人员和技术，抵御国际化挑战和风险的能力较弱；② 国外经营劣势(liability of foreignness)，从事国际化经营的企业可能对东道国的法律、语言、消费者偏好和商业惯例等缺乏充分的了解，导致在与东道国企业的竞争中处于某种劣势；③ 新企业劣势(liability of newness)，由于成立时间不长，企业对顾客、供应商、政府等外部利益相关者的影响力通常比较有限，从而会制约它们的发展速度和生存能力。上述每种劣势都会增加新创企业在国际市场上的失败风险，而三种劣势的综合作用将进一步扩大这种风险。国际创业研究非常重视环境和过程因素，研究的焦点也从关注企业家个性特质进化到将内外部条件相结合探讨国际创业的影响因素。表 4.4 总结了国际创业涉及的层面与影响因素。

表 4.4　国际创业涉及的层面与影响因素

层面	维度	影响因素
企业家	认知模式	企业家对国际化的评估，包括对国际经营风险、成本、利润、国际市场潜力与国际商业环境复杂性等的认知与态度
	社会资本	企业家关系网络
	人力资本	企业家的创新能力(如对模糊性的容忍度、投入、成就需要等)、企业家管理能力、国际经历、教育、语言熟练程度等
企业	组织结构	企业正规化程度、集权与分权、有机式结构与机械式结构
	资源	有形资源，如财务、实体与技术等；无形资源，如人力、组织、关系、网络等
	产品	产品与服务的不可分离性
	创业导向	企业战略姿态，如创新性、冒险性、超前行动性、进攻性竞争、自主性等
环境	市场特征	市场规模、潜力与国际化程度(包括国内与国外)
	产业特征	产业国际化程度、知识密集度与技术密集度
	环境特征	竞争环境的动态性、竞争的对抗性与竞争强度

(资料来源：朱吉庆，薛求知. 西方国际创业理论及其发展动态评价. 研究与发展管理，2008(10).)

4.3.3　国际创业的形式

作为国际化经营中的一种新现象，国际创业有着不同于传统企业国际化的发展路径。从战略的角度讲，企业在自身实力有限的情况下要实现国际化成长，通常借助共生模式。这种模式具体又分为两种情况：

(1) 与国际上大型跨国公司共生，如与跨国公司结成战略联盟，为跨国公司贴牌或者参与跨国公司价值链分工等。

(2) 与国内大企业共生，挂靠那些已经成功国际化的企业，借助他们已经建立的国外销售渠道和经营能力进入国际市场。

无论何种形式的共生关系都使得新创企业比单独依靠自己的力量更快和更有效地达到与国际化相联系的扩展区域和效率。

讨论与复习题

1. 企业染上"大企业病"的一个十分重要的原因是公司创业与创新精神的退化。试以一个成长性较好的企业为例，讨论分析企业创业和创新精神退化的原因，从中分析公司创业的重要性。

2. 大公司的内部创业与企业家个体创业之间的异同体现在哪里？

3. 结合本章对公司创业内涵的解释，讨论：

(1) 公司创业的本质何在？

(2) 公司创业对企业健康持续成长的作用表现在哪些方面？

4. 如何成为一名成功的创业者？

5. 现阶段国际创业的机遇和挑战是什么？

案例分析

3M 公司基业长青的秘诀

当今世界，有这样一家企业，虽然历经百年沧桑，却依然焕发着时代的青春气息。全球有一半的人口直接或间接地使用着它所生产的产品。从口罩到汽车零部件，从便利贴到通信设备，它的产品种类目前多达 6、7 万种。无疑，它是一家非常成功的企业，世界上有近百本管理类书籍都把它作为成功企业的典范来加以研究和学习。它就是闻名世界的美国明尼苏达矿业制造公司(Minnesota Mining & Manufacturing)，简称 3M 公司。

3M 公司成立于 1902 年。从初期经营矿砂开采转型为制造砂纸，然后经过不断地发明创新，发展成多元化的跨国公司。3M 公司 1951 年跨出美国本土向外投资，目前其海外子公司分布在 60 多个国家，大部分为独资企业。3M 公司在世界各地约有 7 万名员工，其中研发人员约占 1 / 10。它每年投资在研发上的经费超过 10 亿美元，占年营业额的 7%。

1. 文化是其成功的主要原因。

不可否认，一百多年来，独特的企业文化是 3M 成功的最大秘诀。3M 的企业文化价值观主要有四个对象：一是客户。作为企业，必须聆听并了解客户的需要，然后满足这些需要，继而超越客户的期望。二是员工。一个企业最终都是需要人来实现其价值的，没有员工就没有企业。很多时候，企业把客户当作上帝，但在 3M 公司，员工和客户对于公司是同等重要的。三是投资者。企业一定要给投资者以合理的报酬。当然，投资者除了看企业的盈利状况，还要看企业在发展中所面临和承担的风险，以及是否更具有发展前景。那么，如何让投资者青睐你的企业？其中，企业不但需要有魅力，而且这个魅力是持续的。四是社会责任。除了赚钱，3M 还在企业所在的国家和地区积极承担起社会公民的责任。其中，纳税是一方面，同等重要的还有环保。

2. 公司培训员工就像父母教育子女。

企业需要人来实现其价值，没有员工就没有企业。那么。3M 又是如何提高员工的忠诚度并且留住员工的?实践证明，企业引进员工很容易，但是要把员工的心融入公司，却是一件不容易的事情。企业除了给员工提供有市场竞争力的薪资，还需要关心和尊重员工，为其提供基本技能训练，创造良好的工作环境等。如果说 3M 公司在这方面有什么独特之处，那就是很注重员工个人的事业前程，这也是 3M 的魅力所在。在 3M，一个员工只要让他的主管相信他是有意在公司长久工作的，那么，公司将不遗余力对其投入资金进行培训。如果说给员工提供在国内外的培训只是金钱的付出，那么，比这更重要的是公司为员工提供在职培训的机会。在职培训中，共享精神十分重要。如果一个主管由于害怕员工超过自己，对员工只是教七分、留三分，那么这个公司的成长将会很慢。但是，这种现象在 3M 是不会出现的，这是因为 3M 有着历经百年所积累下来的企业文化。新员工进入公司后，3M 有点像父母教儿女的心态，什么都教，把新员工当作最有潜力的员工。在这种企业文化的熏陶下，企业被员工出卖的机会是很少的。同样，3M 给员工提供的是一个国际化的发展环境。比如，公司让一个中国台湾人到泰国任总经理，在越南的总经理是印度人，在德国负责化学部门的是中国江苏人，在亚洲地区负责购买的是中国成都人。可见，在 3M 的大家庭中，员工获得晋升的机会很多。更为突出的是，3M 公司一视同仁，重视人才本土化。比如，在美国本土以外的近三万名员工中，不到三百人是美国公民，其余皆为当地优秀人才。

3. 所有员工都要求具备领导力。

在 3M，通过建立一个平台，为所有的人才创造一个在相关的区域和部门平等竞争的氛围。领导人和主管不但要思考和计划，而且还要愿意把自己的想法与所有的管理层和员工沟通和分享。因为，你现在是领导人，所以，你的职责是更多地培养领导人。作为一个具有竞争力的公司，它不会是每一个人的绝佳工作地点，只有符合公司核心理念和要求标准的人才会发现那里是他们绝佳的工作地点。只有当理念一致时，公司的内部沟通成本才会降低，才会更容易度过危机和困难时期，才可以永远有一种朝向目标的斗志和动力。制度和组织结构需要只有被人们理解，才能真正得到执行和有效的运行，而理念和文化是支撑企业制度和组织结构的无形却有力的基础。在 3M 公司，大部分领导人在公司已经工作了 25 年，他们不仅精通公司的工作方法，而且有了一种公司精神。3M 有一个员工能力模型图和领导人能力模型图，除了技术技能，很大一部分就是领导力。因为领导力素质不只是今天的主管和经理才需要具备的，而是要求所有的员工都要具备的。哪怕员工是第一天到公司，人力资源部门也会告诉他，如果你想成为明天的领导人，这些方面是你应该去注意的。

4. 15%的自由时间，内部创业制度的建立。

3M 公司视每一位员工为最宝贵的资产，尊重员工的权利、尊严、价值，让员工享有充分的工作自由。3M 公司认为员工如果只专注于自己业务内的工作，难免会产生疲惫感，久而久之，僵固于本业务的员工便不愿意去学习新事物。但是如果给予员工 5%~15%的时间来自由支配，结果将不一样。员工可以在不必事先征得主管同意的情况下使用 15%的工作时间和公司资源从事与创业有关的活动。对于正在实施的创业活动，企业管理层应给予其充分的行动和决策自主权，并指定高层领导与其保持联系，随时调配企业内部资源，帮助其排除创业过程中的内部阻力。

事实上，自黏性便条纸是 3M 公司独特的"内部创业"制度下的产物。它是 3M 工程师亚瑟·佛莱在"内部创业"制度下经过 12 年的功夫研究发明出来的。这个制度既可鼓励员工创新发明，又可留住人才——防止员工因想创业而离职。

5. 犯点错不会影响到最终结果

3M 有句著名的口号，就是"为了发现王子，你必须与无数个青蛙接吻"。然而，追求创新必然会增加企业在经营中的风险。那么作为公司的高层管理者，如何看待员工在创新过程中可能出现的错误？当员工犯错误时，管理者的态度很重要。领导者必须能容忍员工的错误，并且与员工保持有效的沟通。在经营管理中，当拟定出一个重要的决策之后，可以允许自己在策略上犯错误，但绝不能允许自己在 3 个月之后才觉察到这个错误。至于如何能够在短时间内发现所犯的错误，关键在于必须清楚自己的目标在哪里。只要你首先清楚目标在哪里，即使犯点错，那么它所产生的后果也不会影响到最终结果。

3M 公司塑造出的工作环境能够引发员工发明和实践的欲望，尽管创意的落实需要的时间甚至遥不可及，但 3M 公司却给员工适度的时间及空间让员工可以跳出原本的专业领域去接触和本业不相关的项目。公司赋予员工的资源相当广泛，工作环境相当自由，所以在 3M 公司的世界里，每一名员工都可以去尝试不同的、有趣的项目，像是参加冒险。当然，并非每一个项目都能成功，但 3M 公司可以接受失败，允许员工出现错误，所以员工面对失败也不会有所顾忌。因为环境营造出浓厚的学习气氛，出错反而可以学到更多，以预防下一次出错。

(资料来源：许晟.3M 公司基业长青的秘诀，人力资源开发.2006(2).)

问题：

1. 3M 公司是如何进行创业活动的？
2. 3M 公司创业成功的主要因素是什么？
3. 在选择公司创业的形式时应考虑哪些因素？

第5章　创业资本与创业

重点提示

- ☐ 创业资本及其基本特征
- ☐ 创业资本的组织形式
- ☐ 创业资本的运营
- ☐ 创业资本的管理
- ☐ 创业资本的退出形式

 阅读材料

美国创业资本涌入中国初创企业

走进文思创新软件技术(北京)有限公司(以下称为文思创新)的一个房间,20 多位青年人坐在电脑前,拿着手机,哗哗之声不绝于耳:这些职员正按照公司与圣迭戈的高通公司的合同,测试手机的游戏功能。另一个房间里,工程师们在根据中国市场的需求修改 Peoplesoft 软件。

文思创新软件公司的投资者之一是硅谷的风险资本公司多尔资本管理公司(DCM)。如果按照计划,数年之内文思创新将在纳斯达克上市,给 DCM 的投资者们带来巨额收益。

两年来,美国风险资本不断涌入中国。尼特-赫尔弗希里投资公司的创始人之一特里·加尼特说:"无论在飞机上,还是在酒店里,你总能遇到风险投资家。我的意思是,感觉就像到了巴克餐厅(硅谷的一家餐厅,风险资本家经常去那吃早餐)。"

根据研究公司清华创投的统计数字,在 2004 年,美国风险资本家共向中国注入 13 亿美元资金,比 2003 年增长 29%,这种增长趋势还在继续。DCM、德雷珀、全球催化剂伙伴公司等硅谷企业都在中国设立了办事处,寻找合适的项目。硅谷银行还曾组织 25 位重要的风险资本家对中国进行为期一周的考察。

收益是显著的。过去一年里,求职网站 51job 和生产芯片的中芯国际等中国公司在纳斯达克首次上市后股价全部飞涨。中国正在成为 .com 街的繁荣之地。许多中国企业家说,他们之所以依赖美国的风险资本是有理由的：对中国的初创企业来说，除此之外似乎没有融资渠道。中国的银行很少贷款给成立不久的公司，有组织的风险资本运作群体根本不存在，像联想这样投资于初创企业的中国公司少之又少。

当然，不是所有的中国初创企业都能让美国的风险资本家有投资意愿。美国技术公司怀斯(Wyse)驻北京的亚太地区总裁安德鲁·胡解释说："中国初创企业的信誉尚未建立起来。"许多公司拥有使用不同记账方法的两套或三套账目。知识产权保护等其他领域的做法也成为中美公司之间一个棘手的问题。

美国风险资本家涌入中国的浪潮无疑会继续下去。DCM 公司驻北京的彼德·哈丁说："天花乱坠的宣传有很多，但中国也有众多的优秀企业家。"为成为业务遍及全球的世界级企业，还有许多中国公司需要资本。除非中国形成自己的风险资本体制，否则，这些资本就不得不来自国外——最有可能来自美国和日本。一些风险资本家认为，中国即将掀起新一轮的创办技术公司的热潮，这些公司将不止模仿在美国成功的商业模式。全球催化剂伙伴公司已对一家由"海归"经营的微工艺技术公司投入资金。

全球催化剂伙伴公司驻北京代表卡尔文·凯克说："一批世界一流的技术人才正在回到中国创建公司，他们将不仅仅依靠成本，而且依靠技术在全球竞争，我们对此深感振奋。这是否会成为新一波投资和创业浪潮的开始还有待观察。或许中国将变得像硅谷的 .com 时代一样狂热，或许如 .com 时代一样，赔的要比赚的多。但可以肯定的是，全球化的车轮将继续把美国的投资者和中国公司联系起来。

（资料来源：凯文·梅尼. 美国创业资本涌入中国初创企业. 参考消息，2005.5.14）

以上阅读材料生动描述了在全球化的背景下，新兴的中国市场涌现出的创业企业与世界最发达的创业资本相融合的景象，展示了创业活动国际化的趋势，也揭示了中国创业浪潮的兴起和亟待完善的创业资本市场。

5.1　创业资本的兴起与发展

创业资本(venture capital)通常又被称为创业投资或风险投资，主要是由专业投资机构从事的对于未来具有较高成长性的企业所进行的流动性较小的权益性投资，这种投资原则上属于无担保、高风险并与管理相结合的投资行为。

5.1.1　创业资本的基本特征

具体来说，创业资本必须满足以下几方面的特征：

(1) 创业资本是对未来具有高成长性企业的投资。创业资本在本质上追求的是在不远的将来看得见、摸得着的现实经济利益，而不是关注社会效益的科研基金。

(2) 创业资本是一种高风险、高收益投资。创业投资往往扶持的是未来可能具有高成长性的中小企业。这样的投资具有主观判断失误率高、经营不确定性大和投资回报周期长的高风险特点。这种风险首先来自于创业资本决策者的主观判断失误，即你认为这个企业未来具有高成长性，但它未必未来就会具有高成长性。其次，从产品研发到批量生产再到市场营销与同行竞争，每一个环节稍有不慎就会前功尽弃。再次，因投资回报周期较长，宏观经济若有变化也会使多年的努力顷刻泡汤。最后，由于创业投资的对象一般都是小规模的创新企业，这些企业缺少固定资产或现金，创业企业家拥有的仅仅是目前还难以为社会所接受的无形资产。所以，创业投资无法获取担保抵押，使得该项投资成为一种无担保的投资行为。一旦投资失败，也就一无所获。从各国创业投资发展的历程来看，这类投资失败的概率也是很高的。据统计，美国高新技术企业的成功率通常只有15%～20%。

（3）创业资本是一种流动性较小的权益性投资。创业投资的流动性较小并不是投资人不愿意加快流动，若有可能在达到目的的同时，他们也希望资本流动得越快越好，因为资本的每一次流动就意味着又抓住一次机会或又逃过一次劫难。创业投资的流动性较小是由这种投资自身的性质所决定的。它不是融资而是一种权益性投资，只有被投资企业的产品或服务有了一定的起色，当转让或出售投资股权有利可图时，才会发生新的资本流动；而在这之前出现的转让或出售都意味着这一次投资的失败。从创业投资的起步到以后投资的产品或服务有了一定起色，这中间期限较长，否则也不会称做创业投资，因而创业资本的流动性当然很小。

5.1.2　创业资本的兴起与发展概述

创业资本的最初起源一般都追溯到20世纪40年代的美国。1946年怀特(J.H.White)首次提出创业投资的概念，并创立了第一家私人创业投资公司。同年6月由波士顿的地方官员筹集资金建立了美国研究与发展公司(American Research & Development Corp.，ARD)，该公司用创业投资基金支持波士顿地区拥有科学家身份的企业家，协助后者将科研成果迅速转化为市场广为接受的产品，因而被认为是第一家具有现代意义的创业投资公司。当时美国研究与发展公司最为成功的一个项目就是对DEC(Digital Equipment Corporation)的投资。DEC创立之初，美国研究与发展公司投入了7万美元，而14年后奇迹般地增值到了3.55亿美元，增长了5000倍。

1. 创业资本在美国的发展

1958年，美国政府通过了一个扶植小企业的投资公司法"Small Business Investment Company Program(SBIC)"，使小企业投资公司能够享受税收减免和政府的贷款，以鼓励其投资于高科技及相关产业。在这一法案的带动下，产生了成千上万家专门资助新建小企业的投资公司，并成为当时产业资本的主要来源。到了1971年，出现了NASDAQ市场，作为一个资本市场，被创业投资公司投资的小企业可以上市，也使得创业投资公司的资本可以从容地退出，更是大大地鼓舞了创业投资公司的投资热情。

1973年美国国家创业资本协会(National Venture Capital Association，NVCA)的创立，标志着创业投资在美国国民经济中正式成为一个新兴的行业。

1979年，美国对关于ERISA即退休基金的法律做了重大的修改，允许退休基金进入风险市场。这是美国创业投资史上的一个重大突破。到了这时资本的供给可以说是源源不断，已经不再成为一个大的问题。

到了20世纪80年代，有限责任合伙制成了创业资本的主流。我们看到的IT公司巨头，如Apple、Cisco、Intel、Sun都是在这一时期兴起的。

到了20世纪90年代，美国的创业投资得到了迅猛发展。虽然1997年以前的创业资本集资量还很少，不到 50 亿美元，但到 1998 年就达到将近 300 亿美元，到了 1999 年增加了一倍(599 亿美元)，到了 2000 年又增加了近一倍(923 亿美元)。目前美国创业资本的最大来源是退休基金，占 40%以上，20%以上来自于金融和保险业，另外超过 10%从家族、私人基金而来，企业家和政府投资也超过 10%，其余的资金占不到 10%。因此，投资的主流是机构投资者，即退休基金和保险基金。

2．创业资本在英国的发展

英国是世界上除了美国以外创业投资最活跃的国家，是欧洲创业投资的主力军，其投资金额占到整个欧洲创业资本市场的一半以上。英国的创业投资起始于 1950 年。1956 年英国工商业金融公司(ICFC)创立技术发展投资部，专门从事高技术行业的风险投资。

1975 年成立的全国企业委员会其目的也是资助高新技术企业的创建与转型。1980 年以后，英国政府又实行了税收优惠、贷款担保计划与企业扩张计划等一系列促进创业投资发展的政策和措施。从此，英国的创业投资得以迅速地发展和壮大。

英国创业资本的来源主要是银行与养老基金，其次是保险公司与投资公司，最后是私人投资、政府机构与研究机构等。在 2000 年大约有 4000 万美元就是由私人投资者即天使投资进行的。英国创业资本的投向主要集中于电脑软件、网络、通信与生物制药技术。

3．创业资本在我国台湾的发展

台湾的创业资本是于 1983 年从美国引进的，在 1984 年出现了第一家创业投资基金，而到 2000 年底已有了 184 家基金，基金总资本额从 1984 年的 600 万美元成长约到 40 亿美元。

台湾创业投资基金有 91%来源于民间单位，5%来源于国外投资者，4%来源于政府机构。创业投资大部分投向高科技产业。台湾创业资本在风险企业成长与发展的不同阶段，投入的资本比重也明显不同。在 1984—2000 年期间，用于初创期的投资占 8%，用于发展期的占 22%，用于扩充期的占 46%，而用于成熟期的占 23%，最后用于重整期的占 1%。

到 2001 年 2 月份为止，台湾一共有 189 家创业投资基金，基金的资本总额约为 45 亿美元，其中有近 40 亿美元投入到近 5840 家公司。到现在，台湾有将近 3/4 的资金投入在台湾本地，1/4 投入到国外。

5.2　创业资本的组织形式

随着创业资本在欧美等国家的兴起和发展，其组织形式也在不断地发展和演化。按照出现的先后顺序，大致有以下几种组织形式。

5.2.1　天使投资

这种组织主要由那些自己掏腰包的投资者组成，主要是富有的个人和家庭，也即人们所说的天使投资人。作为创业投资人的组成部分之一，天使投资人所具有的一些特点是其他创业投资人无法比拟的，特别是在风险企业创建初期。它是为这一阶段的风险企业所建立的"播种机"。

从某种意义上来说，天使投资实际上也是创业投资人的一种类型，不过这类投资人在新建公司中的投资额较小，通常少于创业投资人的投资金额。一些天使投资人也会参与新建公司的日常管理，但是，大多数天使投资人往往不参与公司的具体管理工作，对于公司的重大决策干预较少，他们所关注的只是公司最终的丰厚的投资回报，而不在乎公司管理问题。在这种情况下，他们较有耐心，能够等待较长时间，只要最终获利，就无怨言。

如果人们希望获得一家公司的创业资金，或是启动资金，而这笔资金的数额不大，则应首先同天使投资人进行接触，寻求投资资金。企业建立之后，已经开始运转，在技术、产品市场等方面开始取得一些突破，但需要较大数额的资金以便扩大投资，在这种情况下，就可以和创业投资机构进行商谈，寻求它们的合作。在大多数情况下，参与公司创建的天使投资人往往会主动与创业投资机构进行接触，有时他们的积极性甚至会超过企业家，这是因为，创业资金是他们从自己的腰包里掏出的。这些天使投资人往往具有极为广泛的社会关系及运作更大规模投资的经历。人们常说，走一步，看三步，作为天使投资人来说，他们只有在看清了后三步之后，才会迈出关键性的第一步。这后三步，就一般程序来说，通常是：① 取得创业投资机构更大的投资。天使投资人清楚地认识到，单靠他们这些微薄的天使投资难成大事，必须谋求更大规模的创业投资机构介入，才能获得更大的发展，并在舆论上和金融市场上造成更大的声势。② 运作上市，公开发行股票。③ 力求让大型公司买下这家企业，以谋取更大利润。

另外，天使投资只能在高科技公司新创建时进行一次性投资，通常无法再次提供后续资金，后劲明显不足。而创业投资管理公司则会根据新建科技公司的市场业务进展，不断追加投资，这也是创业投资管理公司压倒天使投资的巨大优势。

5.2.2　有限合伙制创业投资公司

有限合伙制是创业投资公司最主要的形式。第一个有限合伙形态(limited partnership)的创业投资机构于 1958 年成立，这种形式很快被其他人所模仿。但总体而言，在 20 世纪 60 年代和 70 年代，有限合伙形式在美国整个创业投资行业中的比重很小。

有限合伙制创业投资公司是一种以契约形式组成的机构。契约主要规定了以下几个方面的内容。

1. 出资

在一般情况下，有限合伙人提供 99%的风险资金，而普通合伙人只提供 1%左右的风险资金。有关调查表明，在美国的 76 家有限合伙制创业投资机构中，有 61%的机构的普通合伙人提供了超过 1%的资本。这种出资可以且经常用本票而不是现金的方式支付。

2. 法律结构

有限合伙制组织形式具有很重要的税收和法律优惠。有限合伙企业的收入不必缴纳公司所得税，而是作为合伙人的收入按照其个人的税制结构缴纳个人所得税。此外，有限合伙创业投资机构可以通过向其合伙人分配有价证券的形式，避免产生即时的应税收入——只有证券被出售时，其利得才被确认。

普通合伙人因承担无限责任，所以他们可以预料的损失比他们投入的资本多得多。但在一般情况下，无限责任的后果并不严重，因为有限合伙创业投资机构通常无借债，它们面临资不抵债的风险也很小。尽管对普通合伙人参与管理的权力有诸多限制，但通常允许他们就重大问题，如在个别有限合伙协议、在契约中止前解散合伙企业、延长风险资金的期限、更换普通合伙人以及评估资产组合的价值等情况下有投票权。尽管合伙协议各不相同，但一般都要求有 2/3 以上的多数合伙人投票通过才能使变更生效。

3. 出资时间

通常在缴付出资时，有限合伙人只需投入出资额的一定比例，其余的可以分期投入。大多数协议要求以现金形式投入总出资额的 25%～33%，剩下的投资可以到未来某一天再投入(如每年 25%)。普通合伙人将监督有限合伙人按时缴纳出资。

4. 报酬及分配

普通合伙人从其管理的每个有限合伙制基金中得到的报酬，一般来源于两个方面：一方面是管理费，另一方面是每个风险基金的资本利得提成。每年的管理费一般为风险资金总额的 1%～3%，也有的管理费不按出资额计算，如可以是投资组合价值的一个百分比。约有一半以上的创业投资合伙协议要求把当年已实现的利润全部进行分配。也有的合伙制把是否进行分配的决定权交给普通合伙人。绝大部分的有限合伙制要求只有当有限合伙人收回全部累计投资之后，普通合伙人才能得到 20%的利润分享。

5. 报告和会计政策

所有创业投资企业都向有限合伙人提供有关被投资企业价值和进展的定期报告。大多数资金被投入具有高度不确定性的私人企业，评定其价值非常困难。通常，合伙人同意如有损失应立即加以确认，但只有当在重大的公平交易中出现更高的出价时才可以记入增加的价值。如果既没有这样的交易发生，也不大可能会发生损失，就以成本作为报告的基础。

6. 特殊的利益冲突

大多数合伙协议都明确规定了创业投资家分配在每个风险资金上管理的时间。有少量的合伙制限制普通合伙人与被投资公司进行共同投资或接受被投资公司持有的有价证券。有些合伙制限制后续成立的风险资金投资于由同一个创业投资家管理的前一个风险资金所持有的有价证券。其他合伙制不允许普通合伙人募集新的风险资金，除非现有风险资金的一定比例(如 50%)已被投出。

5.2.3　公司制创业投资公司

极少数的创业投资公司在公开的资本市场募集资金，按照有限合伙制公司的运作方式向新企业投资，这就是公司制的创业投资公司。由于按照证券监管部门的有关要求，这类公司必须向公众公开其经营情况，因此它们更透明、更容易被了解。

公司制创业投资机构占有比较重要的地位，与有限合伙投资机构相比，有着自己的一些特点。

1. 权利义务构成不同

(1) 有限合伙制创业投资机构的一般合伙人以自有财产承担无限责任；而公司制创业

展的早期，占统治地位的组织结构形式常常与其他机构有紧密的联系，但随着行业的发展成熟，投资项目数量越来越多，独立的有限合伙组织形式就变得越有生命力和更普遍。

5.2.6　其他形式

1．公众创业投资基金

传统上的创业投资基金为私募基金。1996 年美国颁布了《公众创业投资基金法》，允许一些特定的风险基金向社会募集资金，并对其活动作了一些具体的限制，如为了便于股民监督，一般只限于在本州集资等。

2．产业战略基金

这项基金常为业务相近的公司所设，投资方向集中在某一战略领域，强调局部竞争优势，通常以合资方式与风险企业联手，以迅速获取科技成果。如 Java 基金就是由 IBM 等 6 大公司联合出资 1 亿美元组成的，专门投资于硅谷运用 Java 技术的信息企业。

5.3　创业资本的运营与管理

5.3.1　创业资本的运营过程

一个典型的创业投资的运营过程一般可分为以下六个主要阶段：建立创业投资基金；筹集创业资金以供投资；识别和筛选有潜力的投资项目；评估、谈判和达成投资协议；创业投资家和创业家共同通力合作发展风险企业及策划、实施创业投资；退出风险企业等。

1．建立创业投资基金和寻找投资机会阶段

创业投资承担创业企业的技术开发和市场开拓的风险，因此在组建创业投资基金后，为了最大限度地降低投资风险，创业投资公司需要寻找一定数量的投资项目，并对寻求投资的投资项目进行非常严格的筛选和评审，从中发现投资潜质较好的投资项目，将其作为进行下一步接触的目标。

2．筹集创业资金阶段

创业资金有各种各样的来源，主要包括退休基金、保险公司、公司财务基金、银行控股公司、富有家庭和个人、捐赠基金、投资银行及部分非银行金融机构等。

3．识别和筛选投资项目阶段

创业投资家对创业家的基本素质、投资项目的市场前景预测、产品技术的可行性、公司管理水平等因素进行认真、仔细和综合的考察和了解，从大量要求创业投资加入的创业企业中筛选出真正具有发展潜力的少数创业企业，作为公司进行创业投资的初选企业。

4．评估、谈判、达成投资协议阶段

对创业企业提出的项目计划书和产品市场前景进行预测，若创业投资家对申请项目做出肯定的技术和经济评价，则双方就具备了进行创业投资谈判的基础。谈判中要解决的主

要问题有：创业投资家投资的数额和股权分配，创业投资的分段投资时间，企业组织结构和管理层职务安排，双方权利和义务的界定等。

5．风险投资家和企业创业家通力合作发展风险企业阶段

协议签订后，创业投资开始进入创业企业，创业投资家与创业企业需共同合作去解决众多问题，主要包括：建立创业企业的董事会和管理层、制定企业发展战略、设计企业的盈利模式、聘请外部专家、吸收其他的投资者以及企业的监督与控制。

6．退出创业企业阶段

退出创业企业是创业投资的最终目标，是风险投资成功与否的关键，只有实现创业投资从创业企业中退出，创业资本才能流动起来，投资创业企业的收益才能真正实现。

5.3.2　创业企业的培育

创业投资与其他投资的最大不同之处在于，创业投资者在把创业资本投入创业企业以后，还要参与创业企业的经营管理，辅导和监督创业企业，培育创业企业成长。因此，对创业企业的培训是创业资本经营管理的重要内容之一。

1．参与管理和辅导

创业投资公司和创业企业一旦达成投资协议并注入资金，创业投资公司与创业企业就结为利益共同体，创业投资家就要承担合伙人和合作者的责任和义务。与一般银行金融机构的贷款不同，一般贷款只是在贷款之前进行审查，或者当贷款之后公司经营不善难以偿还本息时，才会对公司进行有选择性的干预，而创业投资公司和创业企业在投资后仍然保持紧密的联系。创业投资家一般具有金融领域的专长和广阔的市场关系网，但在市场、产品和科技企业管理方面却不具备专业化力量。不过许多创业投资家也积累了大量对中小企业创业有用的经验，而很多发明家出身的创业家仅局限在技术领域上具有经验。因此，创业投资家参与创业企业的管理和辅导就显得很有实际的意义，他的参与可以和创业家实现优势互补。创业投资家积极地参与企业日常的经营和管理，其最终目的是为了尽量减少发生投资损失的可能，争取投资收益的最大化。

创业投资家通过参加董事会来参与决定企业的主要经营政策，通过定时听取管理报告和准确的财务报表，按时召开董事会，及时和创业家沟通有关市场、产品、财务等方面的重要问题，及时发现问题、解决问题。同时，创业家一般只熟悉产品或服务的技术特性，而缺少新产品商品化运作的经验，因而创业投资公司可利用自己在管理、法律和财务等方面的专家，给创业企业提供必要的指导和服务。当创业企业处于困境时，创业投资家会根据不同情况，选择追加投资、出售股权、取消赎回权、让企业强制破产清算、选择出售企业资产和清理债权债务等方式。一般来说，创业企业的财务计划、发展目标和市场营销战略也是在创业投资家的协助下完成的。创业投资家通过参与管理的方式来减少投资风险，尽可能地保障创业企业尽快走向成熟。

2．创业投资中的管理监控

虽然创业投资家对创业企业的管理层采用股票期权等激励机制来协调管理层和创业企业的利益关系，并在实践中取得较好的实际效果。但是创业投资必须特别强调的一点是，

创业投资家要对企业保持强有力的监控，只有这样才能保护自己的利益。监控的具体措施主要包括以下四个方面：

(1) 参加董事会。一个企业的董事会对企业的经营管理负责，主要包括聘任或解雇总经理等高级管理人员，监督或评价企业的经营状况，制定公司的发展规划。创业投资家是创业企业中最具影响力的外部董事，他也有权力去监控企业，创业投资公司在挑选创业企业过程中所获得的信息也使他有能力去监控。在许多情况下，创业投资家在创业企业的董事会中占有主导地位。即使是在创业投资公司所占股权较小的企业中，创业投资公司在董事会中也至少拥有一个席位，以便有效参与企业的经营管理，及时获得相关的信息。

(2) 表决权的分配。通常情况下，创业投资公司的表决权并不取决于其股权的类型。例如，可转换优先股的持有者可以拥有普通股表决权，创业企业债券的持有人也可以拥有一定的表决权。

(3) 控制追加投资。创业投资家在董事会中的席位并不能完全反映创业投资公司控制创业企业的能力，如果有能力不断提供追加投资，也是增强创业投资家地位和影响力的重要筹码，特别是对于新成立的创业企业更是如此。

(4) 其他的管理监控制度。该制度包括创业投资公司有权查看创业企业的机器设备、账目和及时获得有关的财务报表；不经创业投资家同意，不得出售企业股权或签订重要合同等。

如果我们仔细分析风险投资的整个运作过程，从创业投资公司将资金投入创业企业，到协助和扶持创业企业从创业阶段逐步走向成熟和稳定，成长为较大规模的企业，再到积极运作进入资本市场，最终创业投资退出风险企业，创业资本的进出贯穿着创业投资的整个运作过程。但事实上，在整个创业企业的发展过程中，创业投资的运作核心应该是创业资本家对创业企业的监督和管理，创业投资家和创业家能否将处于萌芽或创业阶段的小小企业，逐步发展成为较为成熟和具有较高盈利水平的常规企业，这一核心任务的完成，才是创业投资最终能够通过资本市场顺利退出创业企业的根本保证，才能使风险投资通过资本市场顺利实现资源的重新配置和投资的大幅增值。

5.4 创业资本的退出

创业资本投资的根本目的和动机，就是为了获得高额投资回报。无论是以何种形式成立的创业资本，它在持有创业企业股权到一定时候，就要考虑退出创业企业收回投资。作为创业资本主导形式的创业投资公司，其普通合伙人要在合伙契约中承诺在一定时间内以一定的方式结束对创业企业的投资与管理，收回现金或有流动性的证券，给有限合伙人即投资者带来丰厚的利润。创业资本必须有一个清晰的退出路线，以使资金安全地撤出，完成整个创业投资预期计划。目前，创业资本主要有以下几种退出方式。

5.4.1 股票上市退出

1. 股票上市是创业资本退出的主要方式

通过股票上市退出企业的方法是创业资本家最经常采用的一种方法。一般而言，创业企业第一次向社会公众发行股票，称为首次公开发行股票。在美国，首次公开发行股票是创业资本最常用的退出方式之一，大约 30%的创业资本的退出采用这种方式。

首次公开发行股票有令人骄傲的历史记录，尤其是今天知识经济大爆炸的年代，创业企业首次公开发行股票可以让许多创业家和创业资本家一夜暴富，成为亿万富翁，这样白手起家的神话在美国华尔街经常出现。对于创业资本而言，首次公开发行股票通常是最佳的退出方式。因为，股票公开发行是金融市场对该公司业绩的一种肯定。公司的管理层很欢迎首次公开发行股票，因为这种方式保持了公司的独立性；同时，首次公开发行股票的公司还获得了在证券市场上持续筹资的渠道。首次公开发行股票这种方法不仅对创业资本家有利，而且对创业家也有利。创业家可以借上市出让一部分自己的股权。

上市一定要在时机成熟时才可以进行。股票中介机构一般要看该企业是否有 30%～60%的增长记录，并要确定该企业上市时能卖出足够的股份，才肯协助其上市。没有至少 100万美元的税后净收入，股票中介机构很难动心。因为上市机会只有一次，而创业家也不是随便就让企业股票上市的，只有在价格合理的情况下创业家才会给中介机构开绿灯。

2．股票上市退出的优点和弊端

1) 上市的主要优点

(1) 有利于集中资金。一般而言，股票上市可以让卖家赚更多的钱。原因很简单，上市股票买卖容易，因而也就更有价值。

(2) 有利于再融资。一旦公司上市，股票可以公开买卖，就等于公司进入了资本经营的渠道，只要公司业绩优良，通过增发股票，再次融资也比较便利。

(3) 有利于吸引管理人才。上市公司在客户、供应商和借贷机构的信誉较好，也比较容易得到管理人才，并用期权激励他们努力工作。

(4) 有利于吸引投资。作为大股东的创业家和主要股东的创业资本家，可以用股票在市场上换取现金。创业家和创业资本家很容易换取几十万甚至上百万美元的现金。

2) 上市的主要弊端

(1) 上市公司需要披露大量内部情况。公司的竞争对手和客户都可以从中得到许多数据，使公司在许多问题上处于被动。连雇员都可以从公布的信息中，找到与公司讨价还价的依据。公司的一举一动都在众目睽睽之下。

(2) 所有上市公司均需严格遵守法律规定的报告要求，特别是证券交易委员会的要求，而且还须向股东提供规定的信息。这意味着该公司要在报告、审计等工作上多花时间和增加开销，同时也意味着内幕交易难以运作。任何以牺牲公司利益为代价去中饱私囊的交易，一经发现，股东有权起诉。证券交易委员会也会对公司进行审计。

(3) 一旦公司变成上市公司，所有股民都希望公司业绩优异，他们希望每年每股收益都有所增加。如果公司业绩持续下滑，股民会争先抛售股票，使得股价一路下跌。

(4) 上市过程本身既费时又消耗管理人员的精力，且律师费、会计师费以及认购机构费用往往高得惊人。

5.4.2　股票回购退出

股票回购退出是指创业家在一定时机和一定条件下从创业资本家手中购回所持新创企

业的股份，从而使创业资本退出新创企业的一种方式。公司或创业家本人可以与创业资本家谈判所持股份的出售价格。如果公司没有现金，也可以从银行借钱收买创业资本家手中的股份。股票回购后，公司 100%由创业家和其他股东所有，但公司如果贷款，那么银行的债务也随之增加。创业资本家也许会接受远期票据作为部分付款，要想让创业资本家放弃他的股份，最终从公司退出，公司或创业家应付给创业资本家中等利息的长期应付票据。如果创业家在别处有资产，如其他公司中的投资，也可以用来交换创业资本家手中的股票，如股票互换或用土地和建筑物换股等。

有些创业家通过建立一个员工持股基金来买断创业资本家手中的股份。员工持股基金类似于养老基金或利润分成计划，惟一不同之处在于它买的不是其他大型上市公司的股份，而是本公司的股份。员工持股基金可以从公司的税前收入中划拨或在推算公司未来划拨款的基础上向银行筹借。员工持股基金可以用于购买创业资本家手中的股份。基金是可以减税的，公司购买创业资本家手中的股份时，资金负担也相对轻些。不利之处在于，税务会相对复杂一些。

5.4.3　出售退出

创业家也可以与创业资本家一道把整个公司卖给另外一家公司，这样做不仅可以达到与创业资本家分道扬镳的目的，也可以收到一笔钱，用来开办另外一家公司。在变卖公司给另一家公司时，创业家和创业资本家大致有以下几个主要的选择。

1．卖股换现金

最简单的方法是把公司的股权卖给别人以换取现金。这可以说是最直截了当的变卖公司的方法，也是收益最快的一种方法，可以获得资本增值的好处。

2．卖股换票据

买主也可以用票据的形式支付，也就是说卖主不是马上得到现金，而是通过卖股换取票据，在今后一段时间内，如几年内逐步把钱收回来。在创业资本行业里，人们把这种票据戏称为"白条子"。也就是说一旦投资失败，这些票据就可能是废纸一张，一文不值。但是用票据支付是司空见惯的。因为对卖方也有好处，即可以通过推迟付款而得到减税的好处。大多数创业资本公司期待从他们的投资中获得一些延迟付款。其不利之处在于卖股换票据会引起一些与毫无关系的第三者打交道的麻烦。

3．卖资产换股票

如果买主支付的是上市公司的股票，创业家就可以很容易地将其公司的资产卖给大公司，以换取它的股票，然后他可以把这些股票分给公司的股东，但是这种方式可能要赋税。

5.4.4　清理

清理是创业资本退出创业企业的最后一种方法。大部分的创业投资都不很成功。创业投资的巨大风险反映在高比例的投资失败上，越是处于早期阶段的创业投资，失败的比例就越高。因此，对于创业资本家来说，一旦确认创业企业失去了发展的可能或者成长太慢，不能给予预期的高回报，就要果断地撤出，将能收回的资金用于下一个投资循环。根据研究，清算方式退出的投资大概占创业投资基金总投资的 32%。这种方法一般仅能收回原投资额的 64%。

清算方式的退出是痛苦的，但是在很多情况下是必须断然采取的方案。因为创业投资的风险很大，同时投资收益又必须予以保证，不能及时抽身而出，只能带来更大的损失。即使仍能正常经营，如果成长缓慢、收益很低，一旦认定没有发展前途，也要果断行动立即退出，不可动作迟缓。沉淀在这一类公司中的投资资本的机会成本巨大，创业投资一般不愿意承受这样巨大的投资成本。

许多创业资本家都是通过此法与公司分道扬镳的。如果公司业绩不好，把公司清理了并变卖其所有有价值的资产，这比找一个买家容易得多。在创业资本行业里，清理只有在借贷协议中的拖欠条款被违反时才进行，这时，资金的支付不得有任何拖欠。当然，这一行动使得公司在无法承受的现金压力下得不到喘息，只能接受清理。在被迫清理的情况下，所有资产都比它们在资产负债表里列的还低。应收款和存货清理时只有 50% 的成本价，机器、设备、办公用具等只卖到账面价值的 20%～30%。

有时清理公司也可以获得许多资金，但这种公司往往需要大量资产来利用现有资产产生收入。例如，石油和天然气钻探，买采矿权和钻几口井本身都要耗费大量金钱。投资人希望能钻出油和天然气，但要想在一大片有采矿权的土地上钻探许多井是需要花很多钱的。结果，许多独立机构把这些未经最后确认的矿物开发权卖给大公司，以避免普遍钻探所需的大量资金。

5.5　我国创业资本的退出方式

当前，我国正在努力向创新型经济转变，进入了一个科技快速发展的新纪元，创业资本对中国市场的青睐以及中国部分高科技企业在海内外的优秀表现，使得大力发展创业投资体系得到国家越来越多的重视。创业资本不仅可以促进经济的快速增长，同样可以在快速增长中获得更高的投资收益。创业投资是否具有顺畅的退出渠道来收回投资、获得收益是影响创业投资发展的核心要素。

创业投资本身就是资本运作，它的最大特点是循环投资：投资—管理—退出—再投资。一个顺畅的退出途径具有重要的意义。首先，实现收益和资本增值。风险投资的全过程实际是资金与股权逆向运动的过程，退出机制的内涵就是指创业投资机构在其所投资的企业发展相对成熟后，将所投的资金由股权形态转化为资金形态。其次，完成资本循环。一旦成功，可以带着高额利润全身而退，保证实现进入下一轮新投资。再次，吸引社会资本加入风险投资行列。投资家只有明晰地看到资本运动的出口，才会积极地将资金投入创业企业。因此，一个顺畅的退出机制也是扩大风险投资来源的关键。另外，由于创业投资企业本身所固有的高风险特性，创业投资项目与非创业投资项目相比更容易失败。一旦创业投资项目失败，不仅不能使资本得到增值，连收回本金也将成为很大的问题。因此，一个便捷、畅通的退出机制将帮助创业资本最大限度地避免损失。

由于我国资本市场的制约，我国创业投资机构的退出渠道相对比较狭窄。在创业板市场还没有建立的情况下，股权转让仍是我国风险投资主要的退出方式。但近年来由于我国风险投资的投资阶段向后转移，一部分项目在国内主板市场上市；在国际资本市场，风险投资支持的企业成功在海外实现首次公开发行或被国际大机构收购。如雅虎收购 3721 域名搜索网站，eBAY 收购易趣，深圳创新投资集团投资的潍柴动力于 2004 年 3 月也在香港主板市场成功上市等。具体而言，创业资本退出的方式有以下几种。

1. 首次公开发行

首次公开发行(Initial Public Offerings，IPO) (又称首次公开上市)是指第一次向公开市场发行公司证券，通常为普通股(在我国公开发行只能发行普通股或公司债券)。在具有发达资本市场的国家，首次公开发行是风险投资最常用、获利最高的退出方式。在美国，IPO 大约占美国风险投资退出量的 30%。对于创业投资家来说，首次公开发行是市场对公司经营业绩的一种确认，创业企业在公开市场得到一个相对公允的价格；对于公司的管理层来说，首次公开发行能保持公司的独立性，增加公司声誉，同时公司还能在公开市场上获得持续的融资。无论创业投资公司还是创业企业的管理层都比较欢迎 IPO 退出方式，但 IPO 退出周期长、费用高。目前，我国企业上市有直接上市、买壳上市和创业板上市三种途径。

(1) 直接上市。直接上市可分为国内直接上市和国外直接上市。现阶段，我国的主板市场对高新技术企业变现的障碍主要表现在：一是主板市场对上市公司要求较高，中小高新技术企业很难达到要求；二是主板市场上的法人股、国有股不能流通和交易，这与风险投资通过股权转让撤出创业资本、实现收益回报的根本目的相矛盾；三是在服务于国企改制和扩大融资渠道的政策下，以非国有为基本成分的高新技术企业很难进入主板市场。能够公开上市的企业数量有限，限制了其作为风险资金"出口"的作用。国内众多企业缺乏到国外直接上市的实力。

(2) 买壳上市。买壳上市通常由两步完成。第一步是非上市公司通过收购上市公司股份的方式，绝对或相对地控制某家上市的股份公司；第二步是资产转让，上市公司反向收购非上市公司的资产，从而将自己的有关业务和资产注入非上市公司中去，实现间接上市的目的。目前通过收购国家股而达到买壳上市的较多，而通过收购社会公众股来达到目的的成功案例则寥寥无几。

(3) 创业板市场。由于主板市场门槛相对太高，为促进高科技企业的发展，并为创业资本提供退出渠道，许多西方国家在主板市场之外建立了二板市场(创业板)，如美国的 NASDAQ 市场、欧洲的 EASDAQ 市场、英国的 AIM 市场、法国的 Nourveau Marche 市场、温哥华证券交易所(VSE)等。除此之外，亚洲国家如日本、印度、泰国、新加坡(新加坡自动报价市场 SESDAQ)、马来西亚等国也先后建立了二板市场。从 1998 年起，人们就开始关注并探讨我国创业板的设立。香港创业板市场已于 2000 年下半年正式启动，内地创业板市场于 2004 年 5 月在深圳交易所设立。

2. 兼并收购

对于创业投资家所转让的那部分股权，其他战略投资者可能并不能满足，他们往往对他们认为有战略意义的企业发出全面收购要约。全面收购涉及公司的所有权，往往会遭到管理层的反对。因此，创业投资家作为创业企业的合作伙伴，在接受收购方的收购要约前，要深入了解收购方的收购意图，合理安排对管理层的激励。如将收购价格的一定比例支付给管理层，并做出离职薪酬安排、期权安排等。创业投资家一旦接受了收购方的收购要约，就要竭尽全力争取管理层的首肯，保证收购过程的顺利进行。一旦敌意收购(即收购方在管理层不同意的情况下，发出全面收购要约)的情形发生，不但收购过程不能顺利进行，收购价格的大部分可能都要用于对遗留管理层的支付，创业投资机构的信誉也将受到损伤。收购一般分两种方式，即一般收购和第二期收购。一般收购主要指公司的收购与兼并，第二期收购指由另一家创业投资公司收购。这里最重要的是一般收购。统计表明，在退出方式中，一般收购占23%，第二期收购占9%。两项合计占32%，但收益率仅为 IPO 的 1/5。近年来，随着美国和欧洲兼并浪潮的兴起，兼并收购在风险投资退出方式中的比重越来越大。对于创业投资家来说，兼并收购是有吸引力的，因为这种方式可以让他们立即收回投资，也使得其可以立即从创业企业中退出。但是，与 IPO 相比，因为股权受让方可能要求控股权，愿意受让的股权可能并非是创业投资机构愿意出让的那部分，对于创业企业来说，由于失去了对企业的控制权，因而可能会遭到创业企业家的反对。

兼并收购是我国现阶段风险投资退出方式中一种操作性较强的方式。近年来我国中小高科技企业与上市公司兼并收购方式主要有股份转让、吸收合并等。

(1) 股份转让。股份转让是创业资本退出的一条途径。受到法规的限制，创业投资机构在所投资企业股票首次公开发行后，往往在一定期限之内不能出售或只能出售很小比例的股票。因此，在多数情况下，创业投资机构在公司股票首次公开发行后，仍拥有大量股份。对于希望立即从创业企业退出并收回现金的创业投资机构，可能会选择股权转让的方式。另外，创业企业也可能由于种种原因发展不够理想，不能达到上市标准，但其他投资者或大型企业基于战略需要(扩大市场规模、技术更新或产业整合等)愿意收购创业企业，创业投资机构可能就通过把股权转让给这些投资者来实现退出变现。

(2) 吸收合并。吸收合并通常是高科技创业者不愿意接受的方式，因为这意味着将完全丧失独立性。不过，对于困境中的中小高科技企业来说，卖断产权也不失为一条出路。如1998年鄂武商以350万元整体收购武汉顺太有限公司，解决了武汉顺太有限公司因缺乏资金而无法对其专利产品进行规模生产的难题。

3．破产清算

由于创业投资的高风险性，有很多创业企业在经过一定阶段的经营后，业绩仍不尽如人意，已无继续经营下去的必要，以致只能依靠破产清算，创业投资机构才能收回部分投资额。因此，创业投资家在对创业企业的监督控制及提供增值服务的过程中，一旦发现创业企业已失去增长潜力、陷入困境、挽救无望并且也无其他收购方有意图收购时，就应当果断提出破产清算，以期从中收回部分原始投资。根据我国《破产法》，企业破产由债权人提出或经上级部门同意由债务人提出。作为股权投资者的创业投资机构在破产决策上话语权较弱，并且我国破产程序复杂，创业投资机构很少选择破产清算作为其撤出方案，而且通过破产清算撤出，往往只能撤出少部分资金。尽管如此，破产清算在很多情况下是创业投资机构不得已的选择，否则可能会引起更多的损失。

表 5.1 显示了我国 2001—2003 年创业资本退出方式的基本情况。

表 5.1　2001—2003 年创业资本退出方式的分布　　　　　　　%

退出方式 年份	公开上市	企业购并	回购	清算
2001	5.3	60.9	15.8	18
2002	14.5	41.4	24.3	19.8
2003	15.0	37.4	28.8	18.8

(资料来源：桑蕙，等. 对我国风险投资退出机制的探讨. 甘肃农业. 2006(7).)

从表中可以看出，企业购并所占的比例在下降，回购的比例在上升，二者已经占了风险投资退出方式的 65%以上。公开上市的比例虽然在不断提高，但是仍然不是我国创业资本退出的主要方式。

4. 股份回购

股份转让时，其选择的出售对象可以是创业投资项目公司或者创业企业家本人，包括公司回购股份和管理层收购(MBO)，此种方式称为股份回购。公司回购股票是指创业企业采用现金或股票等形式从创业投资家手中购回他所持创业企业的股份，并将回购股票加以注销的一种方法。管理层收购是指创业家采用现金或票据等形式，从创业投资家手中购买他所持创业企业股份的一种方法。

股份回购在实施时一般须具备一定的条件。一是在引入创业投资时即已由投资双方签订关于在若干时间后回购股份的协议。在协议中，创业投资家可能要求创业家列出其所拥有的资产权益、资产和负债等各种证明文件，同时制定今后股份的回购条款。股份的回购可以是给予创业投资家以卖股期权，或是给予创业家以买股期权，在适当的时机回购创业投资家所持有的股票。通过卖股期权，创业投资家可以在公司经营状态不利或发展不明时，及时从创业企业退出。二是创业企业签订协议后的经营状况并非太差，应有足够的能力支付回购股票所需的资金。但由于创业企业的失败率非常高，有时即使是在创业投资前签订了回购协议，也会因公司的发展超过预期，致使创业企业或创业家根本无力按照回购协议来支付资金。在这种情况下，股份回购就不能顺利进行，创业投资将受到较大的损失。

股份回购对于大多数创业投资家来说是一个备用的退出方法。当创业企业不是很成功的时候，为了保证已投资本金的安全，便可采用此种方式来退出。因此，股份回购是创业资本的一种重要的保证措施。

讨论与复习题

1. 创业资本运作的核心内容是什么？为什么？
2. 我国创业资本的主要退出方式有哪些？它与西方国家创业资本的退出方式有什么不同？
3. 股份回购要具备哪些条件？

案例分析

百 度 的 创 业

(一) 公司简介

百度公司是全球最大的中文搜索引擎。

2000 年 1 月 1 日，公司创始人李彦宏、徐勇携 120 万美元风险投资从美国硅谷回国，在北京中关村创建了百度公司。创立之初，百度就将自己的目标定位于打造中国人自己的中文搜索引擎，并愿为此目标坚持不懈地努力奋斗。

2000 年 5 月，百度首次为门户网站——硅谷动力提供搜索技术服务，之后迅速占领中国搜索引擎市场，成为最主要的搜索技术提供商。2001 年 8 月，发布 Baidu.com 搜索引擎 Beta 版，从后台服务转向独立提供搜索服务，并且在中国首创了竞价排名商业模式。2001 年 10 月 22 日，正式发布 Baidu 搜索引擎。

2005 年 8 月 5 日，百度在美国纳斯达克上市，成为当年全球资本市场上最为引人注目的上市公司，百度由此进入一个崭新的发展阶段。

(二) 李彦宏的创业故事

成功取信于风险投资人并拿到超出预想的投资，依靠市场感觉，通过精打细算扛过互联网的寒冬，李彦宏初步展现出了一个商人的经营天分。

找投资就是"营销"自己。在一般人的眼中，风险投资商们个个都是"人精"，他们对技术本身不见得有多精通，但商业敏感却超出常人。尤其在硅谷，商业模式相似的创业计划满天飞，聪明的投资者更关注执行这个创业计划的人，浅白一点讲就是投资的关键是要投对"人"。

李彦宏自然非常清楚这一点，要想拿到风险投资，首先要将自己"营销"给这些投资人，要让投资人对自己产生充分的信任。如果投资者不信任自己，随便派一个财务人员或别的高管去公司坐镇，形成外行干涉内行的局面，无疑会影响做事的效率与热情。

开门立户前，李彦宏的暗中考察从 1996 年就开始了。利用每年回国的机会，他在各地转悠，看高科技公司在做什么，大学里在研究什么，老百姓的电脑在干什么。直到 1999 年国庆，大家的名片上开始印 E-mail 地址了，街上有人穿印着".com"的 T 恤了，李彦宏断定：互联网在中国成熟了，大环境可以了。而李彦宏个人呢，存折上的钱也差不多了——就算是两三年一分钱挣不到，也可以保证全家过正常的生活。所以，辞职创业的时机到了。

1999 年的 10 月到 11 月，本来不爱开车的李彦宏整天开车在旧金山沙山路(美国西部的风险投资集中地)走街串户，寻找合适的投资人。当李彦宏、徐勇把创办中文搜索引擎的想法抛出时，引来了好几家风险投资公司要追着投钱。在当时的环境下，"中国"、"网络"无疑是强有力的卖点。但在送上门的美元面前，李彦宏的前提就是要求投资者对搜索引擎的前景持乐观态度，在中国内地，因为投资方不能持续支持而死掉的项目并不少，其中有些项目回过头来看，的确有着不错的前景，关键是没坚持到最后。

千挑万选之后，李彦宏和徐勇最终与 Peninsula Capital(半岛基金)和 Integrity Partners 两家投资商达成了协议，而据说协议的达成完全是因为李彦宏的一句话。一位投资人问李彦宏："你多长时间能够把这个搜索引擎做出来？"李彦宏想了想，说需要 6 个月。"多给你钱，你能不能做得更快些？"对一般人来说，只要能拿到投资，对于投资人的要求，往往想都不想就拍胸脯，更何况是增加投资。但李彦宏却迅速地拒绝了对方的提议，表示自己必须要进行认真的思考。这对于风险投资商而言，无疑吃了一粒定心丸，使他们相信自己面前的这个中国年轻人是值得信赖的，因为他不会说大话。事实上，李彦宏承诺 6 个月的工作量，4 个月就做出来了。"Robin 从来不说大话"，后来百度上市后，员工谈到老板李彦宏时，评价最多的也是他对承诺极为认真。

同时，投资人在亲耳听到 Infoseek 的威廉·张证实李彦宏的技术水平的确能够排进世界前三时，一切问题都迎刃而解。本来李彦宏想融资 100 万美元，而充满信心的风险投资商却又追加了 20 万美元的投资，执意给了 120 万美元，占百度 25%的股份。随着后来百度的盈利与上市的骄人战绩，这一笔风险投资可以说是这两家投资机构有史以来最成功的一次投资。

1999 年圣诞节，怀揣资金的李彦宏回到了北大开始创业，一切也许是巧合，8 年前他起身去美国的时候，也正好是圣诞节。

百度的开张，既没有红绸子，也没有红气球，甚至牌子什么时候挂的都模糊不清了——2000 年 1 月 1 日清晨，李彦宏把 1 个财会人员、5 个技术员叫到自己与合作伙伴徐勇合住的北大资源宾馆房间说："我们这就开始了，办公室两条纪律，一是不准吸烟，二是不准带宠物。"

说开始就开始了，就在这个三星级宾馆的 1414、1417 两个号码并不大被看好的房间，他们白天办公，晚上睡觉。

1. 控制权第一

在熟知商业游戏规则的李彦宏看来，对于投资人确实没有比利润更好的东西能说服他们，换言之，如果价格合适，百度随时都有可能被股东们出售。所以，要想让自己亲手创建的百度继续更好地走下去，百度的控制权就必须掌握在自己的手中。

第一次融资时，徐勇与风险投资家谈好的条件是 100 万美元、25%的股份，后来由于看好百度，风险投资家将原始融资额从 100 万美元提高到 120 万美元，按常理而言，风险投资家的股份比例应该有一定幅度的提高，但李彦宏的态度却非常坚定：比例坚决不变！

同样，在第二次的融资中，国际知名投资机构德丰杰联合 IDG 向成立 9 个月的百度投资了 1000 万美元，其中德丰杰约占总投资额的 75%，成为百度的单一最大股东，但其仍然只拥有百度 30%的股权。要知道一年前，120 万美元资金就占到了 25%的股份。

李彦宏说："不要轻易将主动权交给投资人，在创业的过程中没有人会乐善好施。"为了保证对百度的控制力，李彦宏甚至刻意对上市的融资额及公开售股比例保持低调，并推出旨在防止恶意收购的"牛卡计划"，目的就是出于增强管理层对公司控制权的考虑。尽管实施"牛卡计划"明显会对百度股价产生不利影响，也会挫伤一部分小股东的积极性，但从深层次分析"牛卡计划"的设立，不难看出李彦宏的长远眼光。除了可以确保百度不屈服于机构投资者、公众股东及华尔街的压力而只求短期盈利数字、忽视公司长远发展的风险外，更重要的是还能确保创始人对公司的持续掌控权，维持公司独立的性格、独特的风格，按照自己的思路来经营公司。

2. 借势 Google

百度上市，其意义不仅仅在于一夜暴富的神话，更关键的在于百度上市是中国互联网发展历史上第一个受到全球性关注的事件。相比新浪、搜狐、网易、盛大等企业上市时的情况，百度股票发行当日股价增长 350%，创造了纳斯达克股票历史上的涨幅纪录，至今为止百度还是纳斯达克中国概念股中股价最高的股票。为什么美国人会如此青睐百度？

照理而言，从创造商业模式角度来看，陈天桥应该是中国第一，中国互联网当今第一大收入来源——网络游戏业就是陈天桥开创的盈利新空间。从创新和预见力的角度看，丁磊无疑是头号人物，中国互联网的热闹，他一个都没有错过，网易一次次的成功转型都堪称是奇迹。但为什么他们都没有像百度这样引发美国人的热情？以至于搜狐的张朝阳发出"华尔街不懂中国"的感慨。而且，百度的产品概念在美国已经被 Google 和雅虎等大公司卖过多次。

其实原因并不复杂，美国投资者之所以看好百度，皆因李彦宏为百度制定了借势 Google 的商业策略，这样的策略对百度的上市起到了决定性的作用。

通过"新浪停机"等一系列的事件营销，让百度从品牌到实际业绩，整体上都获得了巨大的收益，但要想把百度的品牌再次提升一个层面，必须为自己找到可以借势的"强大"对象，而此时，正好恰逢全球搜索巨头 Google 业务开始全面进入中国市场。

我们不得不承认百度在整体实力上与 Google 确实存在着一定差距，想通过与 Google 竞争提升百度，无疑是不现实的想法。但李彦宏注意到了 Google 在中文搜索方面存在的缺陷，于是很聪明地将 Google 拉入了中文搜索这个竞争环境，通过用偷换"概念"的方法让力量对比悬殊的竞争变成了"最好的中文搜索引擎"之争，而在这方面，Google 自然不是一直专注于中文搜索的百度的对手。

由于美国人大多看不懂中文，且对中国市场只有模糊的认识，通过这种局部放大的战术，百度给美国人形成了这样一个印象——百度就是一个具有中国背景的 Google。尽管李彦宏一直反对给百度贴上"中国 Google"的标签，但是这并不能阻止人们继续热情地使用这一称呼。从后来国外尤其是美国媒体对百度所做的相关报道中，很容易就能找到"中国 Google"的字样。其实，无论百度是"中国 Google"，还是 Google 中国是"中国的百度"，都无法抹杀百度的特质，李彦宏的目的达到了。

至于百度在第三次融资时，同意让竞争对手 Google 以小比例入股百度，完全可以看出李彦宏再次借 Google 提升百度价值的目的——连竞争对手都看好百度的前景，无疑是说服美国人的最好卖点，同时接受 Google 入股，也能获得国际投资者的认同，为百度的独立上市扫清障碍，其战略意义大于资金上的考虑。

但事实上，让最强的竞争对手入股，无疑是要冒相当大的风险。在许多企业看来，竞争对手入股自己的企业，其目的就是收购，所以往往企业也都会拒绝这样的要求，因为稍有不慎，就会丢掉企业的控制权。

李彦宏确实有商人的那份精明，尽管 Google 付出了 1000 万美元的代价，但只拿到了百度 2.6% 的股份。2006 年 6 月，在百度身上无所作为的 Google，只好卖掉百度股票赚点小钱了事。

现在，百度是世界上最大的中文搜索网站，每天要接受2亿次检索请求，有超过一半以上的人把百度当成是常用搜索工具。的确，现在的百度还是一个很年轻的公司，就像其在招股说明书上写的："我们的竞争对手还有很多，有来自美国的 Google、Yahoo、Microsoft，还有中国的搜索公司如网易、搜狐、新浪、阿里巴巴等。在竞争中生存是唯一的生存之道。"

(资料来源：百度公司网站 http：//www.phpchina.com/9136/viewspace-2797.html)

问题：

1. 新创企业取得融资成功的关键因素是什么？
2. 李彦宏怎样保持了对公司的控制权？
3. 李彦宏为什么取得了融资的成功？

第 6 章　企业战略导论

重 点 提 示

- ☐ 战略的本质
- ☐ 战略的层次
- ☐ 战略管理过程
- ☐ 成功战略的要素

 阅读材料

天下大势与战略谋划

略，从田从各。"各"意为"十字交叉"，"田"与"各"联合起来，表示"把可耕地画上十字格"。《说文解字》中解释为"略，经略土地也。"本义为"规划土地"，引申义为"经营土地；谋划"之意。战略，本义是指战争方面的谋划，后来泛化为政治、经济、军事、企业管理等方面的总体谋划。

中外学者所公认的第一部军事战略方面的论著是《孙子兵法》。《孙子兵法》开篇就将战争的谋划放在了最高的位置。《计篇》所言的"计"并非奇谋巧计之意，而是指对战争的全局谋划、度量和计算。

说到战略分析，很多人会想到《隆中对》这样的著名故事。诸葛亮在尚未出茅庐时就已经提出著名的"隆中三策"，这就是联吴抗曹、先取荆襄、后图西川、据有荆益、奠定三分天下之势，再等待时机北伐中原、复兴汉室的深远战略谋划。

其实在当时的大争之世背景下，除了诸葛亮向刘备提出隆中对之外，鲁肃根据东吴实力和天下强弱对比的形势，也向孙权提出了向西联合刘表，抗击曹操，划江而治，两分天下的战略谋划；而毛玠则根据曹操实力强大的现实，提出了"奉天子以令不臣,修耕植、畜军资"，一统天下、成就霸业的战略谋划。可以看出，尽管时代背景相同，但由于每一个集团的所占有的资源与实力差异，所提出的战略目标与实现路径也是有差异的。

虽然诸葛亮的"隆中三策"后来成为刘备的大战略，并且大部分得到了实现，但也有人认为，与早期深远的战略分析相比，诸葛亮在后期主导蜀汉政权时期，数次北伐中原，属于战略盲动，导致数战而民疲，力衰而国亡。这不能不说是战略上的重大失误。首先就实力对比分析来看，当时曹魏占有天下十三州中之九州(北方大部分)，而蜀汉仅仅占有一个半州(益州，再加上荆州的一部分)，从支撑战争的资源等方面相差悬殊；其次，蜀军远征，山路艰险，劳师远征难以持久，而魏国则是国力强大且以逸待劳。综合上述两个方面，诸葛亮北伐是根本无法取得成功的。

6.1　战略管理研究的问题

6.1.1　什么是战略

"strategy"这个词来自希腊语"Strategos"，最初的意思是"leader of the army"（军队首领）或"the leading of the army"(带领军队)，所以战略就是领导军队、做将军的艺术和技能。究其目的来看，战略是争胜之道，是取得竞争优势的谋划。

在过去的半个多世纪里，战略已经成为组织管理中的焦点问题，战略课程已经是商学院的一个基本科目。在实践中，大多数大型公司都设有内部的战略分析和决策部门，即使那些未设立战略部门的公司，也经常雇佣外部咨询公司或专家学者来帮助进行战略分析和设计。

对于政府部门、企业、培训机构、成功学传播者来说，战略已经成了时髦的口头禅，在日常生活中各种媒体文本中，战略是最为模糊和最被滥用的词之一。然而，关于战略的本质是什么这一问题，可能很难有人能给出清晰而深刻的见解。我们在很多场合都会用到"战略"一词，可能仅仅只是为了强调某一行动或决策的重要性，或者它包含着战略的某一方面的特征，而不是战略本身。

从学术意义上讲，战略并不是一个"概念"(concept)，而是一个"构念"(construct)。由于"构念"无法由现实世界的具体事件直接概括而来，而必须经过高层次的"抽象化"推演，所以，有关战略的涵义很难界定，常常是各执一词，言人人殊，莫衷一是。

物竞天择，适者生存。战略对于企业成为必要，在于企业必须适应环境而生存。相较于教会、政府、大学等社会组织，同样作为一种组织形式的企业更加短命，是由于企业面临着来自于市场竞争的威胁和压力。在如今这个技术、市场激烈变化的时代，企业只有敏锐感知和捕捉外部环境的变化，并作出及时和恰当的应对，才能在激烈竞争的环境中生存下来。

战略本质上就是这种应对行为，是一个博弈主体为应对对手某一行为而采取的反应行为(reaction)。用博弈论语言严格定义，战略就是："一个博弈主体根据对手和环境变化而作出的相应的对策性的行动方案 (Environment-contingency/rival-contingency reaction program)"。

应用到企业管理领域，企业战略，大而言之，是指企业具有长远性和全局性决策，包括多元化、跨国跨地区经营、纵向一体化与非一体化、并购等方面的决策；小而言之，企业策略是指企业针对竞争对手某一行动，譬如降价、扩张产能而作出的对策，所以港台往往将"strategy"译之为"策略"。不管决策影响范围的大小和决策层的高低，其本质是一种反应。

6.1.2　战略管理

每个学科都有自己研究的特定问题。同其他社会学一样，战略管理领域研究的核心议题是："为什么一些企业的绩效总是胜过其他企业？"

如果进一步考虑到模仿和竞争趋同(competitive convergence)的力量，这一问题就更加具有研究价值："为什么一个企业能够长期取得比竞争对手更为优异的绩效？"如果我们把这种优异表现定义为竞争优势，那么企业战略管理就可以定义为："关于企业如何在市场和行业中获取竞争优势或更佳绩效的理论"。

事实上，在现实中，不同的行业和不同的时期，企业之间的绩效差异或大或小，差异的持续性也会有所变化。企业战略管理的研究就是努力寻求这种差异的来源，并给现实企业提供行动指导。从应用角度看，企业战略管理就是塑造和构建企业竞争优势的对策和方法。

6.1.3　战略管理的必要性

企业战略管理理论从 1960 年被首次提出，其背后有着深刻的环境背景变化动因。这种背景变化表现在三个方面：

1．买方市场逐步形成

工业革命以来生产力的突飞猛进使得人类有能力摆脱马尔萨斯陷阱，生活必需品的短缺在很多国家成为历史的记忆，而丰裕和过剩成为常态，消费者主权日益彰显。市场中买卖双方主动权的易位，许多产品市场由卖方市场变为买方市场，买方的讨价还价能力提高，企业之间关于消费者和产品市场的竞争也日益激烈。企业只有积极地去发现买方需求，满足和适应买方需求的变化才能生存发展。

2．市场一体化

交易的基础设施、技术、制度以及组织发展，跨地区跨国的贸易和投资变得可能，使得市场在更大范围内一体化，打破了市场半径的空间阻隔，使得企业在地理空间市场的竞争成为可能并日趋激烈。

互联网和电子商务的发展，使得很多产品的市场地理边界已经模糊，形成了"市场无边界现象"。二十年前，西安某条街上的茶叶店主，面对的竞争对手就是距离他几十米或几公里远的另一个茶叶店主；而一个西安居民购买茶叶的选择就在他家门口附近的两三家茶叶店，顶多也就是几公里或十几公里之外的批发市场。可是在电子商务时代，一个西安市民购买茶叶的选择大大扩展，通过网络，他可以在全国范围内选择自己喜欢的茶叶，还可以选择国外代购。从这个意义上来讲，市场边界已经大大扩展，而对于西安的一个茶叶店主来说，他的竞争对手除了本地实体店外，还有全国很多网上茶叶店。

3．技术创新成为常态

虽然我们不否认好奇心的作用，但是绝大多数的发明创造是有经济动机的。从历史视角看，有两个事件深刻地影响了技术创新的方式和速度：一是科学方法的建立；二是技术的商业化。16世纪物理学化学领域的试验方法和实验室的建立，加强了科学理论对于技术创新的指导作用。一个普通的科学家或发明家短时间内所进行的有意识的试验总数超过了工匠一生随机遇到的试错次数的总和，从而大大增加发明的可能性；而19世纪末企业内部研究机构的建立标志着技术创新成为企业的主要竞争策略之一，在专利保护等法律的激励下，科技创新成为一种有目的商业理性行为。

在当今时代，技术发明和更广义上的创新已经成为每天都在发生的事情，这使得企业的生存环境更加变动不居。

4. 企业大型化

在前现代社会，企业形式是家庭作坊式的，每个企业都很小，其产量不足以影响市场价格，表现为理论模型中的完全竞争市场状态。然而，19世纪中期以来，美国现代公司制企业发展，大大增加了企业组织的资源配置能力和生产能力。这种变化客观上带来了两个方面影响：一方面，公司规模扩大和业务增加，造成了企业内部人员和组织结构的扩展，带来了组织管控的难题；另一方面，大规模生产带来的成本优势，导致市场结构成为寡头态势，大企业能够以策略性行为来影响市场结构、企业绩效乃至行业整体绩效，使得企业之间的竞争更加丰富多样，难以把握。

从以上四个方面可以看出，在过去的几十年里，企业的生存环境越来越不确定(uncertain)、难以预测(unpredictable)、难以控制(uncontrollable)，而作为应对这种变化的战略管理对于企业则显得尤为重要。正是在这个意义上，有人说，企业已经进入"战略制胜"的时代。

6.1.4　战略管理与运营管理的区别

或许会有人问：企业日常运营，各职能部门各司其职，就能保证企业正常运转，为什么还要架床叠屋，来一个战略管理，多此一举？管理专业的同学也会问类似的问题：我们已经学了管理学基础、生产、营销、财务、人力、组织等课程，还有必要再学战略管理吗？

日常运营管理涉及的是企业的运营效能(operational effectiveness)问题，实现效率、质量等局部目标决策问题，而战略是高层关于企业总体目标设计和实现的决策问题。运营管理对于战略实施是必要的，但它不是战略和高绩效的充分条件。当我们说"不谋万世者不足谋一时，不谋全局者不足谋一域"这句话时，强调的是战略的重要性；当我们说"细节决定成败"这句话时，强调的是战术的重要性，以及一般管理、基础管理的重要性。

战略管理与日常运营管理又是相互制约、相互依赖的。全局决定局部，局部影响全局；长期决定短期，短期修正长期。战略对战役、战术起指导、制约的作用；同时，战略企图的实现，又有赖于战役、战术的胜利。关羽大意失荆州，导致蜀国失去安全屏障；马谡失街亭，导致北伐战略被动。这都是局部失误对全局造成不利影响的典型案例。

战略管理与运营管理的区别见表6.1。

表 6.1　战略管理与运营管理的区别

	战略管理决策	运营管理决策
管理层次	董事会、高级管理层	中层、职能部门
范围	集团、总体、全局	部门、区域、局部
时间尺度	中长期	短期、日常
面对的问题	我们应该定位于什么行业？ 我们应该如何应对竞争者？ 我们必须开发出什么样的关键竞争力？ ……	我们如何缩短送货时间？ 我们应该给顾客多大的折扣促销？ 我们销售代理的职业生涯规划如何优化？ ……

 阅读材料

日本公司很少有战略

20 世纪 70 年代，日本企业在全球引发了一场运营效益的革命，率先推出了全面质量管理和持续改进的实践，其结果是，这些企业获得了巨大的成本与质量优势。但是，日本公司很少制定明确的战略定位。索尼(Sony)、佳能(Canon)和世嘉(Sega)也许就是其中为数不多的几个例外。大多数日本公司都相互模仿、相互抄袭。相互竞争的各方提供的是几乎完全相同的产品种类、特色和服务，它们都会利用所有的渠道，甚至连工厂的布置也是完全相仿。

人们已经开始认识到日本式竞争的害处。在 20 世纪 80 年代，由于竞争各方的运营效益离生产率边界较远，因此在成本和质量两个方面同时占优势是可能的。日本经济的蓬勃发展以及对全球市场的渗透使得日本企业获得了长足的发展。看起来，这一发展势头不可阻挡。但是，随着运营效益的差距逐渐缩小，日本公司在它们自设的陷阱中越陷越深。对于它们而言，避免两败俱伤的唯一出路就是学习制定战略。

要做到这一点，它们就必须设法克服巨大的文化障碍。日本民族是一个非常强调一致性的民族。公司往往强调所谓的团结和一致性而极力淡化员工的个性。另一方面，制定战略要求企业做出艰难的抉择。日本民族也有一种根深蒂固的服务传统，这决定了他们会千方百计地去满足顾客所表达的任何需求。以这种方式去竞争的公司最终都会将自己原本明确的定位弄得模糊不清，成为一个想为所有客户做一切事情的公司。

(资料来源：M.波特. 什么是战略. 商业评论，2004(1)。)

6.1.5　战略管理的特点

战略管理能够作为一门独立的学科存在，并在企业管理实践中发挥重要作用，有其独有的特点，这种特点主要表现在以下五个方面。

1. 外部性

在简单再生产的经济中，外部环境是稳定的，企业运营重点关注的是内部运营效能，譬如如何节约成本、如何提高质量等；而在变动不居的环境中，企业关注的重点则主要聚焦于外部环境，准确把握顾客偏好的变化、竞争对手的动向、政府政策的趋势等。所以安索夫(1965年)说"战略就是关注外部胜于内部"。正因为如此，也有人说，在当今时代，生产"正确"的产品要比生产低成本、有效率的产品更加重要。

战略的外部性不仅体现在对外部环境的关注、分析，识别外部环境变化中的威胁与机会，也体现在对外部关系的管控方面，比如一个在位企业如何通过设置结构性进入壁垒或战略性壁垒阻吓潜在的进入者，一个行业领导者如何通过威慑行为限制行业中的跟随者等。有效管控外部关系，更体现了战略的主动性或战略管理的价值，当然也是战略管理所面对的挑战性话题和现实问题。

2. 竞争性

战略的第二重要特点就是竞争性。本质上讲，战略就是作为博弈主体的企业基于竞争对手的行为而寻找选择自己最优策略的过程。正是因为市场地理空间的大大扩展，甚至在互联网技术下的无边界市场出现，增加了竞争对手的数量，从而使得企业的业务选择、产品定位、产量、价格等决策变得复杂和困难。

寡头市场成为重要的一种市场结构，企业之间的互动，譬如寡头之间的价格战、广告战、限制战等成为重要的战略考量因素，也是决定战略成败的重要因素。

3. 独特性

好的战略能够帮助企业获得竞争优势。从经济学角度讲，竞争优势的本质就是获取超额利润，就是创造独特的顾客价值。企业只有在战略定位方面创造一片新的蓝海市场，构建一套独特的价值链，才能获得稳定的超额利润和竞争优势。

4. 适应性

从长期可持续竞争优势的角度看，一个好的战略必须建立在组织的适应性上，通过这种适应性，及时根据环境中的变化而做出战略动态适应和调整。像 IBM、GE、福特汽车这样的公司，在几十年的运营中，因为能够及时根据环境的变化进行战略调整，重新定位，才能够基业长青，屹立不倒。相反，历史上曾经辉煌一时的一些公司因为不能根据环境变化而进行战略动态调整，而最终难免消亡。

6.2　战略的层次

从战略管理所对应的组织层次和内容来看，战略管理是一个自上而下的过程，由此我们可以把战略划分为集团战略、业务单元战略和职能战略三个层次。由于职能战略从属于业务单元战略，所以也有学者把战略划分为两个层次，即集团战略和业务单元战略，如图6.1 所示。

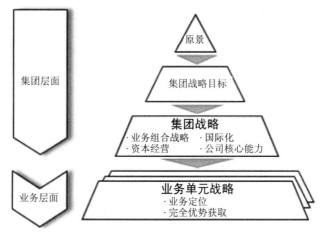

图 6.1　战略的层次

6.2.1　集团战略

集团战略也称为公司战略或总体战略，是指公司最高层关于公司发展目标、方向、定位的总体谋划，具体包括以下几个方面。

1．多元化

在经典经济学理论中，专业化是取得生产效率的主要来源，但是在现实经营中，多元化也是企业经营到一定阶段的必然选择。试想一个在主营业务已经获得 50%市场份额且累积了大量现金的企业，他下一步应该怎么做呢？这个时候，选择一个有潜力的新行业是必然的选择。有时多元化也是受范围经济驱动的。

当然，多元化战略需要建立相应的组织结构来支撑，以管控由于业务复杂带来的相关问题。

2．跨区域和跨国经营

跨区域经营可以看做是空间上的多元化。当本地市场或母国市场已经饱和或成为红海市场时，跨区域、跨国经营也是企业的必然选择。由于本土市场狭小，因而小的经济体布局海外市场时进行跨国经营的倾向更为强烈。从产品生命周期角度看，企业利用不同区域的市场收入差距进行跨国经营，可以最大程度地利用现有投资和生产能力，最大化经营收入。

跨区域和跨国经营不仅面临着组织管控的难题，也需要克服文化差异等方面的障碍。

3．垂直整合与分拆

企业在纵向生产链或价值链上的长度也是一个在理论和实践上颇具争议的话题，从本质上来讲，这是一个自我生产或外购的权衡或替代，取决于自制的效率、组织成本与外购的市场效率的比较权衡。

4．并购

并购是实现上述三大集团战略的重要手段，涉及一系列复杂的经济分析、管理决策及法律事务。

6.2.2　业务战略

业务战略也称为经营战略或竞争战略，是以一个业务单元，如事业部、子公司、分司为基本单位的战略。业务战略是企业战略的基本点，是研究每一个业务单元如何取得竞争优势的基本谋划，反映了战略的竞争特点。业务战略包括三个基本定位：成本领先战略、差异化战略和集中战略。

6.2.3　职能战略

职能战略是企业内部各职能部门为实现业务战略而进行的目标分解、计划制定及相应行动。由于职能战略是从属于业务单元战略的，不具有独立性，所以也有人认为战略只有两个层次，即公司战略和业务单元战略。

6.3　战略管理的过程

6.3.1　战略管理过程的 AFI 框架

从流程来看，战略管理是一个将战略逐步推进的动态管理过程，是依据经营者外部环境和自身条件的状况及其变化制定和实施战略，并根据对实施过程与结果的评价和反馈来调整、制定新战略的过程。

1999 年 6 月《财富》杂志上的一篇名为"Why CEO's Fail"的文章，说明了 CEO 失败的最重要的因素，"多数情况下，估计为 70%，问题并不在于战略本身不好，而是因为战略实施得不好"。

战略管理过程是战略分析(strategy analysis)、战略制定(strategy formulation)与战略实施(strategy implementation)三个环节相互联系、循环反复、不断完善的一个动态管理过程，如图 6.2 所示。

图 6.2　企业战略管理过程

也有人提出，战略过程更完整的框架应该包括五个环节，即战略目标确定、战略分析、战略制定(或构建)、战略实施、战略评估。

6.3.2　成功战略的四个因素

如图 6.3 所示，成功战略的四个因素如下：

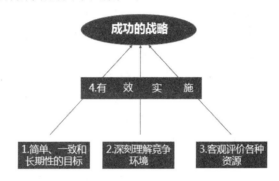

图 6.3　成功战略的四个要素

(1) 简单、一致和长期性的目标。简单、明确、上下一致的战略目标能够对企业、组织、团队成员产生强大的导向、凝聚和激励作用。

(2) 深刻理解竞争环境。只有深刻洞察环境中的机会和威胁，才能制定出正确的战略对策。

(3) 客观评价各种资源。战略的分析和制定是一个内外结合的过程，客观评价自身的资源与能力、优势与劣势，对于制定合适的战略目标和对策至关重要。

(4) 有效实施。没有有效地实施战略，再好的战略构划都是一纸空文。战略实施需要组织结构和资源能力的支撑。

　阅读材料

成败柯达公司

1877 年，照相机问世，当时还是一个有着黑帐篷、大水箱、厚厚的玻璃感光板容器的庞然大物，要占用一整间实验室。

柯达创始人乔治·伊士曼第一次接触照相机时，忍不住异想天开：照相机能不能做得像"用铅笔写字那么简单"？

1880 年，当时还是银行职员的伊士曼开始利用自己发明的专利技术批量生产摄影干版，由于干版技术比原来的湿版技术操作起来简单方便很多，伊士曼获得了成功，翌年与商人斯特朗合伙成立了伊士曼干版公司。

1881 年末，伊士曼从罗切斯特储蓄银行辞职，投入全部精力经营自己的新公司，同时继续研究简化摄影术的方法。

1883 年，伊士曼发明了胶卷，摄影行业发生了革命性的变化。1886 年，伊士曼研制出卷式感光胶卷，即"伊士曼胶卷"，结束了用湿漉漉的、笨重易碎的玻璃片做照相底片的历史。

但这些发明并没有让伊士曼满足，毕竟真正的"照相大众化"还没有实现，面向家庭的、便携式的家用照相机才是他的最终目标。伊士曼又把全部的精力投入在照相机的改进上，研究如何把机器做得更小、更轻、更方便。

经过无数次的失败，1886 年伊士曼研制的新式照相机终于诞生了。这是人类历史上一项伟大的发明！同时，这种照相机最特殊的地方在于，全部拍摄完毕之后，连同照相机原封不动地送去冲洗。这种样式与销售方法，在摄影发展史上是具有划时代意义的。摄影爱好者们从此结束了用马车装载照相器材的时代。

1892 年，伊士曼干版公司更名为伊士曼柯达公司。

1895 年，柯达公司以卖价 5 美元的口袋式照相机投放市场，轰动了全世界——照相技术"面向大众化"之梦终于变成了现实。

1896 年，柯达公司成为在希腊雅典举行的第一届现代奥林匹克运动会主要赞助商。

至 1900 年，柯达的销售网络已经遍布法国、德国、意大利和其他欧洲国家。在后来的一百多年里，柯达开创了一个辉煌的"柯达时代"。

到 20 世纪 70 年代中叶，柯达垄断了美国 90%的胶卷市场以及 85%的相机市场份额。1997 年，柯达股票达到峰值 92 美元。此时，它已经是一家价值 310 亿美元的公司。

但是，到 20 世纪 90 年代末，数码技术的发展使得这家百年老字号走到了十字路口：主营的胶卷业务占据了市场半壁江山份额，但"影像数码化"的市场趋势也越来越明显。如何选择？对于处于行业龙头地位的柯达来说尤为纠结。

尽管 1975 年柯达公司就研发并制造出了世界上第一台数码相机，可是他们却固执地坚守着传统相机和胶卷的地盘，拒绝改变。可悲的是，此后的数十年间，数码相机迅速地被人们所接受。另外手机与数码相机的合一，更是现代技术的一个绝妙结合。实际上，从数码成像技术推广的时候开始，传统摄像方式和胶卷冲印技术就显示出落后性——价格昂贵、使用不便，逐渐遭到消费者的冷淡并不令人意外。

在统治世界照相市场一个世纪之后，柯达在 20 世纪 90 年代期间被迫迎接数字成像技术的挑战。在面临选择坚持发展它良好的化学技术还是冒险进入数字成像领域时，柯达公司将它的伊士曼化学和斯特林制药业务出售，并且花费数十亿美元开发它的数字技术和数字成像产品。

然而，这一战略转变并不顺利。2002 年柯达的产品数字化率也只有 25%左右，而竞争对手富士已达到 60%。这与 100 年前伊士曼果断抛弃玻璃干版转向胶片技术的速度，形成巨大反差。2000—2003 年柯达各部门销售利润报告，尽管柯达各部门从 2000—2003 年的销售业绩只是微小波动，但销售利润下降却十分明显，尤其是影像部门呈现出急剧下降的趋势。具体表现在：柯达传统影像部门的销售利润从 2000 年的 143 亿美元锐减至 2003 年的 41.8 亿美元跌幅达到 46%。在拍照从"胶卷时代"进入"数字时代"之后，昔日影像王国的辉煌也似乎随着胶卷的失宠而不复存在。

造成柯达危机产生有各方面的原因：首先，柯达长期依赖相对落后的传统胶片部门，而对于数字科技给予传统影像部门的冲击，反应迟钝；其次，管理层作风偏于保守，满足于传统胶片产品的市场份额和垄断地位，缺乏对市场的前瞻性分析，没有及时调整公司经营战略重心和部门结构，决策犹豫不决，错失良机。

2012 年 1 月 19 日，历经 130 多年风雨的柯达申请破产保护。

问题：

1. 柯达早期成功的原因是什么？
2. 哪些方面的战略失误导致柯达公司衰落？

第7章　新创企业的竞争战略

重点提示

- □ 竞争战略的分析框架
- □ SCP 框架
- □ 五力竞争
- □ 进入壁垒
- □ 规模经济

 阅读材料

铝罐生产中固定成本的分摊和规模经济

像铝罐生产这样简单的生产过程，也要发生一定量的投资。铝罐的生产只包含下面几个步骤：切割—成型—冲压—焊接铝罐盖。虽然生产过程很简单，但是单就这一简单的生产线也大约需要花费 5000 万美元。如果资金的机会成本为 7.5%，摊销时间为 20 年，则用年值表示的固定成本大约为 500 万美元。

很明显，随着铝罐产量的增加，铝罐的平均固定成本相应地下降。假如生产线是充分开工的，那么它的重要性又是如何呢？为了回答这个问题，我们必须先了解平均固定成本如何随着产出的变化而变化。假设铝罐工厂的最大年产量为 5 亿罐，在美国铝罐市场中的相对市场占有率为 1%。在采用全自动生产线进行充分生产的情况下，平均固定成本为 1 美分/罐(年成本 5 000 000 美元除以完全开工时的产量 500 000 000 罐)。如果该工厂的开工率为 25%，那么年产量为 1.25 亿罐，则平均固定成本为 4 美分/罐。它们的差额为 3 美分/罐。在铝罐制造这种价格竞争性行业中，这些成本差异很可能就是决定盈亏的关键因素。

假如某一公司准备进入铝罐制造行业，但是不清楚年销售能力是否多于 1.25 亿罐。那么该公司是否注定将产生 3 美分的成本差异，从而导致最终的破产呢？答案并不是肯定的，而是根据替代生产技术的性质而定。就像我们前面所说的，在充分开工的情况下，全自动化的生产将最大程度地节省成本，但在低产出水平下，全自动生产线并不是最好的选择。

因为可能存在着替代技术,这种替代技术相对于全自动化生产来说,虽然其经营费用较高,但是其原始投资则要少得多。选择半自动化生产技术的厂家即便是在年产量低于 5 亿罐的情况下,也能够享受到相当低的平均成本的好处。

假设建造一个半自动化工厂所要花费的固定成本为 1250 万美元,换算成年金为 125 万美元。该工厂的不利之处为它每年要比全自动化工厂在每个铝罐上多花费 1 美分的人工成本。为简化起见,假设全自动化工厂的人工成本为 0,两个工厂的原材料成本都为 3 美分/罐。则两个工厂的成本比较如下:

两个工厂的铝罐生产成本　　　　　　　　　　　　　　　美元

	年生产量 5 亿个	年生产量 1.25 亿个
全自动化	平均固定成本 = 0.01 平均人工成本 = 0.00 平均原材料成本 = 0.03 总平均成本 = 0.04	平均固定成本 = 0.04 平均人工成本 = 0.00 平均原材料成本 = 0.03 总平均成本 = 0.07
半自动化	平均固定成本 = 0.0025 平均人工成本 = 0.01 平均原材料成本 = 0.03 总平均成本 = 0.0425	平均固定成本 = 0.01 平均人工成本 = 0.001 平均原材料成本 = 0.03 总平均成本 = 0.05

(资料来源: J. 麦克根, R. 莫耶, F. 哈里斯. 管理经济学: 应用、战略与策略. 北京: 机械工业出版社, 2003.)

生产技术设备先进程度和盈利程度并不是简单的正比关系,必须结合市场份额、规模经济才能判断技术的适宜性。铝罐生产的例子说明充分利用生产能力对于规模经济实现的重要性。

哈佛大学商学院教授迈克尔·波特分别于 1980 年和 1985 年出版了专著《竞争战略》和《竞争优势》,构成了战略分析比较系统的理论框架(见图 7.1),并在 20 多年来被广泛认可,被称之为"战略管理之父"。

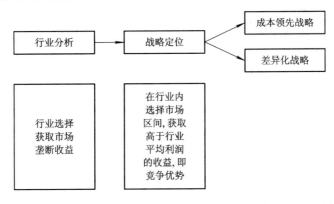

图 7.1　波特战略分析的基本框架

波特认为,当一个企业获得了高于行业平均利润水平的收益时,就意味着该企业获得了竞争优势。企业长期获得高于行业平均利润的关键在于正确的竞争战略定位。

想要在本行业内兴旺发达就必须建立自己相对于其他竞争者的竞争优势,所以经营战略也可以称为竞争战略。简单地说，竞争战略分析包含两个方面问题，即产业选择问题和战略定位问题。

7.1　产业环境分析

为什么有的企业能够获取很高的盈利而有的企业却出现巨额亏损呢？不同的企业盈利水平会有很大差异吗？环境分析学派认为，这不是取决于好运气，也不是取决于技术含量，而是与企业所在产业结构的差异高度相关的。企业盈利水平的差异首先在于不同行业具有不同的盈利水平(见表 7.1)。

表 7.1　美国制造业盈利水平的行业比较　　　　　　%

行　　业	净资产收益率(1985—1995 年)
医药	19.39
食品和幼儿用品	13.85
烟草产品	18.60
印刷和出版	10.16
电子和电子设备	10.00
飞机、制导导弹和部件	8.36
冶金产品	8.15
橡胶和塑料产品	8.47
零售贸易公司	8.37
石油和煤炭制造	7.88
纺织产品	7.25
批发贸易公司	5.22
石头、玻璃和黏土制品	5.28
机械(电子产品除外)	4.29
非金属	4.21
摩托车和设备	2.61
钢铁	1.30
采矿公司	1.24
航空	−2.84

(资料来源：R. 格兰特. 公司战略管理. 北京：光明日报出版社, 2001.)

波特认为，产业的长期盈利能力取决于产业的吸引力和产业结构的变化(稳定性)程度。他指出,产业的盈利能力并非取决于产品的外观或其技术含量的高低,而是取决于产业结构、SCP 分析框架。当 SCP 传统的产业组织经验研究方法为 Edward.S.Mason(1931，1949 年)及他在哈佛的同事们所采用时，它成为一个革命性的变化。最早的工作大部分涉及单个行业的案例研究。SCP 的最初经验研究是由 Edward.S.Mason 及其同事和学生，如 Joe.S.Bain(1951，1956 年)进行的。与案例研究相反，这些研究进行了跨行业的比较。

SCP 模型第一次使用了由微观经济分析得出的推断来讨论产业组织。SCP 理论认为，产业的绩效取决于卖方和买方的行为，而卖方和买方的行为取决于行业市场结构。

　　波特认为，形成战略的实质就是将一个企业与环境建立联系。尽管相关环境的范围很广泛、很复杂，包含社会、经济等因素，但企业环境最关键的部分就是企业所在的一个或几个产业，产业结构强烈地影响着竞争规则的确立、潜在的可供选择的战略及盈利水平。

　　波特的分析框架是将广泛、纷乱复杂的社会经济环境简化为产业环境(见图 7.2)，为企业战略找到了一个简单的分析环境的框架(受力点)。

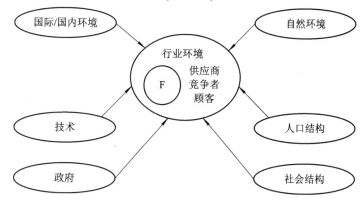

图 7.2　从环境到产业环境

7.2　五力分析

　　在《竞争战略》一书中，M.Porter 为分析影响行业利润的因素提供了一个便利分析框架，波特的主要创新是把这些经济因素归纳为五种主要力量。五力分析框架系统而全面地应用经济工具对行业进行了彻底的分析。

　　五种竞争作用力(competitive force)——现有竞争对手的竞争、进入威胁、替代威胁、买方砍价能力、供方砍价能力——表明，一个产业的竞争大大超越了现有参与者的范围。顾客、供应商、替代品、潜在的进入者均为该产业的"竞争对手"，并且依具体情况会或多或少地显露出其重要性。这种竞争可称之为广义的竞争(extended rivalry)。

　　这五种竞争力包括三种横向竞争力量：来自现有竞争的竞争，来自潜在进入者的竞争以及来自替代品的竞争；还包括两种纵向竞争力量：供应商和买方的讨价还价能力。五力分析图如图 7.3 所示。

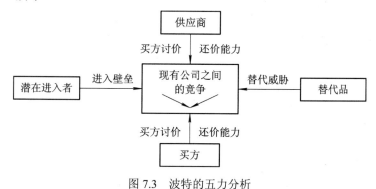

图 7.3　波特的五力分析

(1) 现有企业间的竞争：产业的盈利能力和竞争的激烈程度。
- 行业的成长潜力。
- 集中度。
- 退出壁垒或转换成本(switch cost)的高低。
- 买者和卖者数量的多少。
- 商品的同质性。
- 行业过剩生产能力。

(2) 潜在进入者：进入壁垒的大小。
- 规模经济和范围经济。
- 资本需求门槛。
- 学习经济。
- 获得重要的资源或分销渠道的限制。
- 专利。
- 建立品牌认同的需要或克服现有企业已建立起来的认同。

(3) 替代品：替代程度。
- 买方偏好。
- 替代品的相对价格和性能(性能-价格比率)。

(4) 讨价还价能力。
- 买方或卖方的规模、集中度。
- 投资的专用性程度。
- 交易成本。
- 买方或买方信息。
- 纵向兼并的威胁。
- 价格敏感性。

7.3　市场结构的度量

市场理论依据生产者数目和产品差异程度两个指标把市场划分为四种基本类型，见表7.2。从完全竞争到完全垄断，企业的市场力量(market power)逐渐加强，或者说企业对市场的控制和影响力逐渐加强。

表 7.2　四种基本的市场结构

结构	生产者的数目	产品的差异程度	企业对价格的控制程度	营销方式	实例
完全竞争	许多生产者/卖者	完全相同	没有 price-taker	市场交易和拍卖	农产品和金融市场
垄断竞争	许多差别化的卖者	有许多真正的或幻想的差别	有一些	质量、广告竞争，受管制。	零售业(啤酒、比萨饼)
寡头	几个卖者	差别很小	有一些	同上	钢铁、化工、汽车、谷物
垄断	单一卖者	差别小、没有替代品	相当大，price-maker	广告宣传、服务促销	地方电力、公共事业

市场结构是指市场中厂商的数目和规模分布特征。多数竞争理论证明：市场绩效更大程度上取决于最大公司的特征。集中度和赫芬达尔指数是度量市场结构两个主要指标。

(1) 集中度(N-firm Concentration Ratio，CR_n)：N 家最大企业的市场占有率之和。

$$CR_n = S_1 + S_2 + \cdots + S_n = \sum S_i \qquad S_1 > S_2 > \cdots > S_n$$

式中，S 为市场占有率。

(2) 赫芬达尔指数(Herfindahl Index，HI)：

$$HI = S_1^2 + S_2^2 + \cdots + S_n^2 = \sum S_i^2 \qquad S_1 > S_2 > \cdots > S_n$$

HI 相当于一种以企业市场份额为权重的加权加和的方式。这样就凸显了大企业的影响，所以 HI 可以度量企业的相对规模结构，或者说度量了对行业环境具有战略性或结构性影响的企业。由于具有加权相加的特点，HI 指数被广泛用于结构的度量，比如度量股权的分散和集中程度，企业的多元化和专业化程度等。表 7.3 是美国制造业集中度的例子。

表 7.3　1987 年美国制造业集中度

SIC 代码	行业	公司数目	CR₄	CR₈	HI	1/HI
2024	冰淇淋和冻甜食	469	25	39	0.028	36
2033	罐装蔬菜和水果	462	29	40	0.030	33
2037	冻蔬菜和水果	194	31	45	0.034	29
2041	面粉和其他谷类	237	44	63	0.065	16
2043	谷类早餐食品	33	87	99	0.221	5
2067	口香糖	8	96	100	—	—
2511	木制家具	2711	20	29	0.015	67
2771	贺卡	147	85	89	0.283	4
2812	碱和氯	27	72	93	0.233	4
2841	肥皂和清洁剂	683	65	76	0.170	6
2911	石油精炼	200	32	52	0.044	23
3221	玻璃容器	35	78	89	0.213	5
3274	石灰	56	43	59	0.064	16
3312	熔炉和钢厂	271	44	63	0.061	16
3334	原铝	34	74	95	0.193	5
3411	金属罐	161	54	70	0.108	9
3511	涡轮发电机	68	80	95	0.216	5
3571	计算机	914	43	58	0.069	14
3581	自动售货机	97	52	76	0.100	10
3612	家用冰箱冰柜	40	85	98	0.226	4
3711	汽车和卡车	352	90	95	—	—
3931	乐器	402	31	46	0.038	26
3995	棺材	213	59	66	0.182	5

另一个与 HI 相似的指标是 HHI 指数(Herfindahl-Hirschman Index)，HHI 指数在计算市场份额时去掉了百分号，故比 HI 指数大 100×100 倍，其本质与 HI 相同。

1/HI：理想结构下行业中应存在的企业数目，或者说市场中具有战略影响力的企业数目。1/HI 值与实际值比较，可以作为判断行业结构是否健康、合理及其合理程度。由于能够影响 HI 值须是具有战略性的市场份额的企业，因此 1/HI 度量了行业内具有结构性影响的最大的 1/HI 家企业。所以 1/HI 是一个行业具有影响力的企业数目的度量，其余的企业只不过是市场的补充者，对行业结构和环境不产生影响。

在美国，可口可乐(Coca-Cola)公司和百事可乐(Pepsi-Cola)公司统治了碳酸软饮料市场。早在 1986 年，这两家公司就计划通过收购来进行扩张。同年 1 月，百事可乐公司提出用 3.8 亿收购第四大饮料制造商七喜(7-Up)公司；2 月，可口可乐公司提出用 4.7 亿美元收购第三大饮料制造商帕珀博士(Dr.Peper)公司。

兼并使得大企业变得更大。可口可乐公司和百事可乐公司各自占有的市场份额已经分别达到 39%和 28%，而帕珀博士为 7%，七喜为 6%。七喜之后市场上最大的企业是 R.J.雷纳德公司(R.J.Reynolds，以加拿大干啤与新奇士闻名)，它在软饮料市场中的份额为 5%。

联邦贸易委员会声明反对这些兼并。为了评价兼并对竞争的影响，政府在这种情况下经常使用赫芬达尔-赫兹曼指数(Herfindahl-Hirschman Index，HHI)。

美国联邦政府在 1982 年采用的兼并指导原则把市场分为三大类，分别提出不同的政策建议，如表 7.4 所示。

表 7.4　美国政府对兼并活动的指导原则

兼并后的 HHI 值	对兼并活动的反托拉斯指控
<1000	没有指控——行业不集中
1000~1800	如果 HHI 值增加了 100，则对其进行调查
>1800	如果 HHI 值增加了 50，则对其进行指控

在兼并之前，软饮料市场的简化 HHI 为(假定四大厂商没有获得的 15%的市场份额由 15 家小厂商平分)

$$HHI = 39^2 + 28^2 + 7^2 + 6^2 + 5^2 + 15 \times 1^2 = 2430$$

如果我们加上百事可乐收购七喜之后的 34%的市场份额，那么百事可乐与七喜的兼并将使 HHI 上升至 3312。

鉴于联邦贸易委员会声明反对兼并，百事可乐公司立即宣布放弃收购七喜公司，可口可乐公司继续推进其收购帕珀博士公司的计划，直到 1986 年 8 月，一位联邦法官裁定这是"十足的、赤裸裸的"旨在消除竞争的企图，"完全没有道理"，它才放弃了兼并计划。

然而，这一案例揭穿了一个秘密。审讯出示了在百事可乐决定收购七喜之后可口可乐公司的备忘录。在这一备忘录中，可口可乐的经理担心，尽管有兼并指导原则，但是联邦贸易委员会仍然有可能批准百事可乐的兼并。可口可乐希望通过宣布购买帕珀博士公司的计划，促使联邦贸易委员会插手，制止两家公司的兼并行动。事实上，这确实最终阻止了百事可乐通过兼并来逼近可口可乐的规模。

7.4 进入壁垒/障碍

进入壁垒是指阻碍在市场中迅速建立一个新企业的因素，或指那些允许现有企业赚取正的经济利润，却使行业的新进入者无利可图的因素。这些因素可以归纳为以下六类：

(1) 规模经济与范围经济。规模经济(economics of scale)表现为在一定时期内产品的单位成本 (或者说生产一件产品的操作或运行的成本)随总产量的增加而降低。规模经济的存在阻碍了对产业的侵入，因为它迫使进入者或者一开始就以大规模生产并承担遭受原有企业强烈抵制的风险，或者以小规模生产而接受产品成本方面的劣势，这两者都不是进入者所期望的。规模经济几乎可以表现在一个企业经营的每一职能环节中，包括制造、采购、研究与开发、市场营销、售后服务网、销售能力的利用及分销等方面。例如施乐(Xerox)和通用电器(General Electric)公司就曾沮丧地发现：生产、研究、市场开发及服务方面的规模经济可算是进入计算机主机产业的关键壁垒。

规模经济可能与整个职能范围相关，比如在销售力量方面，也有可能仅存在于一个职能范围中的某些特定操作或行动。例如，在电视机的生产中，彩色显像管的生产有很强的规模经济性，而在外壳生产及整机装配方面它便显得不太重要。针对单位成本与生产规模的具体关系分别考查每一个成本分量是十分重要的。

对于多种经营企业中的各部门，如果它们能够把服从规模经济规律的运营和职能与公司其他业务分享，则它们可能获得类似的经济性。例如，多种经营的公司生产小型电机，再用这些电机生产工业电扇、电吹风机、电子设备的冷却系统。如果电机生产的经济规模超过了任一单一市场所需的数量，则能按上述方式进行多元化的多种经营的企业就将在电机生产中获得经济性。此时的经济性超过了所产电机只用于一种产品，例如电吹风机的情况。因而可以围绕着经营与职能的共性进行相关多元化，从而排除某一已知产业规模所带来的产量限制。未来的进入者也不得不实行多元化，否则就得面临成本劣势。

潜在的可共享规模经济的经营活动和职能范围可包括销售队伍、分销系统和采购渠道等等。当存在一体化成本时这种共享的效益特别突出。一体化成本是指当一个企业生产产品 A(或完成 A 产品的部分经营及部分职能)时，天然地具备了生产产品 B 的能力。例如航空客运及航空货运，由于技术条件上的限制，飞机上只有一定的客座空间，剩下一些可用于货运的空间及一定的载重量。使飞机升空飞行并具有一定运载能力必须耗费很多成本，不论飞机所载乘客数量多少。因此，在竞争中客货兼顾的公司相对于仅在一个市场中竞争的公司有着相当大的优势。对于生产过程中能带来副产品的企业存在着同样的效应。进入者若不能从副产品中获取尽可能高的增量收益而守成公司却均采取这一方式，则进入者将面临着一种劣势。一体化成本常常出现在经营单位能够共享一种无形资产，如品牌和专有知识的情况下。建立一种无形资产的成本只出现一次，只要花些调整修改的成本，从此这种资产便可自由地用于其他业务。这种共享无形资产的情况能够导致非常可观的经济性。

当存在纵向一体化经济性时，其规模经济也形成进入壁垒。纵向一体化是指在生产或分销的各衔接环节进行一体化经营。此时，如果大多数守成者们均是纵向一体化的，进入者也必须一体化进入，否则就面临成本上的劣势以及可能在上游或下游市场中遭到封阻。在这种情况下，封阻的产生是由于多数顾客在一体化企业内部直接采购，而供应商大都将上游产品直接"卖给"整合体内部。独立的公司很难得到合理的价格，并且如果已被一体化的竞争对手歧视一体化企业外部单位，则独立企业可能被"挤扁"。一体化进入的要求可能增加报复风险，并且也提高了其他进入壁垒。

一般用最小有效规模来度量规模经济程度。最小有效规模(Minimum Efficient Scale, MES)是指平均成本曲线经历了大幅下降而保持平稳所要求的最小的生产能力。规模经济本质上是技术或工艺的经济性，即随着设备或生产能力投资规模的扩大，生产成本不断下降的现象。表 7.5 和表 7.6 就是一些行业的规模经济的度量。

表 7.5　汽车产业某些生产环节的最小有效生产规模

生产环节	MES(万)
发动机铸造	100
其他部件铸造	1075
传动装置制造及装配	60
车轴制造及装配	50
仪表盘压制	100200
喷漆	250
最终装配	250
广告	100
财政	200500
研发	500

(资料来源：魏后凯. 市场竞争、经济绩效与产业集中. 北京：经济管理出版社，2003.)

表 7.6　一些产业的最小有效规模(MES)

产业	MES
钢铁	400 万吨
水泥	100 万吨
轿车	15～20 万辆
轻型货车	10～12 万辆
重型货车	6～8 万辆
彩管	1000 万个
彩电	100 万台
浮法玻璃	600 吨/天
啤酒	10 万吨

规模经济显著程度还会影响到行业的市场结构竞争程度和类型。一般来说，较低的 MES 和较大的市场需求形成竞争性市场结构；相反，很大的 MES 和相对较小的需求形成垄断性的市场结构。

(2) 产品差异化。产品差异化意味着现有的公司由于过去的广告、顾客服务、产品特色或由于第一个进入该产业而获得商标信誉及顾客忠诚度上的优势。产品差异化建立了进入壁垒，它迫使进入者耗费大量资金消除原有的顾客忠诚。这种努力通常带来初始阶段的亏损，并且常常要经历一个延续阶段。这样建立一个品牌的投资带有特殊的风险，因为如果失败，进入者就会血本无归。

产品差异化在如下产业可能成为最重要的进入壁垒：婴儿保健产品、非处方药品(over-the-counter drugs)、化妆品、投资银行及公共会计行业。对于酿酒业来说，产品的差异化与生产、市场营销和分销的规模经济相结合构成很高的壁垒。

(3) 资本需求。竞争需要的大量投资构成了一种进入壁垒，特别是高风险或不可回收的前期广告、研究与开发等。不仅生产设施，而且顾客信用、库存及启动亏损等都可能需要资本。例如，施乐公司选择出租复印机的方式而不是销售，使流动资金的需求大大增加，从而形成主要壁垒来防止其他公司对复印机业的进入。然而，当今大企业的财力是足以进入几乎任何一个产业的，只有像计算机和矿业这类产业所需的巨额资金限制了进入者的涌入。即便资金市场上可以提供资金，将这些资金用于产业进入意味着较大的风险，这种风险反映在试图进入者须付出一定的风险溢价，这些构成了产业中现有企业的优势。

(4) 转换成本。转换成本的存在构成一种进入壁垒，即客户由从原供应商处采购产品转换到另一供应商那里时所遇到的一次性成本。转换成本可以包括雇员重新培训成本、新的辅助设备成本、检测考核新资源所需的时间及成本，由于依赖供应方工程支持而产生的对技术帮助的需要、产品重新设计，甚至包括中断老关系需付出的心理代价。如果这些转换成本很高，则新进入者为使客户接受这种转换，必须在成本或经营方面有重大改进。例如，静脉注射液(IV)和输液器具的产业中，相互竞争的注射液产品用于患者的过程不同，吊装注射液瓶所需的硬件也不通用。在此，转换产品会遭受来自负责注射的护士们的巨大阻力，并且还需要在硬件设备上追加新的投资，获得分销渠道。新的进入者需要确保其产品的分销，这一要求也构成进入壁垒。在某种程度上产品的理想分销渠道已为原有的公司占有，新的公司必须通过压价、协同分担广告费用等方法促使分销渠道接受其产品，而这些方法的采用均降低了利润。例如，食品制造商必须说服零售商在竞争十分激烈的超级市场货架上留出一席之地摆放新食品。为此，他们要对零售商承诺进行促销并做出强劲的销售努力或采取其他方法。显然，对于一种产品，批发或零售渠道越少，现有竞争对手们对它们的控制越多，则产业进入就将越艰难。现有竞争对手可能通过老关系和高质量服务左右了这些渠道，某些特殊的制造商甚至可能独占渠道建立起排它关系。有时这种进入壁垒高得难以逾越，以致新的企业必须建立全新的销售渠道。

(5) 与规模无关的成本优势。已立足企业具有一些潜在进入者无法比拟的成本优势，无论它们大小如何，以及是否已获规模经济优势。下面是一些最关键的优势所在：

- 专有的产品技术。通过专利或保密的方法保持独享性的产品专有知识或设计特性。
- 原材料来源优势。已立足企业封锁了最优资源来源，并且很早掌握了可预测到的需求。
- 地点优势。已立足企业可以在市场竞争促使提价直至实现其产品的全部价值之前已占据了优势地点。
- 政府补贴。在一些业务领域中，政府特惠补贴为已立足企业带来长久优势。
- 学习或经验曲线。在某些业务领域中，存在一种趋势，即在一种产品的生产过程中，产品的单位成本随着公司累积经验的增加而下降。成本的下降的原因包括：工人工作方法的改进、效率(典型的"学习曲线")的提高、布局的合理化改进、专门设备及工艺的开发、设备的更好运转、产品设计上的改进使之更便于制造、经营的衡量与控制方式的改进等等。在此，经验意味着某些特定的技术改进，成本随经验的增长而下降，并不涉及公司整体，而是起因于构成公司的各个经营和职能部门。经验能够降低市场营销、分销以及其他领域如生产或生产中的经营管理费用，并且每一成本项目都需经过经验效果的检验。其应用不限于生产，还可用于分销、物流及其他职能部门。

正如规模经济情况那样，成本随经验的增长而降低这一结果对于具有高劳务成本行业的意义更为重要，这些行业需要大量人工执行困难的任务并/或进行复杂的装配操作(飞机制造业、造船业)。成本随经验的增长而下降这一结果在产品发展的初期或成长阶段几乎总是十分显著的，然后达到按递减比例增长的发展过程。人们谈及规模经济时通常以成本与经验的反比关系作为原因。规模经济依赖于每一阶段的产量而不是累积产量。尽管二者经常相伴发生并且难以分别，但它们在分析上有很大不同。将规模与经验混为一谈是危险的，这一点后面将要讨论。

如果在某个产业中，成本随经验增长而下降，并且已立足企业能保持独具这种经验，那么其效果便是建起一种进入壁垒。没有经验的新起步公司的成本自然高于已立足企业，它们在初始阶段，不惜采用接近或者低于成本的定价，从而承受相当的亏损，以求获得经验，进而达到与已立足企业相当的成本水平(如果可能的话)。已立足企业，特别是市场份额居首的企业，积累经验速度最快，并由于它们对新的技术设备投资的成本较低将具有较高的现金流。然而，重要的是要认识到寻求这样的成本随经验增长递减的过程要求以对设备及初期亏损的高额投资资本为前提。如果在累积产量已经很大的条件下，成本仍随产量增加而持续下降，则新进入公司就可能永远追不上已立足企业。有许多公司，诸如 Texas Instrument、Black and Decker、Emerson Electronic 等，在经验曲线的基础上建立了成功的战略。它们在产业发展的初期就勇于投资，以积累起一定的生产量，通常依据对未来成本会下降的预测来定价而取得成功。

如果某产业中存在多元化经营的公司，它们便能满足上述成本下降规律的经营以及职能部门与公司的其他单位分享成本下降的好处，或者如果这些公司中存在某些有关业务活动，从这些活动中能获得一些不完善但却是有用的经验，则这种成本下降的效果就可以扩大。当一种活动(如原材料的生产活动)同时为几个业务单位服务时，经验积累的速度就会明显高于该活动仅用来满足单一产业需要时的速度。或者当一个公司实体内部有相关活动，则姐妹单位不付或仅付出很小的代价便能得益，因为许多经验是一种无形资产。如果不考虑其他因素，这种共享学习的情况提高了进入壁垒。经验的概念在战略形成过程中有着广泛的应用，对其战略含义将进一步讨论。

(6) 政府政策。最后一种主要的进入壁垒是政府政策。政府能够限制甚至封锁对某产业的进入。例如，通过许可证的要求和限制获取原材料(如煤田或建滑雪场的山地)的方法加以控制。这种明显受约束的产业包括：汽车运输、铁路运输、货船贩运及酒类零售等。政府对进入的约束也可通过控制，诸如空气和水的污染标准、产品安全性和效能的条例而巧妙地表现出来。例如，对控制污染的要求可能会使进入产业所需的资金增加，同时可能导致对所使用技术的成熟程度，甚至设施的最佳规模的要求有所提高。通常出现在类似食品和与健康有关的产业的产品检验标准能够导致相当长的生产导入期，这不仅提高了进入的资本成本，而且会引起已立足企业对即将发生的进入充分注意，有时使他们对新竞争对手的产品有了充分了解从而形成其报复战略。在这些业务领域中的政府政策当然具有直接的社会效益，但其对于进入带来的副作用通常未被认识。

7.5　第六种力量：互补品

经济学理论认为不同产品之间存在两种关系：替代品和补充品。波特的五力框架考虑了替代品的影响，但忽略了互补品的影响。一般地，对某种物品而言，替代品产生负面影响，而互补品产生正面影响。

在布兰登伯格和奈伯夫所著的颇具影响力的《竞合》一书中，他们把互补品作为"第六种力量"引入环境分析框架。他们认为，关键是对互补品供应商的关系进行管理。当各种产品是紧密互补品时，它们整体对顾客价值产品影响。任天堂就是一个经典的例子。任天堂的战略天赋在于它能很好地管理与游戏软件开发商之间的关系。通过建立内部软件单元以及与游戏软件开发商之间签订只向任天堂提供游戏软件的协议，从而控制游戏软件生产商和分销商，并赢得顾客对游戏机和游戏软件的信任。

互联网的发展使得互补品力量进一步凸现出来，并且在很多方面得到了体现，在第 9 章中我们将进一步讨论这一问题。

讨论与复习题

1. 如何区分分工经济、规模经济与学习经济？
2. 查找不同行业和不同生产环节的规模经济的数据。
3. 试用五力模型判断一个行业的市场结构与环境。

案例分析

复印机行业的五力分析

书写资料的机械式再生产技术是相当新的。虽然油印机在 20 世纪 60 年代是很普遍的，但是复印行业在 1959 年就已经真正地开始了，当时施乐利用切斯特·卡尔森在 1941 年发明的静电复印技术来生产复印机器。第一台简单的复印机——施乐 914 重 648 磅，每分钟只能复印几张纸。只是在 70 年代后，复印机市场才开始繁荣起来，因为当时的复印技术能够大幅度提高复印速度，使复印效果更清晰，并且超过了当时规定的文件复印的标准：碳复印。今天，这些行业的产品包括单机复印机或网络复印机、模数字复印机、彩色或黑白复印机。复印机的范围从每分钟能够复印 15 张低速的简单桌面型复印机到每分钟能够复印 135 张的高速复印机。复印机的竞争是全球性的，施乐公司、佳能公司、夏普公司和美能达公司从 1991 年以来占领了复印机市场份额的 75%，这些公司之间的竞争是激烈的；其他的 8 个生产商则占领了剩下的 25% 的市场份额。

1. 现有企业间的竞争

消费者评价复印机的四个标准是：价格、速度、可靠性和服务。70 年代早期，施乐、柯达和 IBM 公司通过建立覆盖全国性的分支网络控制了整个复印机市场，这使得它们的价格虽然很高，但同时服务质量也很高。70 年代中期，三个日本的复印机制造商——佳能、美能达和理光公司进入了美国市场，并开始开发自己的市场份额。日本的竞争者能够提供一系列并不昂贵的产品，但同时产品的可靠性要差一点。

起先，美国的行业巨头并没有对日本竞争者给予足够的重视，它们认为日本公司的规模太小，从而与美国公司进行正面的阵地竞争是不可能的。但是佳能、美能达和理光很快在美国市场站稳了脚跟，并开始利用它们累积的经验去改善它们的产品，以抢夺美国公司的市场份额。同时，瞄准利基市场的日本公司进入正在增长的市场，特别是服务于诸如彩色复印市场这样的目标市场。今天，佳能是美国市场中最大的公司，该市场 1993 年的总销售额为 60 亿美元，佳能的市场占有率为 28%。施乐和夏普公司控制了其他的 34% 市场份额。另外 20 个公司拥有了剩下的 38% 市场份额。1993 年，彩色复印机的销售额还不足 1%，而佳能占据了 75% 市场份额，柯达和施乐占有 14% 的市场份额。

今天，复印机市场是一个大的替代性市场。消费者在这方面的知识较丰富，经常进行大量的采购，偶尔有一些复杂的和不经常的需要。消费者认为所有厂商所提供的产品都是非常近似的替代品，他们对复印机最大的抱怨是停工，同时他们对可靠性和服务是很敏感的。普通复印机的使用者会寻找标准的价格，但在替代市场中对那些质量在上升的制造商的产品还是有忠诚感的。过去的三年中，对高速和彩色复印机的需求在不断地增长。90 年代引入的数字复印机则创造了一个新的巨大市场。另外一些消费者同样需要"增值服务"，比如文件储备和网络系统。

复印机基本设备的毛利率是很低的，因此该行业通常被认为是"放弃剃刀以保证刀片的销售"。比如调色剂、纸张等供应商的毛利率通常可以达到 60% 左右，这些高利润使得销售商试图把更高的价格转移到那些经常使用机器的消费者的身上。偶然的使用者能够以低于总平均成本的价格取得复印机，因为他们不经常使用，所以他们额外付给供应商的很少。对经常使用者来说，复印机对他们是很重要的，他们则要付出比总平均成本高的价格。

数字和彩色复印机市场的毛利率是很高的，并且它们是与昂贵的调色剂和多样的照片复印纸联系在一起的，这使得该市场成了最有利可图的、众厂家追逐的市场。数字和复印机市场之所以能够产生高毛利率是因为以下两方面的原因：第一，该领域中的销售者的数量很少，因为存在着高的研究与开发成本和陡峭的技术学习曲线；第二，购买者很少在价格的基础进行购买，因为在这些复杂的机器中，服务和可靠性是最关键的。

服务竞争同价格竞争一样也是关键性的，并且存在于所有的细分市场中。今天，复印机的平均停工期要小于 1%，因为随时服务能够保证在四个小时内及时得到服务，而在过去的三年中价格的涨幅并未超过 5%。经销商和零售商完全把客户锁定在了排他性的销售—服务关系中，而这通常需要几个月或几年的战略规划谈判。具有讽刺意义的是，复印机服务是有利可图的，而能长期进行销售的产品却是那些需要最少服务的产品。

复印机行业中现有企业间的竞争是很难总结的。在市场低迷的时候，现有企业之间的竞争对利润的威胁是很高的，因为有许多的销售商、消费者把该产品当成日用品来看待，从而根据价格和当地代理的服务质量来进行购买决策。在产品的导入期，诸如彩色复印机市场，现有企业间的竞争是很薄弱的，因为仅有一些销售商，与质量和服务相比，价格是次要的。

2. 潜在的进入者

高的研究与开发成本、规模经济和已经建立起来的销售网络是潜在进入者的强大障碍。彩色和数字复印机的生产要求昂贵的研究与开发费用支出。现有的销售商在阻止潜在进入者方面有很大的优势，因为它们已经在研究与开发上进行了初步的投资，从而能够实现在设计和制造学习曲线方面的优势。只要复印技术没有发生重大的变化，那么现有的销售商仍然会保持它们的技术优势。复印机厂家与理论科学家们一起进行研究开发，这就能保证现有的销售商将是第一个采用最新开发技术的厂家。大的生产能力是与规模经济联系在一起的，这同样保护了现有的销售商防止潜在的进入者的威胁。

与研究与开发同等重要的是有效的销售和服务网络，这些网络或者是直接实现或者是通过经销商来实现。服务代理商必须在计算机系统方面有熟练的技能，必须不断地根据新产品来更新它们的知识，以满足客户的需要。制造商依靠服务代理商的技能和名声来取得客户的忠诚感。行业里的潜在进入者将不得不依靠庞大的资金或者与现有厂家进行合作，才能获得全国范围的分销和服务网络。虽然像我们要在下面描述的那样，目前的经销商网络有很大的增长，这对潜在进入者是有利的，但是它仍然只是一个挑战。因此我们的结论是，潜在的进入者的威胁是相对较低的。

3. 替代品

桌面打印机是复印机中最具有替代性的产品。工人们宁愿在桌面打印机上进行多次打印，也不愿到复印中心去等待复印。复印机面临着那些与办公室里的个人电脑直接连接的网络打印机的挑战，这些网络打印机能够提供诸如双面复印、校勘和颜色增强等服务。这最终将对复印机行业产生轻度的冲击。最近，少量的复印业务已经被桌面打印机所占领，而大量的复印业务仍然由复印机所控制。虽然有一些人利用他们的传真机作为默认的复印机，但是由于传真机的高成本和缺乏弹性，因此我们并没有把传真机看做是复印机的严重威胁。在将来，更为可能的是，具有传真机功能的个人电脑或打印机将是主要的潮流。由于个人电脑和桌面打印机技术的飞速发展，替代品的威胁是中等的，但在将来可能还会增加。

4. 购买者的力量

从历史上来看，美国最大的复印机购买者是联邦政府。联邦政府要求在尽可能低的价格上进行采购，其结果是联邦政府往往是在边际成本上进行购买，销售者则通过服务利润来补偿固定成本。对公司和个人的销售通常是由当地独立的经销商来进行的，经销商通常获得在一个地区销售一种或两种品牌的复印机的专营权。专营是必要的，因为经销商必须在销售复印机方面进行关系专用性投资，以学习了解制造商的产品和零件。经销商的销售领域不再是局限于某个州或者是大都市地区，在美国大约有1000个独立的经销商。个人经销商的规模是小的，而且是相对没有影响力的。那些有着良好声誉的经销商对于他们的供应商来说是一笔很大的财富，但是经销商不能在其他的领域中利用声誉的价值，因为他们面临着高的转换成本。为了解其中的原因，假定佳能的一个颇受尊敬的经销商想从佳能那里获得更好的待遇，在这种情况下，他可能不能以转向销售别的公司的产品(如理光)来进行威胁，因为在市场中可能已经存在了理光的经销商；而且他也不能以停止销售佳能的复印机来进行威胁，因为他已经在这方面付出了高的关系专用性投资成本。这样，即使是最好的经销商也不能从制造商那里榨取利润。

但是经销商和制造商间的关系正在发生急剧的变化。在过去的两年中，艾柯标准公司的艾柯办公产品部成为世界上最大的复印机经销网络，1994 财务年度的销售额为 20 亿美元。艾柯最先是独立经销商的购买集团，1993 年，它开始购买这些经销商。现在它每年购买 20 个经销商。丹克商业系统公司也有着类似的增长战略，它在 1994 财务年度的销售额为 5.5 亿美元。这些统一的经销权(代理权)在对诸如花旗银行、麦当劳等这些全国性和世界性的公司进行销售方面有着很大的优势，从而能够不断地增长。随着它们不断地收购经销商，它们与制造商的力量将不断地增强。它们能够用转换品牌来进行威胁，在向其他的经销商转移存货的时候，能够避免单一经销商所面临的资产专用性问题。艾柯和丹克的快速成长表明购买者历史上的低的力量在现在是适度的，而且还在不断地上升。

5. 供应商的力量

复印机市场中供应商的力量是很低的，制造商能够从许多的供应商中购买零件。因为劳工成本的原因，美国许多复印机都是海外生产的，但是技术含量高的复印机还是在美国进行生产的。对于一些更加复杂的机器，零部件完全由公司自己进行开发和生产。

(资料来源：D. 贝赞可，D. 德雷诺夫，M. 尚利. 战略经济学. 北京：北京大学出版社，1999.)

问题：

1. 根据以上文字，判断复印机市场的竞争激烈程度。

2. 你认为未来复印机市场的竞争会受到哪些因素的影响？

第 8 章　新创企业的定位战略

 阅读材料

透析格兰仕的价格战

作为国内微波炉行业"大哥大"的格兰仕，选择的是成本领先的战略。多年来，在众多企业竞相借助电视广告争夺"眼球注意力"的时候，格兰仕却极少露脸，以确保成本领先的优势。

格兰仕的价格战的确打得比一般企业出色，其显著特点就是消灭散兵游勇的目标十分明确。规模每上一个台阶，价格就大幅度下调。当自己的规模(生产能力)达到 125 万台时，就把出厂价定在规模为 80 万台的企业的成本以下；当规模达到 300 万台时，格兰仕又把出厂价调到规模为 200 万台的企业的成本线以下。此时，格兰仕还有利润，而规模低于这个限度的企业，多生产一台就多亏损一台。除非对手有显著的品质差异，在某一细分市场获得微薄利润，才能抵挡这种价格冲击。结果是一大批规模小且技术无明显差异的企业陷入了亏本的泥潭，从而使格兰仕微波炉创造了市场占有率达到 61%的壮举。

格兰仕降价的第二个特点是狠。价格不低则已，要低就要比别人低 30%以上。这一幅

价值链分析使得战略分析在 20 世纪 80 年代中期向前跨了一大步，使战略家们从含糊的概括和定性的推断中摆脱出来，因为当时他们推断竞争优势存在于组织内和行业竞争者中间的某个地方。

波特教授在《竞争优势》第 2 章就开宗明义指出"将企业作为一个整体来看，无法认识竞争优势。竞争优势来源于企业在设计、生产、营销、交货等过程及辅助过程中所进行的许多相互分离的活动。这些活动中的每一种都对企业的相对成本有所贡献，并且奠定了差异化的基础。""例如，成本优势来源于一些完全不同的资源，如低成本货物分销体系、高效率的组装过程或者使用出色的销售队伍。差异化取决于类似的多种多样的因素，包括高质量原材料的采购、快速反应的订货系统或卓越的产品设计。"

波特断言认为"价值链分析是战略分析的基本工具。为了认识成本行为与现有的和潜在的经营差异化资源，价值链分析将一个企业分解为战略性相关的许多活动。企业正是通过比其竞争优势更廉价或者更出色的开展这些重要的战略活动来赢得竞争优势的"。事实上，企业从来就隶属于一个生态系统，企业的价值链体现在价值系统更广泛的一连串活动之中，完整的价值链系统有供应商价值链、企业价值链、渠道价值链、买方价值链。

卓越的公司都有优异的价值链，如可口可乐公司专做最有价值的可乐糖浆部分，同时控制了装瓶商，从而控制了软饮料价值链的最高端；著名手机制造商爱立信公司基于产业价值链分析，决定只做手机的设计和营销业务，手机价值链的生产、供应部分(手机价值链包含七个部分：研发、设计、生产、供应、营销、销售、售后服务)全部外包。现在越来越多的公司将价值链的非核心环节业务外包给中小企业。

8.1.3　价值链分析要点

(1) 成本分析：包括成本结构分析、成本动态及驱动因素以及成本比较。

(2) 差异分析：核心竞争力识别与发现，识别产品或服务独特性。

(3) 价值链内部联系：通过价值链识别企业内部活动的联系方式，并提出改进意见，进行业务重构(Business Process Reconstruction，BPR)。

(4) 价值链与组织结构：根据组织跟随战略，当业务发生变化时，相应的组织结构也必须作相应调整。

(5) 供方价值链和采购成本：通过改进上游价值链来降低采购成本。

(6) 买方价值和广义价值链：通过识别下游买方的价值链来改进自己的产品和服务，提高买方价值或降低买方成本。

8.2　成本领先战略

成本领先战略是在保持与竞争者相同或相近的消费者价值前提下，通过提供比竞争对手更低成本的产品以获得竞争优势的定位策略。

1. 战略性成本管理步骤

(1) 确定价值链以分摊成本和资产。

通过价值链的成本结构可以判断生产各环节、各部门成本的合理性，也可以用来进行成本比较。图 8.3 是一家阀门生产企业的成本和资产在价值链上 9 项活动中的分布，数字为成本分布比例，括号内的数字为资产分布比例。

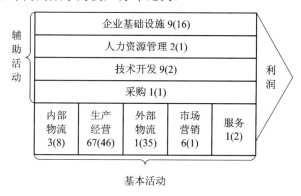

图 8.3　某企业液体控制阀门的营业成本与资产分布

(2) 判断每项价值活动的成本驱动因素及其相互作用。

① 规模经济。规模经济的获取本质上取决于两个因素：一是对固定成本的分摊能力；二是对生产能力的利用程度。

在很多产业，生产前期需投入很大一笔资金，包括研发设计、生产线建立、广告、渠道建设。比如一个新车型的开发成本可以达到几十亿美元(见表 8.1)。

表 8.1　某些车型的开发成本(包括生产车间和加工)　　　　　　美元

车型	开发成本
福特 Escort 新车型	20 亿
福特 Mondeo	60 亿
通用汽车 Saturn	50 亿
克莱斯勒 Neon	13 亿

广告方面，1996 年萨奇广告公司为英国航空公司制作的 90 秒商业广告的制作成本是 160 万美元。因此，广告中也存在着显著的规模经济。图 8.4 显示了不同品牌软饮料销售量和平均广告成本之间的关系。

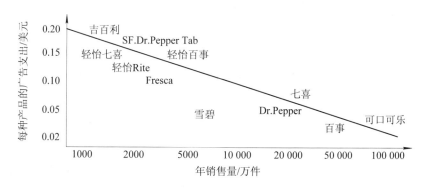

图 8.4　不同品牌饮料的广告的规模经济

② 学习经济和经验曲线。规模经济是源于对生产能力的利用带来的成本节约，而学习

经济(learning curve，经验曲线效应)是指随着经验的积累和边干边学(learning by doing)熟能生巧所带来的成本的节约。例如，随着经验的增加，工人的劳动生产率会不断提高。

　　经验曲线的基础是第二次世界大战期间建造飞机和"Liberty"型轮船所花费时间的系统性减少。学习经济的概念则是由波士顿管理咨询公司归纳出来的。在一系列的研究中，波士顿管理咨询公司观察到，伴随着生产的增加，成本降低具有显著的规律性。总产量翻一番会使单位成本降低 20%～30%。学习经济可以表示如下：

$$C_n = n^{-a} C_1$$

式中，C_n 指生产第 n 个单位某物品的成本，C_1 表示生产第一个单位某物品的成本，a 表示学习经济的程度。a 越大，学习经济越显著。经验曲线示意图如图 8.5 所示。

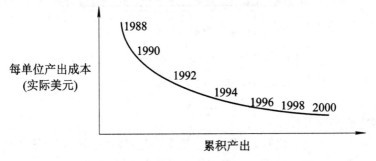

图 8.5　经验曲线

美国宇航局计算了下列经验曲线，即当累积产出翻一番时，成本会下降：

　　航天 85%

　　造船 80%～85%

　　用于新模型的复杂数学工具 75%～85%

　　重复性的电子制造 90%～95%

　　重复性的机床或冲床操作 90%～95%

　　重复性的电气操作 75%～85%

　　重复性的焊接操作 90%

　　原材料 93%～96%

　　采购零件 85%～88%

图 8.6～图 8.9 展示了一些行业的经验曲线效应实例。

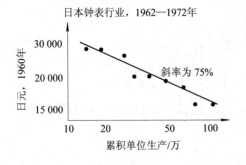

图 8.6　日本钟表行业(1962～1972 年)的学习经济　　图 8.7　英国冰箱行业(1957～1971 年)的学习经济

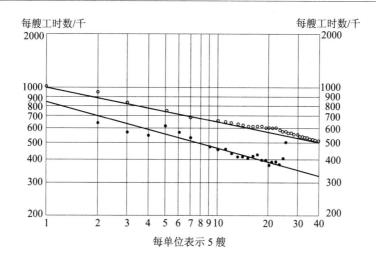

图 8.8　两个船厂建造自由轮的基本数据

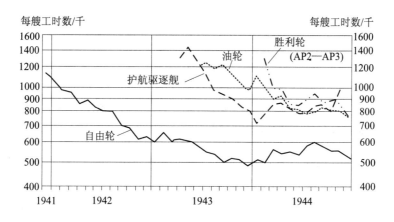

图 8.9　几种船的每艘所需工时数(1941 年 12 月—1944 年 12 月建造)

经验曲线与学习曲线效应主要取决于以下方面：

• 劳动效率。工人身体上变得更为灵巧，心智上变得更为自信，用更少的时间去考虑、学习、实验或者少犯错误，并随着时间的流逝掌握了捷径与改进技术。这些也适用于雇主与经理，虽然这些人并不直接涉及制造。

• 标准化，专业化。因为过程、零件、产品变得更为标准化，所以效率不断提高。当雇员被专门化到特定某些任务时，他们获得了针对这些任务的更多经验并且操作得更快。

• 技术驱动学习。自动化的生产技术与信息技术能够提高效率，并且人们可以更有效地学会如何使用。

• 资源配合比的改变。当一家公司获得了经验，它将改变输入的配合比，因而提高了效率。

• 重新设计产品。当消费者对产品有了更多的经验，他们将提出可改进之处，这将渗透到制造过程中。例如，卡迪拉克的汽车喇叭专用配件在测试中没有损坏即可在通用汽车的其他产品中被批量生产，而没有通过用户"打击"测试的配件则被淘汰，从而节约了汽车公司的资金。随着通用汽车公司制造出更多的汽车，他们学会了如何用最少的钱生产出最好的产品。

　　• 价值链效应。经验曲线效应不限于公司，供应商与发行商也遵从学习曲线，使整个价值链更为有效。

　　• 共享经验效应。当两个或更多的产品共享行动或者资源，这也会增强经验曲线效应。从任何一个产品上学到的效率提高方法也可用于其他产品。

　　其他成本驱动因素还包括生产能力的利用模式、内部管理效率、时机选择以及区位、地理因素、生产环境等。

　　(3) 识别竞争对手的价值链，确定竞争对手的相对成本和成本差异的根源。

　　(4) 通过控制成本驱动因素或重构价值链和上下游价值链来制定成本优势地位。

 案例分析

为制造而设计——IBM 打印机

　　1983 年，当 IBM 推出第一台个人计算机时，它最便宜的打印机的价格也高达 5000 美元。为了开发一种与个人计算机配套使用的廉价打印机，IBM 组织了设计师、制造工程师和自动化专家，在北卡罗来纳州的夏洛特成立了一个小型技术小组。通过紧密协作，技术小组提出了这样一个设计方案。

　　• 将零部件降到 60 个，而典型的用于个人计算机的打印机则为 150 个。

　　• 将打印机设计为分层式，这样机器就能从底层开始生产。

　　• 取消需要工人插入和调整的所有螺丝钉、弹簧和其他扣件，而用成型塑料零部件取而代之。

　　拉尔夫·格摩列，IBM 主管科技的前高级副总裁，这样评价这项工作：专业打印机完全达到了我们的预期，它只使用了 62 个零部件。与部分对手的产品相比，它的打印速度更快，性能更好，而且技术小组的开发只用了正常工作时间的一半。产品的设计是如此地适合自动化生产，以至于即使人工生产也既容易又便宜——IBM 后来将相当一部分的生产从夏洛特自动化工厂转移到了肯塔基州莱克星顿的一个手工工厂，这一事实表明了专业打印机的生产确实相当容易，这样的设计还有一个好处，那就是专业打印机使用时非常可靠，因为较少的零部件意味着更少的安装错误、更少的调试，从而发生故障的机会也更少了。

　　由于零部件数目较少，生产比较容易(这种打印机人工装配只需三分半钟)，因此 IBM 成为了打印机行业的成本领先者。上市仅 5 个月，专业打印机就成了市场上最畅销的打印机。

　　(5) 检验成本优势地位的持久性。

2. 成本领先战略的实施条件

　　(1) 强大的工艺生产过程创新能力。

(2) 充分利用规模经济的优势。

(3) 严格的管理，结构分明的组织和责任。

(4) 严格的成本控制计划。

福特汽车公司、宜家家具、格兰仕公司以及美国西南航空公司等都是实施成本领先战略获取竞争优势的典型例子。

8.3　差异化战略

差异化战略(differentiation strategy)是指在保持与竞争对手相同或相近的成本前提下，通过提供比竞争对手更多消费者价值的产品以获得竞争优势的定位策略。

1. 收益驱动力的来源

(1) 产品的物理特性：比如产品性能、质量、特色、美感、耐用性以及安装和操作的难易程度。

(2) 公司或销售商提供的服务或互补产品的数量和特性：如顾客培训或咨询服务等售后服务；与产品成套出售的互补品(如预备件)；产品包修和维修合同等。

(3) 与产品销售或交货的特性：交货速度和及时性，信用度，销售的地理临近性。

(4) 有关顾客对产品的感性认识以及对产品的主观想象：如声誉、品牌。

2. 确定和估计可察觉收益的方法

(1) 保留价格法：当且仅当可察觉收益大于价格($B > p$)时消费者才会购买，所以消费者的保留价格接近于可察觉收益。

(2) 特性评价法：先根据调查回答估计收益驱动力，然后根据特性得分算出总收益。应用这种方法要求目标消费者根据一系列贡献特性对不同产品评分。例如，消费者可能被要求在给定的许多分数中就某种贡献特性对每个产品打分，而每种特性都有一个"重要性权值"，然后算出产品的加权平均得分就得到了有关的可觉察收益数值。

为了进一步说明这种方法，我们假定有三个洗衣机生产商和一组典型消费者给定的平均评分表(见表 8.2)。

表 8.2　三个品牌洗衣机的特性评价

重要性权值	贡献特性(收益驱动力)	品牌 1	品牌 2	品牌 3
40%	性能(洗净能力)	40	40	20
30%	用水效率	35	35	30
20%	操作简易度	30	30	40
10%	噪声	50	20	30
100%	加权得分	37.5	34.5	28

由结果可知，品牌 1 的加权得分比品牌 2 高出 8.6%，比品牌 3 高出 33.9%，根据这种方法可推断品牌 1 的保留价格比品牌 2 高出 8.6%，比品牌 3 高出 33.9%。

另外一个例子根据市场调查资料整理的五个品牌打印机的特性评价。由问卷统计结果可知，消费者购买某品牌打印机的原因如表 8.3 所示。

表 8.3　五个品牌打印机的特性评价

权重	购买原因	爱普生	佳能	惠普	联想	松下
40	打印清楚	43.2%	28.3%	30.9%	31.6%	22.1%
30	打印速度快	29.2%	28.0%	33.1%	36.4%	26.6%
10	相信它的质量	29.4%	37.5%	33.9%	41.4%	24.4%
10	是名牌	35.2%	33.5%	25.6%	24.8%	36.5%
5	款式新颖	22.6%	21.8%	21.3%	25.5%	17.7%
5	轻便小巧	22.1%	23.9%	20.4%	12.6%	17.7%
100	加权得分	34.4	29.11	30.3	32.1	24.7

因为加权得分即为可觉察收益的相对值，所以上述结果不仅可以用来比较各品牌的差异大小，还可以进一步用于定价和市场战略分析。消费者的购买决策取决于 B/p 值，由上表知，爱普生 B 值为松下 B 值的 139%，如果爱普生实施市场稳定战略(如在市场份额已较高，增长较困难阶段)，则其价格也应为松下的 139%左右；若爱普生实施市场扩张战略(如进入市场初期，市场份额较低)，则可将其价格适当降低，如为松下的 110%或 100%。

3. 实施差异化战略的步骤

(1) 确定谁是真正的买方。
(2) 确定买方价值链及企业对其影响。
(3) 确定买方购买标准的顺序(determine ranked buyer purchasing criteria)。
(4) 评价企业价值链中现存和潜在的独特性来源。
(5) 识别经营差异化的现有或潜在的资源成本。
(6) 选择更加具有差异性的价值活动，为买方创造最大的收益。
(7) 检验已选择的差异战略的持久性。
(8) 在不影响已选择的经营差异性的活动中降低成本。

8.4　实施成本优势战略与差异化战略的条件比较

战略定位不是随机选择的，必须综合考量市场条件、竞争对手特征以及物品特点和公司内部资源能力条件而制定。

1. 适宜实施成本优势战略的条件

(1) 规模经济和学习经济非常有潜力，但市场上没有企业充分利用。
(2) 加强产品可察觉收益的机会受到限制。
(3) 消费者对价格相当敏感，不愿为改善的产品质量或形象支付费用，这发生在大多数顾客对价格比质量更敏感时。
(4) 产品是搜寻型产品(searching good)而不是体验型产品(experiencing good)。搜寻型产品是那些客观的质量特性信息在典型消费者购买时很容易获得的产品，而体验型产品是指只有在使用一段时间后才能了解质量的产品。

2．适宜实施差异化战略的条件

(1) 对于提高了收益的产品属性，一般消费者愿意支付更高的价格溢价。通过增加特色从而使其产品具有差异性，企业就可以获得可观的溢价收益。当吉列(Gillette)在 1998 年开发了 Mach3 剃须刀系统时，公司评估认为许多男士将会愿意为这种剃须刀系统支付更高的价格，因为与现有的盒式或一次性剃须刀相比，该产品的剃须效果更加突出。市场的反应证实了这一预期。当吉列 Mach3 推向市场后，受到了很多男士的喜爱，价格比同类的 Sensor Excel 刀片高 15%，成为当时市场上价格最高的刀片。

(2) 产品是经验型产品，而不是搜寻型产品。在这种情况下，产品形象、声誉或可信度都可以创造产品差异，这些主观方面的差异比客观的产品特色、性能特征更加难以模仿。博士(Bose)公司在立体音响设备方面以创新性著称，吸引了很多愿意花费 1000 美元或更多来购买尖端音响设备的音响发烧友。

8.5　目标集中战略

根据竞争范围的宽窄程度，将成本领先战略和差异化战略在特定细分市场的定位称之为目标聚集战略(见图 8.10)。

定位战略

	低成本	独特性
全产业	成本领先战略	差异化战略
特定细分市场	成本集中战略	集中差异化战略

竞争范围

图 8.10　竞争范围与定位战略

聚集战略是主攻某个特定顾客群，某个产品系列的一个细分市场或某一个区域市场，为某一特定消费群提供更低成本或更高消费者收益产品的战略。

1．细分市场的指标

几乎每个行业都可以划分为更多更小的子市场或细分市场。常见的细分市场的指标或维度如下：

(1) 人口因素。人口的自然特征和社会特征是细分市场的重要指标。根据年龄、性别、民族、职业、收入水平、受教育程度等可以划分出很多细分市场。

(2) 地理区位。物品的可运输程度决定了市场的空间范围。如水泥等笨重低价值物品往往局限于有限的地理空间市场，而价值昂贵的物品或轻巧物品(如笔记本电脑、CD)具有全球范围的市场。

(3) 产品使用频率和集中程度。经常购买和重复购买的顾客和偶尔购买的顾客也是细分市场的指标。

(4) 关于产品的知识深度。专业人士和非专业人士也是重要的细分市场的标志。

在工业品市场中，子市场划分的变量因素包括买方订单规模、买方对价格与性能、交货速度和质量等特征的要求等。

2．集中战略的类型

常见的集中服务于某一细分市场的企业主要有以下类型：

(1) 顾客专一化。向有限人群或某一类型人群提供物品或服务，如孕婴用品商店、左撇子商店。

(2) 产品专一化。专业化于单一产品生产，如相对于中餐馆，肯德基、麦当劳仅生产有限种类的食物。

(3) 地域专一化。在某一狭小的地域空间内提供物品或服务，如很多当地特色的餐馆，还有当地啤酒企业。

目标聚集战略也是新进入者常常采用的战略。一般地，某一行业的新进入者为了避开在位者的阻吓或报复，选择某一不受人关注的小的细分市场经营，逐步积累市场资源和经验，以图进一步发展。这种战略也称之为利基战略(niche strategy，小生境战略)。美国和日本钟表业在二战后的迅速崛起就是一个很好的利基战略实例。

 案例分析

美国和日本钟表业的崛起

1870 年，美国有 100 多家钟表制造商。到 20 世纪 20 年代，虽然美国生产的钟表数量超过瑞士，但是美国钟表进口的 3/4 却来自瑞士。20 世纪 30 年代中期以前，瑞士的钟表生产都领先于美国，特别是廉价的劳动力资源降低了钟表商的制造成本。

1936 年，美国加入贸易互惠条约，按照协定从瑞士进口的商品关税将降低 50%，瑞士钟表占有率从美国钟表总消费的 20% 升至 41%。但是，在二战时期，瑞士钟表出口实质上中止了。美国钟表制造商开始达成抵御合同，集中精力生产与军事有关的时间装置和设备。但战后失去了政策保护的美国钟表市场再次沦陷，1946 年瑞士对美国的出口比例涨至 60% 左右。最终美国总统艾森豪威尔下令上涨关税(某些钟表的关税增至 50%)，结果到 1959 年，对美国出口的瑞士钟表数量降至战前 2/3 的水平。

但是，在这个过程中，美国钟表行业的厂商纷纷开始技术革新，思考自己如何能够在恶劣的竞争环境中生存和发展。1947 年，埃尔金国家钟表公司引进了新的合金，可以使钢针做杠杆的钟表，在性能和使用寿命上，与钻石做杠杆的钟表更为接近，而且这种合金可以降低钟表返修率和有效防灰尘。随后，Timex 和美国其他钟表制造商用更为持久和便宜的合金取代了钻石。另外，通过融合二战时期生产定时设备和保险丝的技术，Timex 能够大批量生产样式简单而质量过硬的钟表，获得了人们对其可靠性的信赖。

在企业的内部管理上，Timex 的管理层坚持认为钟表必须简洁，而且部件是可以替代的。这使它便于使用大批量生产技术，而且对员工的技术性要求也不高，只需要长期集中精力进行生产效率和质量的管理。另外，Timex 聘用了几百名精密仪器制造者，负责设计公司里几乎所有的生产设备，从而使整个企业的生产效率得到了很大程度的提高。

营销渠道的建设和广告手法的引入，凸现了当时营销策略在美国钟表行业竞争的重要性。Timex 的产品最初就因为廉价而无法得到珠宝商店和一些高档商场的认可，这些分销商都是瑞士钟表的忠实支持者。公司领导者不得不到杂货店和其他非传统渠道，比如五金商店，烟草商店，甚至是汽车配件店，去开拓市场和销售低价钟表。其中一些产品的价格甚至只有 6.95 美元，但事实证明，采用非传统分销渠道给 Timex 带来了巨大的收益。到 20世纪 60 年代，该公司的分销网络涵盖了 25 万个门店，年销售额 7000 万美元以上，垄断了美国中低档钟表市场。

Timex 率先采用了新的广告形式——电视。公司运用一系列的广告攻势宣传产品信息，扩大产品知名度。颇受人们尊敬的名记者约翰·卡梅伦斯·威士对 Timex 钟表进行测试，并宣称"把它暴打一顿，还是在滴答地响"。此外，Timex 还通过开设海外工厂，成功地保持了低成本。到 1960 年，除了国内的 10 家，它在苏格兰、英格兰、法国和西德都开设了工厂。整个企业运转非常成功，使 Timex 能在世界范围内继续扩大规模和销售。到 20 世纪70 年代初，它在全球各地有 1.7 万名员工，被称为世界上产量最大的钟表制造商。

亚洲市场有大量廉价劳动力和众多的潜在消费者，但却长期没有得到西方钟表制造商的重视。1936 年，日本钟表生产总数达到了 354 万个单位，其中日本精工株式会社占据了大半以上的市场份额。二战结束以后，精工株式会社很快就恢复到了战前在日本以及亚洲市场的主导地位。1953 年，它重新获得日本市场 55% 的份额。随着在亚洲市场的地位稳固，公司开始把眼光投向美国。

精工株式会社低调地向美国百货公司出售钟表，并为美国钟表制造商提供零部件。到1968 年，精工株式会社成为美国最大的五家公司生产钟表。1966 年，公司授权 23 个分销商，允许其在美国市场销售精工株式会社钟表，直接进入了美国中档钟表市场。

虽然精工株式会社的钟表价格从 30 美元到 50 美元不等，在中档钟表市场中属于比较平均的水平，但是凭借日本企业一贯的重视质量和客户服务，精工株式会社逐渐开始走上前台。精工株式会社是最早在美国开始建立售后服务维修中心的钟表企业之一，以给消费者提供更好的服务。

精工株式会社的钟表所拥有的及时优质的服务和低返修率，以及 1964 年被奥运会官方指定为比赛计时表，为它在全世界博得了最可信赖的钟表品牌之一的名声。1960 年，出口额占到了精工株式会社总销售额的 1/5，到了 1967 年，出口占了总销售额的 45%，而且美国市场超过了亚洲市场，成为公司主要出口地。

日本企业的成功还在于他们在全球最先将石英技术大量地应用到钟表开发中。1967 年，第一只石英手表在瑞士钟表电子中心诞生，许多瑞士公司联合投入并发明的这款新技术的核心是，表的机芯围绕着石英晶体旋转，晶体在电流的推动下形成高速而持续的摇摆。

石英技术从根本上改变了全球钟表行业，但瑞士和美国的企业都没有紧密地抓住这种新技术的趋势。Timex 对数字手表持怀疑态度，认为它只是一时的风潮，继续以传统的机械表为主。美国的另一家企业 Bulova 生产了第一只由美国制造的石英晶体手表，零售价将近 400 美元，比市面上其他竞争者的石英表都要昂贵很多。1971 年，Bulova 的财务人员告诉记者，他们没有感觉到转换到石英技术的任何压力。"我们有财力等待和观察。"最终结果是曾经是美国最大的钟表生产企业的 Bulova 错过了宝贵的市场时机。

反之，20 世纪 70 年代中期，日本的另一家钟表企业"公民"集团把石英模拟和数字模拟钟表生产线引入美国。这两种手表很快受到消费者的喜爱，因为消费者已经不再将钟表作为某种时尚或者高贵的地位象征，而更重视他们的实用性。因此，在 70 年代末，以"公民"为代表的日本企业在美国市场的份额有了突破性的增长。

2002 年，世界钟表生产总数为 12.45 亿个单位，远远超过了 10 年之前的预期。其中，日本公司产量将近 60%。2003 年，瑞士钟表制造行业运转状态良好。亚洲和中东人民的生活水平显著提高，促进了高端钟表的出口增长。Swatch 集团重新开始捍卫瑞士在钟表行业的霸主地位。

在美国市场上，Timex 仍然是美国最大的钟表制造商。Timex 的手表涵盖了儿童手表、时尚手表、运动手表、因特网手表和传统手表等多种类别产品。Bulova 虽然在 20 世纪 70 年代经历了波折，但仍然是一个强势品牌。2001 年，公司购买了有 121 年历史的 Wittnauer 品牌名称。同时，Bulova 也增加了新的钟表生产线。2002 年，Bulova 把欧洲总部设在瑞士弗里堡，使 Bulova 在离开将近 25 年以后又重返欧洲市场。

亚洲市场的情况却悬而未决。在 20 世纪末 21 世纪初，日本钟表工业特别是在国内市场陷入了持续衰退。或许在钟表行业，没有什么真正意义上永久的竞争优势，企业只有在持续的技术变革和管理革新后，才能获得相对的竞争优势。正如日本精工株式会社的一位高级经理评论："这是一个新纪元的开始。曾经是我们的优势的东西，现在在新的钟表行业环境下，已经变成了我们的风险。因为我们注重向所有的消费者出售手表，并没有进行市场细分，拥有目标消费群体。有些人认为精工株式会社是一个低价品牌，有些人欣赏它高水平的科技创新能力，还有一些人认为它是日本工业的象征。针对这种消费者认识上的差异，我们的答案只能有一个：必须拥有一个统一的强大的品牌，这才是我们以后能发展的契机。"

8.6 战略群组

战略群组(strategic groups)是指行业中在战略的某些特征方面相同或相似的企业的集合。通过确定战略群组，可以更准确地分析行业内结构，以及环境变化对竞争优势的影响，利于企业战略定位。

战略群组是分析行业内企业定位战略的有效工具。通过把某些方面定位战略相似的企业归为一类，可以大大简化行业内的环境分析。

1. 识别战略群组的维度

战略组群的识别，可从以下方面进行：

(1) 组织变量：包括组织规模和范围、分销渠道、纵向一体化程度。

(2) 营销与产品特征：包括价格、质量、形象、服务。

(3) 财务变量：包括成本、债务水平。

2．战略图

战略图(map of strategic groups)是新进入者利用二维空间来展示行业内企业的战略群组分布，寻找战略定位和进入机会的工具。如 20 世纪 80 年代，星期五快餐公司为了更好地定位当地快餐市场，分析了当地现有快餐企业的战略群组分分布，如图 8.11 所示。

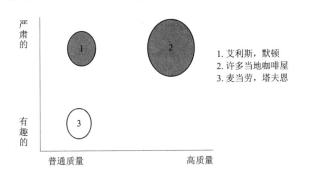

图 8.11　1980 年芝加哥餐馆业战略图

星期五快餐公司正是根据这张图，找到了加入第三战略群组的机会。

罗杰斯在进入中国市场时，也分析了北京洋快餐的战略群组分布状况(见图 8.12)。罗杰斯根据这张图找到了群组 2 和群组 3 之间的缝隙机会。

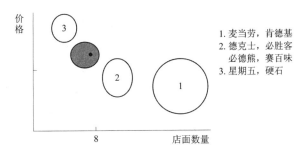

图 8.12　2000 年北京快餐店战略图

企业在不同细分市场或战略群组之间移动时会受到各种各样的阻碍因素，如自身资源、顾客群、客户关系以及前期积累的无形资产(品牌形象、定位)等，我们把这些因素称之为移动壁垒(mobility barriers)。移动壁垒高的战略群组内的企业比壁垒低的群组内的企业具有更高的获利潜力。

 讨论与复习题

1．简述波特的竞争战略理论框架。

2．选择现实生活中的某一企业，分析其定位战略，并评估其合理性。

3．查阅资料，自己选择两个维度，画出我国汽车产业的战略图。

4．规模经济和学习经济的区别是什么？

 案例分析

亨利·福特和福特汽车

成功的故事总是有更多的记者、读者愿写、愿读，而失败的教训则往往受到双重的冷落。提起亨利·福特，几乎人人都知道他所创造的流水线生产方式，以及随之而来的大工业生产和小汽车普及所带来的一系列重大社会变革。但是，亨利·福特和他的福特汽车工业公司为什么会从汽车工业占绝对垄断优势的龙头老大的宝座上跌落下来，福特家族和福特公司内经营策略的革新派又怎样被亨利·福特无情地压制下去，只能眼睁睁地看着福特公司衰败下去的失败教训却鲜为人知。其实，我们可以从亨利·福特的失败教训中学到许多宝贵的经验。

亨利·福特是美国密歇根州一个农场主的儿子。父亲比尔·福特是个爱尔兰移民，初到美国时除了随身所带的几件手工工具外，身上一文不名。母亲在亨利很小的时候因为难产去世，留给亨利一个苦涩的童年。亨利·福特一生都念念不忘农场生活的朴素和简洁，即使成为美国的第一个亿万富翁之后仍是如此。他常说，除了用来付账之外，他实在不知钱有什么用处。农场生活的那种与天奋斗、与地奋斗的虽然原始却充满了力量的、粗野的自然美，也在亨利·福特身上留下了深深的痕迹。也许是由于这种贫民背景、这种农夫天性，亨利·福特在制造汽车时铁了心要制造大众汽车。他所设计的 T 型车非常简单，非常朴素，没有任何一件从机械性能上来说不必要的零件，没有任何一点为舒适而设计的附加装置，但却非常结实，非常容易维修，一般普通人都可以自己动手修理。有记者评论说，福特的 T 型车是彻头彻尾的农民车，浑身像农民一样，只有骨头和肌肉，没有一点脂肪赘肉。福特本人认为，开豪华车是一种腐败，是敬畏上帝的善良人们所不应追求的一种奢侈。他自认是农夫之子，对上流社会有一种近乎天生的厌恶，他曾说，只要拥有一辆福特车，世上就没有一个你去不了的地方，只有上流社会除外。

亨利·福特从小就对机械和制造表现出了浓厚的兴趣和好奇心。他对机械和工具有一种天生的爱好，什么机械都要拆开来摆弄摆弄，成年后有人问他，童年时最喜欢什么玩具，他回答说：我的玩具全是工具，至今如此。作为生日礼物，他在 13 岁时得到了一只手表后所做的第一件事就是把它完全拆开，然后再自行全部重新安装。此后他就迷上了钟表，谁的表坏了他都愿意修，成为一个很出色的钟表修理工。父亲比尔曾劝说他以此为业，福特却拒绝为此收费，因为这是他最痴心的爱好，收费将是一种亵渎。他十几岁时曾给他父亲设计过一种简单的开门装置，使他父亲不必跳下马车就可以打开农场的大门。也是在 13 岁那年，他第一次看见了一台蒸汽机引擎，于是他急不可待地跳下他的马车去与操作引擎的工程师攀谈。工程师所介绍的一切是如此地令福特向往，以至于 20 年之后，他还能一字不差地复述那位工程师告诉他的每个细节，包括那台蒸汽机每分钟 200 转的技术参数。

　　1879 年，17 岁的福特离开父亲的农庄来到了底特律，开始了他的汽车生涯。为了给自己的汽车梦积累资金，亨利同时做了两份工作，白天在密歇根汽车公司作机修工，晚上在一家表店维修钟表。在修钟表的工作中，福特发现，大多数钟表的构造其实可以大大简化，只要精密分工，采用标准部件，钟表的制造成本可以大大降低而性能更加可靠，他自己重新设计了一种简化设计的手表，估算成本为每只 30 美分，可日产 2000 只，他认为这一计划是完全可行的，惟一使他担心的是，他没有年销 60 万只手表的销售能力，销售活动又远不如生产那样吸引亨利·福特，因此，亨利·福特最后放弃了这一计划。但是，简化部件，大批量生产，低价销售的"更多，更好，更便宜"经营思路却在此时大体形成了。

　　在亨利·福特建立他的流水线之前，汽车工业完全是手工作坊型的，三两个人合伙，买 1 台引擎，设计 1 个传动箱，配上轮子、刹车、座位，装配 1 辆，卖出 1 辆，每辆车都是 1 个不同的型号。由于启动资金要求少，生产也很简单，每年都有 50 多家新开张的汽车作坊进入汽车制造业，大多数的存活期不过 1 年。福特的流水线使得这一切都改变了。在手工生产时代，每装配一辆汽车要 728 个人工小时，而经福特的简化设计后，标准部件的 T 型车把装配时间缩短为 12.5 个小时。进入汽车行业的第 12 年，亨利·福特终于实现了他的梦想，他的流水线的生产速度已达到了每分钟 1 辆车的水平，5 年后又进一步缩短到每 10 秒钟 1 辆车。在福特之前，轿车是富人的专利，是地位的象征，售价在 4700 美元左右，伴随福特流水线的大批量生产而来的是价格的急剧下降，T 型车在 1910 年销售价为 780 美元，1911 年降到 690 美元，然后降到 600 美元、500 美元，1914 年降到 360 美元。低廉的价格为福特赢得了大批的平民用户，小轿车第一次成为人民大众的交通工具。福特说："汽车的价格每下降 1 美元，就为我们多争取来 1000 名顾客。"1914 年福特公司的 13 000 名工人生产了 26.7 万辆汽车；美国其余的 299 家公司的 66 万工人仅生产了 28.6 万辆。福特公司的市场份额从 1908 年的 9.4% 上升到 1911 年的 20.3%、1913 年的 39.6%；到 1914 年达到 48%，月赢利 600 万美元，在美国汽车行业占据了绝对优势。

　　亨利·福特的名字是和汽车联系在一起的。但是，亨利·福特真正热爱的并不是作为产品的汽车，甚至也不是汽车工业所带来的巨额利润；他所梦寐以求的是现代化大工业的那种高度组织、高度精密、高度专业化的生产过程。福特在汽车流水线的建设上非常舍得投资，虽然利润很高，但是福特却一直不肯分红，而是把所得利润几乎全部投入再生产，不断地用最先进的设备来装备他的流水线。福特的这一做法导致了福特公司主要投资者之一——道奇(Dodge)兄弟的强烈反对。由于福特拒绝分红，他们在 1917 年上法庭对亨利·福特提出诉讼，控告福特赢利不分红，最后法院判决福特必须拿出 1900 万美元的利润来分红。需要说明的是，福特的不愿分红，与目前很多中国上市企业经理人员把"融资所得视为利润"，因为自己没有股份因而想方设法扩大"在职消费"而不愿分红和发股息完全不同。亨利·福特是福特公司的最大股东。当时，按法官判决的办法分红，这 1900 万美元的利润中分给福特本人的，就有 1100 万美元。当时，在福特的工厂工作，就是在未来世界工作，采用的是最先进的设备、最先进的技术；为了提高生产效率，亨利·福特毫不吝啬。他的汽车生产线所改变的不单单是汽车的制造，而且是整个社会的经济组织和社会生活，自从流水线方式在 30 年代成为主导方式，汽车行业的进入壁垒大大提高，竞争成为福特、通用、克莱斯勒三巨头之间的垄断竞争后，美国的汽车业再也没有出现过新的进入企业。

　　为了实现最高限度的专业化，以最大批量的流水线生产来达到最低成本，亨利·福特不允许汽车设计上有任何他认为多余的部件和装置。为了减少因为模具更换而损失的生产时间，也为了避免品种繁多所必然带来的设备费用和库存费用，福特公司只生产单一型号、单一色彩的 T 型车。其销售人员多次提出要增加汽车的外观喷漆色彩，福特的回答是："顾客要什么颜色都可以，只要它是黑色的。"

　　针对福特汽车的价格优势，由 29 家厂商联合组成的通用汽车公司在阿尔弗莱德·斯隆的领导下，在内部推行科学管理的同时，采用了多品牌、多品种的产品特色化策略，在联合公司的框架下，实行专业化、制度化管理，在采购、资金和管理取得规模经济效益的基础上，保留了众多相对独立的如雪佛莱、卡迪拉克、别克、朋迪埃克这样的著名品牌，在产品的舒适化、多样化、个性化上下功夫。1924 年，通用汽车公司推出了液压刹车、4 门上下、自动排挡的汽车，1929 年又推出了 6 缸发动机，而福特的 T 型车仍然是 4 缸、双门、手排挡。

　　面对通用的攻势，亨利·福特根本不以为然，他不相信还有比单一品种、大批量、精密分工、流水线生产更经济、更有效的生产方式。对于销售人员提出的警告，福特认为他们无非都是出于营销部门局部利益的危言耸听。福特不止一次地说，福特汽车公司面临的惟一问题就是供不应求。对于长期沿用低价策略的问题视而不见。即使后来问题发展到已经很明显的地步，福特也不愿意从根本策略上去找原因，也不愿改动自己的汽车设计去适应市场需求，而只是寄希望于在现成的框架下解决问题。每次通用汽车公司推出一个新型号，亨利·福特的策略是坚持其既定方针，以降价来应对。从 1920 年到 1924 年，福特共降价 8 次。其中 1924 年一年就降了 2 次。但是，长期沿用降价策略的前提是市场的无限扩张，而 1920 年以后，随着人们收入水平的提高，人们的汽车需求转向多样化和舒适性，代步型的经济低价车的市场已经接近饱和；同时，长期的降价经营使得福特公司的利润率已经很低，继续降价的余地很小。农夫型的 T 型车靠降价促销，靠"生产导向型发展"的道路已经走到了尽头。

　　眼看着通用汽车一点一点地蚕食福特的汽车市场，福特公司内的许多人都非常着急，希望亨利·福特能够及时调整策略，按顾客需求重新设计产品。但是这些合理建议都遭到了福特的拒绝。如果说亨利·福特一开始对单一品种策略问题的视而不见只是一般认识问题的话，他后期的长达 20 多年的对任何转换经营策略建议的压制，则反映了管理决策问题上非经济因素的巨大影响和福特公司在内部治理机制上的严重问题。虽然亨利·福特当时在汽车行业各方面几乎都占据了垄断地位，一般来说并不难回应竞争者的挑战，但是，亨利·福特的问题是，恰恰是他的强项在新的环境中转化成了短处。通用汽车的竞争所指向的是福特体系的核心：单品种大批量生产。要想对通用汽车的攻势做出有效的反应，福特汽车必须对整个生产流程、组织设计、产品观念做出根本性的改变，而这对于把流水线视为最高理想境界的亨利·福特来说，是绝对不愿意看到的。亨利·福特的理念是在产品的制造环节上追求最高效率，追求工艺流程的科学化，为此，福特冻结了产品技术，拒绝了一切试图改善 T 型车的建议。早在 1912 年亨利·福特访问欧洲时，他手下的几个工程师就谋划改进 T 型车。他们把车身延长了 12 英寸，又降低了重心，使之驾驶更平稳、更舒适。亨利回来后，工程师们试图给他一个惊喜，可是亨利·福特看着新车样品模型一言不发，默默地转了好几圈。最后，他一把揪掉了左车门，然后一脚端掉了右车门，又把后座椅一把丢出车外，再绕到车头前一锤子把挡风玻璃砸了个粉碎。虽然在整个过程中亨利·福特自始至终未说一句话，但他的意思却表达得再明显也不过了：除了他自己，谁也不能动他的 T 型车。

即使是福特最好的老朋友提的建议也同样如此。富兰克·库利克(Frank Kulilc)是福特早年试制赛车时的老朋友，他希望自己的车子能有更强大的功率，建议亨利·福特造一个大一点的引擎，亨利·福特为他单独试制了一个马达，把每个汽缸的尺寸从 1.25 英寸减少到 1 英寸，造好后，有意不作说明，让富兰克试开，然后问他是不是马力更大。天真的富兰克不知有诈，老老实实地说他觉得新引擎马力更大。亨利·福特打开车盖，富兰克这才发现，新的引擎其实更小而不是更大。看着目瞪口呆的富兰克一脸窘相，亨利·福特才算出了一口气。福特汽车是亨利·福特的汽车，是亨利·福特的创造，他不能容忍别人来对他的毕生心血指手画脚。对于库利克，对于顾客，T 型车不过是一种车型；对于福特公司的雇员，T 型车是一种产品；但对于亨利·福特，T 型车却是他一生理想的结晶，是他生命的一部分，甚至是最重要的一部分。他的成功和失败，他的喜悦和辛酸，已经完完全全地和 T 型车交织在一起了。任何对 T 型车的任何批评，都被认为是对他本人的批评。此后的 30 年中，任何对福特的 T 型车提改革建议的人都在亨利·福特的石墙一样的顽固面前碰了壁，连亨利·福特的儿子也不例外。

亨利·福特的儿子爱德赛尔(Edsel)非常爱他的父亲，对父亲和父亲的事业非常忠诚，始终尝试着用非常耐心的、敬爱的方式说服亨利·福特跟上新时代，不幸的是，他的忠诚却被亨利·福特视为软弱，对他的建议嗤之以鼻。每当爱德赛尔用通用汽车和斯隆作比喻，争论说管理应当专业化时，亨利·福特就会用自己的亲身经历驳斥，说没有受过正规教育的粗人更懂得如何创业。虽然他有时也会给爱德赛尔的改革建议开个绿灯，但随后又会无缘无故地中途下令停止。

1929 年通用汽车公司推出 6 缸引擎后，爱德赛尔多次恳求父亲让他试制，亨利始终不同意。后来，爱德赛尔自认终于获得了父亲的默许，开始与福特公司的总工程师一起试制。6 个月以后，就在他们即将试车时，总工程师接到亨利·福特的电话，说是他刚刚安置了一条专门运送废品的传送带，请他一起去看看。总工程师到场后发现爱德赛尔也在。这条传送带的顶端在厂里废料堆上方，厂区的废料就从这条传送带上运转过来，直接倒入废料带，不一会传送带开动了，使总工程师和爱德赛尔大吃一惊的是，传送带送上废物堆的第一件废料，竟是他们辛辛苦苦试制了 6 个月、即将试车的 6 缸马达，亨利·福特看着几乎惊呆了的总工程师和儿子说："现在你们搞懂了没有？要在我这里搞什么新花样，永远休想！"

虽然由于市场压力，亨利·福特后来终于批准了 6 缸汽车上马，但那已是 7 年之后；亨利·福特后来也批准了液压刹车上马，但那已是 14 年以后，为时已经太晚了。福特车的销售额不断下降，而外部环境的恶化又使得亨利·福特变得越来越孤僻，越来越听不进不同意见，正直的人们纷纷离去；身边的圈子越来越窄，不同意见越来越难传入福特的耳中，而福特也变得越来越依靠身边的几个亲信。到 1946 年，亨利·福特不得不让位给孙子亨利·福特二世时，福特公司的亏损已达到每月 1000 万美元；只是因为福特公司的巨大规模和第二次世界大战的政府订货才使福特公司免遭倒闭的厄运。

当时的福特汽车公司是个内部控股、股票不上市的私人公司。在从全盛走向衰退的漫长的 40 多年中，亨利·福特本人持有公司的绝大部分股份，最高时达到 60%，以机制设置来看，不存在任何"代理人"问题或"短期行为"问题。除了亨利·福特外，其余股东为福特家族的其他成员和早期投资的合伙人。因为是个内部控股的私人公司，所以当时的福特汽车公司没有今天被称为现代企业制度主要成分之一的董事会制度。亨利·福特个人拥有绝对的控制权。虽然这种制度在创业期间有助于保证指挥系统的有效号令，但是因为内部没有一个能够制约平衡亨利·福特的治理机制，决策的随意性很大，第一把手的决策错误除了企业破产外无法纠正。不但福特公司为此遭受了重大损失，亨利·福特本人也为此付出了巨大的代价。福特公司直到 1956 年才上市变成上市公司。虽然以后的经营很不错，但却再也没有能够恢复福特公司 20 年代在汽车行业的龙头老大地位。

（资料来源：梁能. 公司治理结构：中国的实践与美国的经验. 北京：中国人民大学出版社，2000.）

问题：

1. 福特汽车为什么能在 1914 年取得 48%市场份额的辉煌成绩？

2. 福特汽车公司为什么在后来受到了通用汽车公司的挑战？

第 9 章　高新技术企业的竞争策略

重 点 提 示

☐ 路径依赖
☐ 网络外部性
☐ 网络正反馈效应
☐ 技术标准
☐ 规格大战
☐ 授权策略

 阅读材料

杜比是怎样成为音响技术标准的

　　发明家杜比(Ray Dolby)的名字已经成为家庭、影院和录音室卓越音响的同义词。杜比实验室提出的这项技术已经成为所有的音乐磁带、录音机、录像带以及 DVD 电影光盘和播放机的组成部分。自 1976 年以来，市场上已经销售了将近 10 亿件采用了杜比技术的音响制品；超过 29 000 家电影院使用了杜比环绕数字音响设备。1999 年以来，市场上已经销售了 1000 万台杜比数字家庭影院设备。杜比技术已经成为音乐和电影产业高品质音响的产业标准。任何一家想要提供卓越音响技术产品的公司都要向杜比购买音响技术许可。那么杜比是如何建立起这一技术特许权的呢？

　　故事要从 1965 年讲起，这一年，杜比在伦敦建立了杜比实验室，1976 年，公司移到美国旧金山。杜比从剑桥大学获得物理学博士学位，他发明了一种在专业录音中减少噪声但同时又不会影响录音效果的技术。杜比制造出包含这项技术的音响系统，但一开始面向专业录音机构的销售非常缓慢。1968 年，杜比取得了重大突破。他遇到了克劳斯(Henry Kloss)，后者拥有一家 KLH 公司。该公司是美国市场知名度很高的为消费市场制作音响设备(录音机和大型录音机)的公司。杜比和 KLH 就降低噪音技术达成许可协议。很快，其他音响设备制造商也纷纷来找杜比谈判技术许可协议事宜。杜比也曾经一度想要自己为音响市场制造录音机，但正如他后来所说的："我知道一旦我进入了这一市场，就将同所有的许可公司进行竞争。所以，如果想继续出售授权许可，我们只能留在市场外面。"

杜比公司采用了授权使用的商业模式后，接下来的问题是收取多少许可费用。公司知道自己的技术很值钱，但也清楚收费太高的话无异于鼓励制造商投资开发自己的降噪技术。于是，公司决定制定比较适度的收费标准以免这些企业投资发展自己的技术。接下来的问题是授权给哪些企业？杜比希望自己的名字同高品质音响联系在一起，因此，公司要保证获得授权许可的企业符合品质标准。于是，杜比公司为被许可企业的产品设立了正式的品质控制程序。被许可方必须同意由杜比公司对其产品进行测试，许可协议中还要写明，许可方不得销售未通过杜比公司测试产品。通过防止不合格产品流入市场，杜比公司保持了杜比技术和商标产品的品质形象。今天，杜比实验室每年基于这一程序测试数百家授权企业的产品。通过保证将杜比的名字同卓越的音响品质联系在一起，杜比的品质保证战略增加了杜比品牌的力量和相对于被授权方的价值。

杜比战略的另一个关键方面形成于20世纪70年代。杜比公司决定推广内含杜比降噪技术的录像制品。这些磁带在装备杜比技术的播放器播放时噪音较低。杜比决定免费提供这项技术，只向出售播放机的厂家收取使用费。这一战略取得了巨大成功，建立了正反馈回路，令杜比技术成为无所不在的技术。内含杜比技术的录像带的销售增长创造了内含杜比技术播放机的需求，这反过来又促进了录像带的销售增长，进一步推动了播放机的销售。到20世纪70年代中期，实际上所有的录像制品都已经采用了杜比降噪技术。这一战略至今依然对所有媒体有效，不光录像带，还包括录像游戏和DVD光盘，它们都内置了杜比环绕技术和杜比数字技术。

通过授权好品质保证战略，杜比成为音乐界和电影界高品质音响的标准。尽管它只是一家小公司，2004年的收入只有2.5亿美元，但它的影响却是巨大的。它继续推动着降噪技术的外延(20世纪80年代以来它已经成为数字音响技术的领导者)，增加了降噪许可企业的数目，先是进入了电影业，接着又进入了DVD和录像游戏技术行业，最近又进入了网络行业。它将自己的数字技术授权给广大的媒体公司进行数字音乐播放和播放设备制造，例如那些嵌入个人电脑的播放设备和手持式音乐播放机等。

(资料来源：C. 希尔，G. 琼斯. 战略管理. 6版. 北京：中国市场出版社，2009.)

"一流的企业做标准、二流的企业做品牌，三流的企业做产品"，杜比的案例让我们明白，控制技术标准对于企业来说就是控制了高端资源，就是获得了高额垄断利润。

高新技术产业指的是企业所用的主要技术进步很快，产品与服务的属性同样快速改进的产业。计算机产业通常被当作高技术产业的典范。还有电信产业，其中基于网络和无线通信的技术已经取得了极大的发展。其他还包括数字技术、制药生物工程、航空航天等。

高新技术产业在经济活动中所占的份额越来越大。据估计，信息技术产业大约占美国经济活动的15%。这一比例实际上低估了技术对经济的真正影响，因为它没有考虑到其他的高新技术产业。高新技术在传统产业中的渗透对于提高经济活动的效率和质量、拉动经济整体发展方面具有重要意义。例如，生物技术和基因工程的发展改变了长期以来简易的制种过程，成为一项高新技术产业。不仅如此，高新技术产品进入了极为广泛的领域，促进了相关产业的变革。沃尔玛超级市场的竞争优势来自于信息技术的应用；一辆福特金牛轿车里面的电脑计算机性能比当年阿波罗登月计划中所用的价值数百万美元的主机更强大。高技术产业的范围已经扩张到传统上不被认为高技术的产业中，技术正在掀起产品和制造系统的革命。

高新技术产业在成本形态方面所具有的很多新特点，也使得其在定价和竞争策略方面与传统产业有很多的不同。

9.1　技术创新的路径依赖

许多市场为什么总是围绕一种主导技术而不是选择多种技术呢？一个主要原因就是许多产业具有收益递增规律，即一种技术被采用得越多，它的价值就越大。

充分的证据显示，一种技术被采用越多，发展就越快；采用的效果越好，效率也越高。一旦一种技术被采用，就会有销售收入，这些收入可以用于投资进一步的研发，对原有技术进一步改进。而且，随着该技术积累经验的增多，可以寻找更为有效的方法使用该技术，包括组建一个提升技术采用的技术体系。这样，技术被采用得越广泛，就会变得比同类竞争性技术更加具有优势。

技术变迁中路径依赖(path dependence)的思想最早见于经济史学家、美国斯坦福大学教授 Paul David 于 1975 年出版的《技术选择、创新和经济增长》一书，不过当时并未引起重视。20 世纪 80 年代，David 与美国圣达菲研究所的 W. Arthur 教授将路径依赖思想系统化，很快使之成为现代经济学中发展最快、应用价值最高的学说之一。David 的路径依赖思想来自于他对打字机史的研究。

1936 年，美国发明家 Dvorak 博士历经十余年的研究，发明了一种新的键盘，起名为 ASK 键盘(美式简化键盘，American Simplified Keyboard，后被称为 DSK 键盘)，声称比打字机发明者、美国人 Sholes 1870 年设计的、现在通用的 QWERTY 键盘效率更高。据说，当初 Sholes 在研制打字机时，为了解决打字员打字速度过快造成挤塞的问题，故意打乱了字母排列顺序，而按照直到今天仍通行的 QWERTY 顺序排列。不过，ASK 键盘并没有站住脚，慢慢地销声匿迹了，QWERTY 独霸键盘市场。David(1985 年)认为，QWERTY 键盘之所以能在市场上占统治地位，不是因为它最好，而是因为它最早。这种情况被称为路径依赖。对路径的依赖将旧技术的使用者锁定在过时的技术解决方案中。

在经济史文献中，除了打字机键盘外，学者们发现许多技术范式竞争的现象。在 19 世纪 90 年代，汽车可以用蒸汽、汽油或电池作为动力，核能可以由轻水、汽冷、重水或钠冷反应堆来产生；录像机可以按 Betamax 或 VHS 制式来制造、计算机操作系统中的 MAC、IBM 等。然而最终只有一种技术在技术竞争中占据相对优势地位，技术变迁中普遍存在路径依赖和技术"锁定"效应。这些现象是如何产生以及是否可以改变一直是经济学家关心的问题。

技术创新的这种路径依赖主要来自于学习效应和网络外部性。

学习效应是指某一产品的生产率或单位成本随着累积产量增加而不断下降的现象。每当生产者重复一个生产过程时，他们会变得更加有效率，并且会提出一些新的技术方案以减少工时、降低废品率、节约成本。研究发现，学习曲线效应在很多产业都很有效，包括汽车、轮船、半导体、制药，甚至外科手术。

表 9.1　公司与标准

公司	产品类别	标准
微软	PC 操作系统	视窗
英特尔	PC 微处理器	86 系列
松下	盒式磁带录像机	VHS 系统
艾美加	高容量 PC 磁盘驱动器	Zip 驱动
Intuit	在线金融交易软件	Quicken
AMR	计算机化航空订票系统	Sabre
洛克韦尔和 3Com	56K 调制解调器	V90
高盛	数字蜂窝移动通信	CDMA
Adobe 系统	创建和浏览文件的通用文件格式	Acrobat 便携式文件格式

9.3.2　标准的建立

行业标准主要通过三种方式形成。第一种是企业可以通过游说政府建立一项行业标准。例如，在美国，联邦通讯委员会(FCC)在同电视台和消费电子产品制造商们广泛协商后，命令建立一项单一的数字技术电视(DTV)技术标准，要求所有的电视台在 2006 年之前按照这一标准发送数字电视信号。FCC 之所以要这样做是因为它相信，除非政府出面设立这一标准，否则 DTV 的启动将非常慢。有了这样一个由政府制定的标准之后，消费电子产品制造商们对于新市场的形成可以有更大的信心，这会鼓励他们制造 DTV 产品。

第二种方式是通过企业协商建立技术标准。如果相互竞争的企业觉得标准的竞争会造成消费者的困惑，则会选择经由协商建立一项技术和行业标准。

政府或行业协会制定标准后，它们就变成了公共物品，任何人都可以自由地将基于标准的技术和知识结合到自己的产品中去。例如，QWERTY 标准不存在所有者，因此没有一家企业可以从中获利。与此相似，网络上图文呈现的主要语言——超文本链接的语言(HTML)也是一种免费使用的语言。互联网交换数据的通信 TCP/IP 协议也是这样。

第三种方式是市场竞争选择方式。行业标准也常常通过市场上消费者购买竞争来实现，也就是通过市场需求来进行选择。在这一方式上，企业推广其技术标准时所采用的战略和商业模式也就特别重要。因为专利和版权，不得模仿的行业标准是一项私有物品，也是可持续竞争优势和卓越盈利能力的源泉。如果网络外部效应在市场中存在，那么制定标准就成为竞争优势的标准。例如，微软和英特尔的竞争优势都来自规格大战的胜利。这种竞争在高技术行业中很普遍。企业之间为了使自己的设计成为产业标准而激烈竞争。Wintel 标准是微软和英特尔打败苹果电脑公司和 IBM 公司系统之后成为主导标准的。

标准制定过程中唯一主要的战略问题是认识到正反馈效应：能建立早期的领导地位的技术会吸引新采用者。正如夏皮罗和瓦里安所指出的，建立"更大的潮流"需要进行下面的操作：

• 结成联盟。在开始战斗之前，与消费者、补充品供应商、甚至有些竞争对手结成联盟，使自己的技术获得广泛的采用和市场影响。

　　· 抢先进入。尽早占领市场，实现快速的产品开发和升级，尽早与关键客户建立联系，采取渗透性定价。

　　· 控制人们的期望。管理正反馈的关键是使客户、供应商和补充品生产商确信，你将成为标准战的胜出者。这些期望会成为自我实现的预言(self-fulfilling prophecy)。索尼在 2000 年 10 月在美国和欧洲推出 PS2 之前进行大规模的预先推广和宣传就是为了使消费者、零售商和游戏开发商确信，该产品将成为新一个十年中风靡一时的消费电子产品，以此阻止世嘉和任天堂建立它们的竞争系统。

　　一个经典的标准之争的例子是索尼和松下之间磁带录像机(VCR)市场标准争夺战。索尼首先向市场上投放其 Betamax 技术，接下来就是松下的 VHS 技术。两家都在市场上投放销售录像机，电影公司将预先录制在 VCR 磁带上的电影出租给消费者。开始，所有的磁带都采用索尼公司的 Betamax 规格，在索尼的机器上播放。索尼没有授权他人使用 Betamax，它希望由自己来生产所有的录像机。当松下公司进入市场后，它认识到要让消费者体会到 VHS 录像机的价值，就要鼓励电影公司制作供租赁的 VHS 制式磁带。松下的经理判断，要做到这一点，只有在最短时间内尽可能增加 VHS 的装机数量。他们相信，装机数量越多，电影公司就会制作更多的租赁录像带。而租赁录像带的录像品种越多，对于消费者而言，VHS 录像机的价值就越高，需求也就越高。松下公司希望建成一个正反馈的回路，如图 9.1 所示。

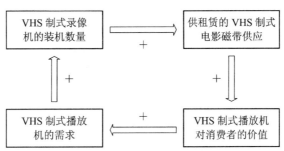

图 9.1　VHS 市场的正反馈回路

　　为此，松下公司选择了一项授权战略，允许任何一家消费电子企业在获得授权后制造 VHS 制式的播放机。这一战略获得了成功。一大批企业签约生产 VHS 播放机，很快，商店里 VHS 播放机的数量就大大超过了 Betamax 制式的播放机。随着 VHS 播放机销售数量的上升，电影公司制作更多 VHS 制式的租赁录像带，这又进一步刺激了需求。没过多久，任何人都可以看出，在录像带出租商店里，VHS 制式的录像带越来越多，而 Betamax 制式的录像带越来越少。这又更加强化了正反馈路径，最终索尼公司的 Betamax 制式录像带不得不退出市场。两家公司的区别关键在于战略：松下公司采用了授权战略，而索尼公司没有采用；松下的 VHS 技术成为 VCR 事实上的技术标准，而索尼公司则被迫出局。

　　从这一例子可以得出的普遍性原则是：两家或更多的公司在竞争产业技术标准时，如果网络效应和正反馈回路非常重要，则胜利将属于最适合正反馈回路的公司。在许多高新技术产业中，这已经被证明是一项重要的战略原则，特别是在计算机硬件、软件、通信和消费电子产业。微软能够成就今天的霸业就是因为它找到了正反馈回路。

正反馈过程的重要意义在于，一旦标准建立，推广其他标准的企业将被迫出局，因为消费者不愿意承担放弃现有标准转向其他标准的转换成本(switch costs)。转换成本是指从一种技术标准转向另一种技术标准时必须承担的成本。因此，网络产业具有很强的锁入效应(lock-in effect)或路径依赖。

9.4 规 格 大 战

对于一个处于网络产业中的公司来说，获得竞争优势的关键是如何使自己的标准成为行业的主导标准。建立和控制技术标准的战斗被称为规格(format)大战，它是控制差异化以及差异化所创造的价值的关键。

1. 确保互补性产品的供应

企业可以自己开发和推出互补性产品，在市场启动阶段保证有足够的符合其规格的互补性产品。20 世纪 90 年代早期，在索尼公司还没有制造出 PlayStation 之前，国内已建立了一个内部业务单元为这一产品生产视频游戏，在 PlayStation 上市的同时，索尼同时上市了 16 款可供上机运行的游戏，大大刺激了消费者的需求。同时，索尼向许多独立的游戏开发商授权生产游戏，收取的费率比竞争对手任天堂和世嘉更低，同时还提供便于开发游戏的软件工具。这样索尼 PlayStation 在上市的同时就已经有 30 款游戏，快速地刺激了这款机型的市场需求。

同样市场上的英语学习机，如 e 百分、好记星、诺亚舟，其需求取决于可供下载学习资料的网站以及资料的丰富程度。

2. 巧用杀手锏

杀手锏(kill application)是对于消费者极具说服力的新技术产品，他们推动消费者采用新的规格和技术，从而"杀死"对竞争对手的产品需求。

1981 年 IBM 的 PC 上市后，其销售最初就是得益于购买两款重要的 PC 软件：VisiCalc(一种电子表格软件)和 Easy Writer(一种文字处理软件)。它们都是由独立的公司开发出来的。IBM 发现它们对竞争对手的计算机(例如苹果Ⅱ型)的推广很有用，于是决定尽快购买授权，生产出能够在 IBM PC 上运行的版本，将它们作为 IBM PC 的互补产品出售给消费者。这一战略大获成功。

3. 攻击性定价与营销

激发需求的常用定价战略是剃刀与刀片战略(razor and blade strategy)。对具有互补性的两种产品，对其中一种制定低价格以刺激需求，提高使用率，锁定消费者，然后通过销售定价较高的互补性产品获得高利润。这一战略是由吉列公司率先在其剃刀和刀片产品上使用的。

许多公司模仿了这一战略。例如，惠普公司通常以成本价格出售打印机，而在硒鼓更换时会获取极高的利润。打印机是一种产权规格，因为只有惠普的墨盒才能装进打印机，而竞争对手如佳能的墨盒则不能用于惠普。录像游戏产业也应用了类似的战略：制造商按成本价格出售游戏机以吸引消费者采用其技术，从而在机器上运行的游戏软件的销售中收取使用费获利。

攻击性的营销也是启动需求的关键因素。企业通常会进行大范围的预热营销和体验使用促销方式以吸引早期的使用者承担采用新规格的转换成本。如果这些措施成功，将启动一个正反馈路径。在这方面，索尼的 PlayStation 又给我们提供了一个成功例子。索尼为 PlayStation 的上市准备了面向目标年龄段 18～34 岁的人群的全国性电视广告和店内陈列，潜在的购买者可以在购买之前在机器上进行游戏。

4．与竞争对手合作

不同企业同时向市场投放竞争性、不兼容技术标准的情况很多，如高密度光盘。索尼、飞利浦、JVC 和 Telefunken 都在使用不同激光技术的 CD 播放机。如果这一局面持续下去，最终可能会导致互不兼容的产品进入市场，适用于飞利浦的 CD 无法在索尼的播放机上播放。认识到不兼容产品同时上市可能导致消费者的困惑或推迟购买，索尼公司和飞利浦公司决定联手协作开发这项技术。索尼公司提供纠错技术，飞利浦公司提供激光技术。这一协作行动使行业内的其他企业转向索尼飞利浦联盟，而 JVC 和 Telefunken 的标准则乏人问津。最重要的是，大型品牌唱片公司宣布他们将支持索尼飞利浦标准而不是 JVC 和 Telefunken 的标准。最终，JVC 和 Telefunken 决定放弃他们的标准。

从上面的例子我们可以看出，索尼和飞利浦合作的重要性在于减少行业内的混乱，形成统一的标准，加快了新技术的采用。协作对于索尼和飞利浦是一种双赢，这消除了它们之间的竞争并且能够是双方共享规格成功的利益。

5．标准授权

另一种经常被采用的战略是将规格授权给另一家企业，让它能够依据这一规格生产产品。领先的企业可以获得特许费，从这种产品的供应增长中获得利益。这样可以加速这一技术规格的市场采用速度。这也是松下公司在推广 VHS 录像机制式时采取的战略。除了自己设在大阪的工厂之外，松下还授权许多企业制造 VHS 制式的录像机(而索尼公司则决定全部由公司内部制造，不授权其他公司制造 Batemax 制式的录像机)，这样做增加了市场上 VHS 播放机的数量。购买 VHS 播放机的消费者数量的增多，鼓励了电影公司发行 VHS 制式电影录像带而不是 Betemax 制式录像带，这进一步增加了 VHS 播放机的数量。最终，松下的 VHS 成为了市场上的主导制式。

虽然索尼的产品是首先上市的，但是由于没有采取授权战略，也没有意识到网络正反馈效应，因而只能眼睁睁地看着 Batemax 制式的录像制品越来越少，最终只能退出市场。

讨论与复习题

1．如何理解网络外部性？
2．举一个标准战的例子。

案例分析

IBM 公司的演化

多年来，IBM 一直是一家备受瞩目的公司，IBM 是于 1911 年由两家公司合并而成的，早期销售打卡钟、计算尺和打孔列表卡片设备。到 2001 年，它已经成为世界上最大的技术企业，年收入达到 860 亿美元，利润达到 77 亿美元，几乎是第二名的 2 倍。在其 90 年的发展历史中，IBM 经历过多次技术范式的转移而幸存了下来，而许多当年 IBM 的对手却陷入了衰退和破产。

在 20 世纪 30 年代，IBM 公司是使用打孔式卡片的机械列表设备的市场领导者。当这一技术最终被电子计算器和计算机取代后，许多制造机械式列表设备的企业像恐龙一样消失了，然而 IBM 却开始在 30 年代建立电子技术。1933 年，它收购了一家电动打字机公司。1935 年，IBM 上市了第一款电动打字机。在绝大多数现有企业还在销售机械打字机的时代，这是一项能够改变打字产业的技术。更重要的是，这次收购使 IBM 获得了电子技术，最终令这项技术在整个公司无处不在。1947 年，IBM 上市了第一台"电动乘法机"，一款电动的而不是机械的计算器。更重要的是，IBM 的电子技术知识促进了 1952 年第一台计算机 IBM701 的上市。

在后来的几十年里，IBM 一直驾驭着破坏性技术的发展。1964 年上市的革命性的 360 计算机开始取代机械式和简单的电动系统进行科学和商业计算。1970 年上市的 370 电脑巩固了这一趋势。到 80 年代中期，IBM 已经成长为世界上最大的主机计算机制造商，拥有主导性的计算技术，在事实上控制了市场。但就在此时，一种威胁 IBM 公司生存的新技术正在萌发：个人计算机。

个人电脑技术是在 70 年代中期由许多小的初创型企业开发出来的，如 MITS 和苹果公司。1980 年，IBM 公司位于佛罗里达州 Boca Raton 的入门级系统 ELS(Entry Level System) 实验室主任洛伊(William Lowe)曾经催促 IBM 公司的管理层授权尝试开放开发个人电脑。高级管理层最初不太情愿，早期进行的制造 PC 的努力以完全失败而告终。最后洛伊终于获得了授权，但时限只有一年，几乎不可能完成这项工作。于是他聘请了另一位 IBM 公司的干员埃斯特里奇(Don.Estridge)领导这一项目。埃斯特里奇很快被说服，要想在截止期限前完成任务就必须从公司外部采购元件，例如英特尔微处理器和微软操作系统，采用开放的系统设计，其中的技术规格是公开的。这样其他开发者就可以写出能够在 PC 上运行的软件。从战略上讲，这一方法代表了与 IBM 传统的背离，因为它一向在公司内开发自己的元件和软件，采用封闭的系统设计方法。这一反传统的战略之所以可能，是因为 ELS 单位居于 IBM 企业主流之外，在地点上同运营中心相分离，由一群独立的经理和工程师组成，受到 IBM 公司 CEO 卡利(Frank Cary)的保护，远离 IBM 的官僚体制。

1981 年 9 月，IBM 公司的 PC 上市后很快大获成功。然而，由于开放的系统设计和外购元件,很快在该产业中就聚集起一大批同 IBM 兼容的(克隆的)PC 制造商,如康柏公司等。到 80 年代中期,这些克隆者开始侵吞 IBM 的市场。不仅如此,基于英特尔微处理器和微软操作系统的 PC 设计结构对计算机产业带来了革命性的影响。在许多企业中,基于 PC 技术的客户服务器取代了主机和中型机。这导致了 IBM 主机销售量的下降,到 1993 年,IBM 出现了财务赤字。由它催生的 PC 技术侵害了获利丰厚的主机计算机业务,销售下降了 80 亿美元。许多观察家甚至做出了公司灭亡的预言。

　　就在这样的关键时刻,郭士纳(Lou Gerstner)出任 IBM 公司的 CEO。他之前是一位管理顾问和雷诺士烟草公司的 CEO,没有计算机产业经验。许多观察家认为郭士纳缺乏计算技术背景,不适合担任 IBM 公司的 CEO。然而,郭士纳很快就认识到 IBM 的计算机业务正在快速成为大路货。由于微处理器和软件的控制权分别掌握在英特尔和微软公司手中,因此 IBM 根本不具有自主的优势。他的战略是引导 IBM 走出大路货的竞争,而专注于服务。他确信,IBM 有能力解决大型企业的信息技术问题,可以通过长期合同将销售收入延续到多个年份里,由此而获得的销售收入和利润将比现在公司在产品层面进行的竞争强大得多。

　　这一战略十分成功,IBM 由此还获得了介入最新的破坏性技术——互联网的道路。随着以互联网为核心的计算技术日渐重要,IBM 将自己重新打造成电子商务解决方案和服务的主导性提供商。现在,如果一家企业希望建立内联网或利用互联网实现商业交易,IBM 将是它考虑的首选。尽管 IBM 仍然在制造和销售自己的计算机硬件,但是如果其他厂家的硬件更适合顾客需求,它同样会进行推荐。它已经成为了一家电子商务解决方案企业,舒适的定位于从现代企业中无所不在的基于网络的技术中获利。

(资料来源: C.希尔,G.琼斯. 战略管理. 6 版. 北京:中国市场出版社,2005.)

　　问题:

　　1. 结合 IBM 的历史,谈谈技术创新和持久竞争优势的关系。

　　2. 从事后的管理来看,IBM 在开发 PC 时能否采用其他的战略,以免市场标准落入英特尔和微软之手?

第 10 章　企业定价策略

重 点 提 示

☐ 量本利定价
☐ 成本加成定价
☐ 差别定价
☐ 二部定价
☐ 捆绑定价

 阅读材料

铁路公司的差别定价

19 世纪法国经济学家 Emile Dupuit 最先关注铁路公司的差别定价，他对铁路运输定价的描述是这样的：

某家公司在列车上搭挂木座椅的敞篷车厢，这并不是因为该公司不愿意花几千法郎来给三等车厢安装厢顶或为三等座位装上坐垫。这样做是防止能够支付得起二等车厢费用的乘客购买三等车厢的车票，这样做会伤害坐不起二等车厢的乘客的感情，但这并非是真的想伤害他们，而是想让坐得起二等车厢的乘客感到吃惊……出于同样的原因，有些公司的做法已证明对待二等车厢的乘客非常吝啬，对待三等车厢乘客简直到了非常残忍的地步，而他们对待一等车厢的乘客却是过分慷慨。拒绝为穷人提供所必需的服务，而对富人却提供过分奢侈的服务。

(资料来源：H.范里安. 微观经济学：现代观点. 6 版. 上海：格致出版社，2009.)

定价是企业的重要战略职能之一。由市场结构理论可知，具有一定市场力量(market power)的厂商是有定价权的。因此寡头和独占企业可以通过制定价格来实现收益的最大化。定价方式可以区分为以成本为导向的定价和以价值为导向的定价。从厂商的角度看，所有的定价方式都是侵占消费者剩余的行为。

除了市场理论中提到的利润最大化决策下的最适定价原则，以下将讨论成本加成定价、差别定价、二部定价等定价策略及其理论基础。

10.1　量本利分析与定价

假设某企业的成本为 $C = \text{FC} + \text{MC} \cdot q$，其中，固定成本为 FC，边际成本和可变成本都为 MC，销售量为 q，目标利润为 π，根据量本利定价法，价格 p 与销售量 q 之间的关系为

$$(p - \text{MC})q = \text{FC} + \pi$$

式中，等号左边为毛利，右边为固定成本与目标利润之和。对等式变形，得

$$p = \frac{\text{FC} + \pi}{q} + \text{MC}$$

可以看出，生产商可以根据购买者(经销商或批发商)采购量的不同而制定不同的价位。

由于企业利润 $\pi = pq - (\text{FC} + \text{MC} \cdot q)$，因而可得企业的收益为

$$R = pq = (\text{FC} + \text{MC} \cdot q) + \pi$$

故可知道实现某一目标利润的销售量和价格，以及变量之间的关系(见图 10.1)。

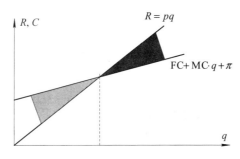

图 10.1　目标利润量本利定价

【例】　某企业生产一种产品，该产品固定成本总额为 2500 元，单位产品价格为 10 元/件，单位产品变动成本为 5 元/件，试求：

(1) 盈亏平衡时的产品销售数量；

(2) 目标利润为 1000 元时的产品销售数量。

答：(1) 盈亏平衡时的产品销售数量 $= \dfrac{\text{固定成本总额}}{\text{单价} - \text{可变成本}}$

$$= \frac{2500}{10 - 5}$$

$$= 500(\text{件})$$

(2) 目标利润为 1000 元时的产品销售数量 = $\dfrac{\text{固定成本总额}+\text{目标利润}}{\text{单价}-\text{可变成本}}$

$$= \frac{2500+1000}{10-5}$$

$$= 700\,(\text{件})$$

10.2 成本加成定价

成本加成定价(cost margin pricing)是企业常用的一种经验性定价方式，一般是计算或估计产品的单位成本，然后加上"想要得到的"或"正常"的毛利润。因此通常的方法是估计产品的平均可变成本 AVC，然后加上一个百分比 m 以得到合理的定价，即

$$p = \text{AVC}(1+m)$$

式中，$1+m$ 称为加价因子。

边际收益为

$$\text{MR} = \frac{\text{dTR}}{\text{d}q} = \frac{\text{d}(p\cdot q)}{\text{d}q} = p\left(1+\frac{1}{\varepsilon_{\text{d}}}\right)$$

式中，TR 为总收益，p 和 q 分别为价格和产量，ε_{d} 为需求的价格弹性，即

$$\varepsilon_{\text{d}} = \frac{\dfrac{\text{d}q}{q}}{\dfrac{\text{d}p}{p}}$$

利润最大化条件为边际成本等于边际收益，即

$$\text{MC} = \text{MR}$$

代换得

$$\text{MC} = \text{MR} = p\left(1+\frac{1}{\varepsilon_{\text{d}}}\right)$$

从而价格

$$p = \frac{1}{1+\dfrac{1}{\varepsilon_d}}\text{MC}$$

测定市场垄断力量大小的一个方法就是利润最大化时的均衡价格超过边际成本的程度，即加价率。这种测定垄断力量的方法是由经济学家阿巴·勒纳 1934 年首先使用的，并称之为勒纳垄断力度(Lerner's Degree of Monopoly Power)或勒纳指数，表达式如下：

$$L = \frac{p - \mathrm{MC}}{p}$$

勒纳指数的值在 0～1 之间，L 越大，垄断力量越大；L 越小，垄断力量越小；极端地，对于一个完全竞争的厂商来说，$L = 0$。根据利润最大化的条件，容易得出勒纳指数与弹性之间的关系为

$$L = \frac{p - \mathrm{MC}}{p} = -\frac{1}{\varepsilon_d}$$

$$p = \frac{1}{1 + \dfrac{1}{\varepsilon_d}} \mathrm{MC} = \frac{1}{1 - L} \mathrm{MC}$$

假设成本函数为 $C = \mathrm{FC} + \mathrm{MC} \cdot q$，此处 FC 为固定成本，MC 为边际成本，$q$ 为产量，则有

$$\mathrm{MC} = \mathrm{AVC}$$

$$p = \mathrm{MC}\left(\frac{\varepsilon_d}{1 + \varepsilon_d}\right) = \mathrm{AVC}\left(\frac{\varepsilon_d}{1 + \varepsilon_d}\right) = \mathrm{AVC}\left(1 + \frac{-1}{1 + \varepsilon_d}\right)$$

可得加价率为

$$m = \frac{-1}{1 + \varepsilon_d}$$

表 10.1 为美国部分行业的勒纳指数和加价因子。

表 10.1　美国部分行业的勒纳指数和加价因子

行业	勒纳指数	加价因子($1+m$)
食品	0.26	1.35
烟草	0.76	4.17
纺织	0.21	1.27
服装	0.24	1.32
造纸	0.58	2.38
印刷出版	0.31	1.45
化学品	0.67	3.03
石油	0.59	2.44
橡胶	0.43	1.75
皮革	0.43	1.75

表 10.2 列出了一些汽车公司的加价率，可以看出在不同国家同一汽车的加价率是不同

的。这反映了消费者对汽车的偏好程度差异。而厂商利用了这一差异在不同国家市场进行了差别性定价。表中的数据反映了一个重要的信息——忠诚是一种真正的"奢侈品"。意大利人喜欢他们的菲亚特，而德国人则更加钟情于大众——消费者为民族品牌的忠诚而必须支付额外的费用。丰田高加价率是贸易壁垒的结果。

表 10.2　1990 年汽车的加价率

品牌	比利时	法国	德国	意大利	英国
尼桑 Nissan Micra	8.1	23.1	8.9	36.1	12.5
菲亚特 Fiat Tipo	8.4	9.2	9.0	20.8	9.1
丰田 Toyota Corolla	9.7	19.6	13.0	24.2	13.6
大众 VM Golf	9.3	10.3	12.2	11.0	10.0
奔驰 Mercedes 190	14.3	14.4	17.2	15.6	12.3
宝马 BMW7-series	15.7	15.7	14.7	19.0	21.5

(资料来源：埃尔玛·沃夫斯岱特. 高级微观经济学. 上海：上海财经大学出版社，2003.)

在一个竞争性市场中，品牌水平的需求弹性远远大于产业水平的市场弹性。超级市场的例子说明了这一点。虽然食品的市场需求弹性很小(大约为 −1)，但是由于大部分地区常常被几个大超市公司所控制，因此没有哪家超市公司能够单独大幅提价而不被其他公司拉走大量顾客。因为任何一家超市公司的需求弹性常常都达到了 −10，因此我们知道每一家超市公司的定价为

$$p = \frac{1}{1+\dfrac{1}{\varepsilon_d}}\text{MC} = \frac{1}{1+\dfrac{1}{-10}}\text{MC} = 1.11\text{MC}$$

也就是说，一个典型超市的食品价格定在边际成本之上再加 11%。

一般来说，社区的小便利店定价往往比超市高。这其中的原因在于一家便利店面临的需求弹性比较小，它的顾客一般对价格不敏感，或者是一些偶发需求。经验研究表明，一家便利店的需求弹性大约是 −5，这意味着它的商品加价率是 25%左右。当然，由于便利店的销售额要小得多，平均固定成本也高，因此它其实比超市赚的要少很多。

10.3　差别定价类型及条件

10.3.1　二级差别定价

在一些市场中，消费者在一定时段内要购买许多单位的货物，在这种情形下，厂商可以根据消费量实施差别定价。二级差别定价就是厂商对消费者不同消费量或区段索取不同价格的定价策略。

在电力公用行业这种方式很普遍。厂商对第一个百千瓦时电力所定的价格比以后的第二个百千瓦时价格要高，以此类推。这种定价策略的最大优点是，厂商并不需要提前知道

购买者的身份、消费意愿和支付能力，而能够从消费者那里攫取消费者剩余。

也有一种随着消费量增加价格递增的区段定价方式。为了节约水资源，有些地区对超过额定的用水量收取更高的价格。

二级差别定价的一种常见形式就是批量定价(block pricing)。

【例】 假设消费者对具有市场势力的企业生产的口香糖的需求曲线为 $p = 0.2 - 0.04q$，并且边际成本为 0，则企业对 5 片装的口香糖应该制定什么价格？

答：当 $q = 5$ 时，$p = 0$，如图 10.2 所示，因此消费者购买 5 片装口香糖所得到的总效用值为阴影三角形的面积：

$$\frac{1}{2} \times [(0.2 - 0) \times 5] = 0.5(元)$$

所以企业应该对 5 片装的口香糖定价 0.5 元，如图 10.2 所示。

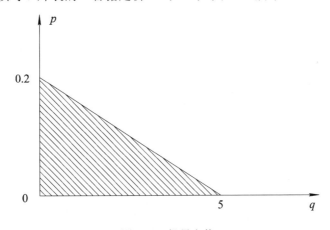

图 10.2 批量定价

批量定价通过迫使消费者在购买全部产品和一件都不购买之间做出选择，提高了企业的利润。与差别定价不同的是，甚至当消费者对商品有相同需求时，批量定价也可以获取利润。

10.3.2 三级差别定价

当企业不能得到充分的信息来区别每一位顾客的信息，从而不能确定每位顾客愿意支付的最高价格时，也就无从根据每一位消费者的支付意愿进行差别定价。但是如果企业能够识别在不同人群中的消费者对产品需求的差别，那么就可以实施三级差别定价。三级差别定价是垄断企业根据不同的需求弹性将消费者分为不同的群体，并分别按照垄断市场利润最大化原则进行的差别定价策略。例如，商店提供的学生折扣、老年人折扣。这实际上意味着学生和老年人相对于其他顾客来说，支付能力更低。

类似地，电话公司在周末比在工作日收取更低的通话费，这意味着企业比起家庭，有更高的支付意愿和支付能力。可能有人认为，这种定价策略设计的目的是为了使学生、老人和家庭受益，但更有力的动机和原因在于增加电话公司的利润。

如果垄断企业的边际成本和平均成本恒为 C，那么面对两个消费群体的三级差别定价

下的利润最大化决策为

$$\underset{q_1,q_2}{\mathrm{Max}}\,\pi = (p_1q_1 - C)q_1 + (p_2q_2 - C)q_2 \,,\ p\ 为价格$$

利润最大化的一阶条件为

$$\mathrm{MR}_1 = p_1\left(1 + \frac{1}{\varepsilon_1}\right) = C$$

$$\mathrm{MR}_2 = p_2\left(1 + \frac{1}{\varepsilon_2}\right) = C$$

变形得

$$\frac{p_1 - C}{p_1} = -\frac{1}{\varepsilon_{d1}}$$

$$\frac{p_2 - C}{p_2} = -\frac{1}{\varepsilon_{d2}}$$

$$\frac{p_1}{p_2} = \frac{1 + \dfrac{1}{\varepsilon_{d2}}}{1 + \dfrac{1}{\varepsilon_{d1}}}$$

可以看出加价率与每个群体的需求弹性成反比。群体的需求弹性越大，企业对该群体的索价越低，价格也就越接近边际成本。结果针对那些对价格相对较敏感的群体，企业会制定一个较低的价格。图 10.3 反映了这一规律，D_1 为支付意愿较高(要求弹性较小)群体的需求曲线，D_2 为支付意愿较低(需求弹性较大)群体的需求曲线。通过对比可以看出，均衡价格 $p_1>p_2$。

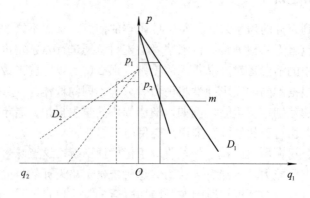

图 10.3　三级差别定价

举例来说，如果第一个群体的需求弹性近乎无限($\varepsilon_{d1} = -\infty$)，而第二个群体的需求弹性为 –2，那么 $p_1/p_2 = 1/2$，需求相对缺乏弹性的第二个群体所支付的价格就是第一个群体的 2 倍。换句话说就是，为追求利润最大化而实施差别定价的企业对拥有较高需求弹性的消费群体提供价格折扣。

比如，航空公司向尽早预定机票的乘客和乘坐飞行时间不佳并且可能不大饱和的航班的乘客提供机票折扣。这些折扣可以被度假乘客所利用，从而节省旅费。商务旅行者则因为不具灵活性且事先难以确知飞行时间而必须购买全票。因为度假的旅客具有较高的需求弹性，他们可以开汽车或坐火车旅行，或者干脆选择不旅行，而公干旅客的需求弹性相对较低。

10.3.3　时间价值与三级差别定价

三级差别定价的另一个例子涉及利用顾客的时间价值。时间价值是指人们进行生产或消费活动的机会成本，高收入的人通常比低收入的人更珍惜时间。因此，前者对某些商品的需求弹性往往比较低。厂商据此实施差别定价，即向顾客提供一个特别价格，而顾客要得到这个优惠价格就必须花费时间。比如，一家商店愿意按照正常价格为上门顾客提供商品和服务，但是如果顾客通过电话订购或邮寄，就必须缴纳一笔可观的服务费。这是一种有效的差别定价方法：时间成本低的顾客亲自上门购买商品，而时间成本高的顾客通过电话和邮寄来获得商品并支付较高的价格。

对特殊人群实施优惠价格和发放优惠券也是一种比较隐蔽的三级差别定价方式。如商场在特定的时间以较低价格出售物品(如美国市场上著名的优惠券制度)，娱乐场所、酒吧、咖啡厅等在特定时段低价开放。

采取三级差别定价的条件如下：

(1) 有足够的信息估计不同消费群体的需求价格弹性并进行分类。

(2) 防止转卖和套利。

【例】　由于人们的时间偏好程度或者耐心有差异，企业可以实施跨期差别定价以实现更大的利润。

新产品(电脑、新款服装、精装本和新上映的电影)刚推出时的价格要比几个月后的价格贵得多。有些情况下，价格随着时间下降的原因是因为生产成本的日益下降或者来自其他公司的竞争加剧，而在另一些情况下，则主要是因为差别定价在起作用。

有些人坚持要看到电影的首映式、第一批新书或者最新版本的软件、游戏，即使费用再高也在所不惜。早期购买计算器的顾客需要支付几百美元，而两年以后计算器价格就降到了 10 美元以下。

畅销书首先以精装本形式高价推出，让那些迫不及待的消费者先购买，过一段时间后才以平装本的形式低价出售。新上映的电影先在电影院的大屏幕上放映，数月后才采用光碟的形式发行。

上述策略称为跨期差别定价，也称之为"撇脂"(cream skimming)策略。而微软的销售策略通常是以低价格把产品推向市场，当产品具有一定的市场权力，消费者感到再也离不开它时，再逐步提高价格。这两种定价策略虽然在方向上相反，但本质是一样的，都属于跨期差别定价。

10.3.4　品级调整与品级差别定价

航空公司给飞机票打折附加了各种限制，如提前购票、周末逗留等。商务旅行的乘客一般选择购买不受限制的机票，而外出观光旅游的乘客则愿意选择购买受限制的优惠打折机票。尽管运送商务乘客的成本与运送游客的成本基本相同，但非打折的机票卖出的价格是打折机票的 3～5 倍。

在这种情况下，通过附加额外限制来降低商品的"品级"可以使生产者分割市场，引导消费者进行自我选择，以便于依照支付意愿的不同而定价。

1990 年 5 月，IBM 宣布推出 E 型激光打印机，该型号激光打印机的成本比 IBM 原来流行的激光打印机低。实际上这种打印机与标准激光打印机完全相同，但每分钟不是打印 10 页而是打印 5 页。其原因是由于插入了一种可以使打印机处于等待状态的芯片，降低了打印速度。为什么 IBM 故意降低打印机的性能呢？公司经理认识到如果他们把 E 型打印机的性能做得太好，就会减少 F 型打印机的销售量。

PAWWS 财经网络公司向用户提供一种有价证券记账服务系统，该系统通过采用延迟 20 分钟的牌价来预计股票价格，使用该服务系统的用户每月支付 8.95 美元，而要想获得实时牌价服务的用户则需每月支付 50 美元。

PhotoDisc 公司在网上销售免特许使用费的股票照片。专业用户需要可以印在商业期刊上的高分辨率的图像，而非专业用户需要印在时事通信中、低分辨率的图像。该公司所销售的图像依大小不同，其价格也各异。该公司以 19.95 美元的价格出售 60 万张图像 (每英寸的分辨率为 72 点)，以 49.95 美元出售 1000 万张图像(每英寸的分辨率为 300 点)。

Wolfram Research 公司销售 Mathematica 的计算机程序。该程序可以进行符号、图形和数字数学运算。该程序学生版的浮点协处理器曾一度被禁止使用，造成进行数学和图形运算速度缓慢。学生版的售价仅 100 余美元，而专业版的售价则高达 500 美元以上。

Windows NT Workstation 4.0 的售价大约为 260 美元。该版本可以配置成网络服务器，但同一时间只能接受 10 个链接。Windows NT Workstation 服务器可以同时接受数百个链接，依配置不同售价为 730～1080 美元不等。根据 O'Reilly Software 公司的分析，这两种操作系统本质上并没有什么不同。

SONY 曾经推出过一种数码录音迷你磁碟。迷你磁碟与计算机 3.5 英寸盘在外表上相似，有两种形式：可录音型和已录音型。可录音型又分为两种：60 分钟和 74 分钟，售价分别是 13.99 美元和 16.99 美元。尽管价格和录音长度不同，但这两种类型其实是相同的。磁碟内容表中的编码确定磁碟长度为 60 分钟，用于阻止录音长度超过此时间，即使磁碟还有存储空间。

Intel 的 486 微处理器有两个版本：486DX 和 486SX。尽管这两个版本在运行上有很大的不同，但 486SX 版本除了其内部的数学协处理器不能工作之外，其他方面都是 486DX 的翻版。但是这两个版本在售价上却有很大差异：486SX 在 1991 年的售价为 333 美元，而 486DX 的售价为 588 美元。

10.4　二　部　定　价

具有市场势力的企业为了提高利润所使用的另一种定价策略就是二部定价(two-part tariff)。二部定价是指企业向消费者为获取购买一种产品或服务的权利收取一个固定费用，再加上他们所购买的每单位产品的价格。企业的总收益为

$$R = a + tq$$

式中，a 为固定费用，也称门槛费；t 为每单位的价格；q 为消费量。

如 10.4 图所示。对消费者来说，当预计消费量小于 q_1 时，选择 R_1 收费菜单；当预计消费量介于 $q_1 \sim q_2$ 之间时，选择收费菜单 R_2；当预计消费量大于 q_3 时，选择菜单 R_3。

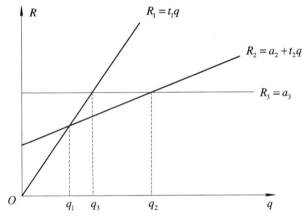

图 10.4　消费量与总收益的关系

但是企业的选择逻辑正好与消费者相反。当餐店知道消费者消费极限不能超过 q_3 时，选择收费方式 R_3，否则选择 R_1。餐店也可以调整可供选择的食物与 R_3 相匹配，来达到利润最大化。

电话服务收费是二部定价的典型应用。移动电话服务费用一般由两部分构成：月租费和单位时间通话费。电话公司为了吸引不同类型的顾客往往制定多种菜单以供选择。但付费方式一般分为两类：低月租费-高通话费和高月租费-低通话费。

运动俱乐部为了提高利润也普遍采用了二部定价策略。比如，高尔夫俱乐部和健身俱乐部采用的收费方式是固定"起始费"加上设施的使用费(按每月或每次收费)。如图 10.5 所示，需求函数为 $q = 10 - p$，成本函数为 $C(q) = 2q$。如果厂商采用单一定价，那么均衡的产出是 4，价格是 6，此时厂商的利润为 16，消费者剩余(Consumer's Surplus，CS)为 8。

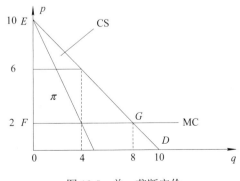

图 10.5　单一垄断定价

如果采用二部定价，特别是假设只有一个消费者，企业可以采取如下定价策略：32元($\triangle EFG$ 的面积)的固定费用给消费者购买产品的权利，以及每单位产品2元的价格。此时，销售数量是8，厂商的利润是32。可以看出，通过二部定价，企业就像完全差别定价一样，侵占了所有的消费者剩余。

在现实中，如果边际成本很低，则应考虑一种极端情况：当边际成本为0时，利润最大化的二部定价策略就是每次使用收费为零，但固定起始费为全部的消费者剩余，如自助餐店的收费。

关于二部定价策略还有很多例子，如俱乐部的会员制。在购物俱乐部，会员只要通过支付会员费，就能够以"成本价"购买产品。注意，如果会员费与每个消费者剩余相等，那么，比起简单制定垄断价格，购物俱乐部能够获得更多的利润。

【例】　假设高尔夫俱乐部的服务每月总需求为 $q = 21 - p$，每局的边际成本为1。如果顾客数目为10人，高尔夫球场的每月固定费用为120元，那么最优二部定价策略是什么？俱乐部的利润是多少？

答：最优的单位价格等于边际成本。按照这个价格，每月有 $21 - 1 = 20$ 个单位的需求，10个高尔夫球员的全部消费者剩余为

$$\frac{1}{2} \times ((21-1) \times 20) = 200$$

那么最优固定费用与每个高尔夫球员所得消费者剩余相等，即每月 $200 \big/ 10 = 20$。因此，俱乐部最优二部定价策略就是向每个球员每月收取20元的会员费，再加上每局1元的费用。俱乐部的利润是 $200 - 120 = 80$。

与单一定价相比，采用二部定价策略可以使厂商获取更大的利润。通过向消费者收取一个固定费用，厂商可以侵占消费者剩余，由此提高了厂商的利润。

与差别定价策略不同，二部定价策略不要求消费者对产品有不同的需求弹性。消费者通过支付每单位产品的费用，就可以根据对产品的各自需求购买不同数量的产品。

如果生产具有显著的规模经济，那么一级差别定价、批量定价和二部定价就具有提高生产效率和社会福利的意义。因为与单一垄断定价相比较，这几种定价都可以提高销售量，从而可以降低生产成本。在福利方面，可以使得低收入人群承受得起这种商品的价格，只不过消费者剩余全部被生产者所侵占。

10.5　低价保证

【例】　在星期天的任何一种报纸上，你都能发现像下面这样的西尔斯(Sear)公司所作的广告：

我们将面对竞争，击败对手或双倍差价！对同样的产品，我们的价格如果不能够击败竞争对手的话，我们将与竞争者价格一样！如果在购买30天内，你能够找到一个竞争者所宣布的更低价格，我们将把差价双倍奉还。

这种广告就是经济学家所谓的低价保证(Low-Price Guarantees，LPG)的一个典型例子。

低价保证包括价格匹配承诺(承诺匹配任何一个更低的价格)以及价格击败承诺(承诺击败竞争者的价格)。西尔斯公司的广告就包含了这两个要素。

实际上，这种看似疯狂的价格竞争并没有带来激烈的价格战，而是促成了一个行业价格联盟，保证厂商制定一个较高的价格。因为这个保证降低了竞争者任意削价的动机，所以无需感到惊奇，目前在汽车推销员、办公用品商店、电子商店、超级市场以及许多其他各类的零售商之间，低价保证正在变得越来越流行。一项研究表明，对不同国家 500 个以上的轮胎广告取样，超过一半使用了低价保证。

美国纽约有两家销售立体声音响的商店"疯狂艾迪"(Crazy Eddie)和纽马克与露易斯(Newmark & Lewis)。"疯狂艾迪"已作出了承诺："我们不能积压产品，我们不会积压产品。不可能有人卖得比我们更低，我们的价格最低廉，我们保证价格最低，而且是超级疯狂的低。"其对手企业 Newmark & Lewis 的口号却没有那么雄心勃勃，然而每次购物，消费者都会得到这个商店的"终生低价保证"。按照这一承诺，假如你能在别处买到更低的价格，我们将加倍退钱，广告还承诺："假如您在本店购物之后，在您购买产品的正常使用年限里，本地区同一区域的其他商店同样型号的商品打出的价格或者实际价格(以单据为凭)低于我们的价格，本店愿以支票方式支付 100%的差价。"

表面上看，这两家企业根本不可能形成价格联盟，因为它们之间似乎是在打价格战。但是，一种潜在的侦察降低价格行为的机制阻止了价格战的发生。

假设每台录像机的批发价为 150 美元，此时两家企业正以每台 300 美元的价格出售。"疯狂艾迪"打算降为每台 275 美元，从而将对手的顾客拉过来，比如那些家住在对手售货点附近或过去曾买过对手商品的顾客。但是，对手的战略锁定了"疯狂艾迪"的行为，因为"疯狂艾迪"的这一计划会有相反的效果。因为顾客会到对手那里先以 300 美元买下录像机，然后再获退款 50 美元。这样，对手自然将价格降到更低的价格 250 美元 1 台，顾客反而是从"疯狂艾迪"那里流向对手。如果对手不想以 250 美元 1 台出售录像机，那么它也可以将价格降到 275 美元 1 台，只要它发现有顾客来要求退款，就会发现对手的背叛行为，从而将价格降到了 275 美元 1 台。既不以太低价出售，又快速发现对手的背叛行为从而以降价予以报复，使对手降价也不能增大顾客量，从而蒙受损失。这样，"疯狂艾迪"就没有进行价格战的意愿了，自然形成价格联盟。

在美国，明目张胆的价格联盟是违法的，但这两家企业却以不违法的方式形成了价格联盟，顾客成了背叛行为的侦察者，这一战略是十分巧妙的。

10.6　捆　绑　定　价

当你购买文字处理程序 Word 时，同时还必须购买电子表格(Excel)、数据库(Access)和演示文档(PowerPoint)等程序。这是微软重要的成功策略之一——捆绑定价策略(bundling pricing 或 production-group pricing)。这使得微软成为全球办公软件中绝对的"大哥大"，市场份额高达 90%。

捆绑定价是根据产品的互补关系和核心产品的市场垄断地位，把产品捆绑在一起以低于产品单价总和的价格进行销售。捆绑定价销售最为成功的例子就是微软公司的 Office 办公系统，它利用 Office 办公系统的市场垄断地位，开发出 8 个不同的办公组件，且每个组件之间有一定的互补性。目前 Office 办公系统取得了 90%的办公市场份额，其成功的原因就在于它实行了捆绑定价的策略。捆绑销售最大的优点就是它减少了消费者支付意愿的分散，增加了供应商的销售收入。

假设消费者 Jack 和 Alice 对《指环王》和《罗马假日》的 DVD 碟的意愿出价如下：

	《指环王》	《罗马假日》
Jack	12	8
Alice	9	15

如果单一定价出售，音像店收入为 $2 \times 8 + 2 \times 9 = 34$，而捆绑出售，每两张碟价格为 20，则可以获得 40 的收入。

报纸、杂志是常见的捆绑定价的例子。杂志由文章捆绑而成，订阅是由杂志捆绑而成的，通过捆绑，杂志减少了对其所销售文章的支付意愿的分散，从而增加收入；如果分别收费，收入将会减少很多。

厂商的捆绑定价分为单纯捆绑与混合捆绑两种形式。捆绑定价能否获益要受到消费者估价分布的影响。单纯捆绑定价基于消费者对捆绑产品形成估价一致的假设，而由于消费者类型的不同，具有不同的支付意愿，很难形成一致的估价，因而在单纯捆绑定价的基础上形成了混合捆绑定价，即根据消费者类型的不同，将捆绑产品化为不同的版本出售，同时产品可以单独出售，而且捆绑产品的价格一般不大于分别购买相应产品的价格之和。

1. 软件产品的特点和捆绑定价

软件产品具有以下三个特点：

(1) 软件产品具有高固定成本、低边际成本的特点；固定成本大多是沉没成本(即已经付出且不可收回的成本)。这种成本结构易产生巨大的规模经济效应。生产、销售越多，平均成本越低，厂商获利越大。

(2) 软件产品是一种经验产品。也就是说软件在未被使用以前，客户是无法知道其功能与效果的，必须使用一段时间后，才能了解产品的性能和价值，做出合理的估价。

(3) 软件产品是一种系统产品。在这个系统中，各个软件之间形成了较为严格的相互依赖与互补关系。一般来说，各软件的结合与共同发挥作用才能给消费者带来巨大的效用。

软件产品的这些特点使得软件厂商可以较好地应用捆绑定价策略。运用捆绑定价策略较为成功的案例是微软公司，微软公司的浏览器 IE 和操作系统 OS 两种产品就是一起捆绑销售的。

2. 单独出售与捆绑定价的比较

假设客户 A、B 对两种软件 IE 和 OS 的最高估价分别为：IE 是 30、20；OS 是 15、25；并假设两种软件的成本分别为 15、10。而厂商只知道客户愿意支付的价格，却不知道对每种产品所愿意支付的具体价格。显然，只有当定价不大于客户的估价且大于等于软件成本时，双方交易才可能发生。

单独出售软件：依据条件，IE 的最高定价为 20，否则再高一点 B 就会不购买，同理

OS 的价格为 15。这样厂商的利润为 2 × (20 – 15) + 2 × (15 – 10) = 20。

单纯捆绑定价：由于客户 A、B 对此捆绑产品的最高估价都为(30 + 15) = (20 + 25) = 45，则厂商可定价为 45，那么厂商因此将最大获利 2 × (45 – 15 – 10) = 40，比单独出售多获利 20。

由此我们发现，单纯捆绑定价比单独定价出售更有助于提高厂商的利润。

3. 单独捆绑与混合捆绑的比较

依前例，L、M、N 三个客户具有不同的支付意愿，IE 和 OS 的成本仍为 15、10。若客户 L 对 IE、OS 估价分别为 35 和 10，M 对两软件的估价分别为 20 和 25，N 对两软件的估价分别为 5 和 40。

单纯捆绑：三客户对捆绑产品的估价一致，但对各个产品的估价并不一致。如果仍将两软件捆绑销售定价 45，则只有在上述客户都购买厂商的捆绑产品时，厂商才能获得的最大收益为 3 × (45 – 15 – 10) = 60。

混合捆绑：若捆绑产品的定价为 45，分别购买时，产品 IE 的价格定为 34.9，产品 OS 的价格为 39.9，则此时客户通过比较各自估价和产品定价做出相应决策：客户 L 只购买 IE，客户 M 购买捆绑产品，客户 N 只购买 OS，故厂商的总收益为(34.9 – 15) + (45 – 15 – 10) + (39.9 – 10) = 69.8，比单纯捆绑定价多获利 9.8，此时的消费者剩余和净额外损失将减少。当然，此种捆绑定价包含差别定价的策略，它针对不同的消费者类群采用不同的价格策略。

由此说明，混合捆绑比单纯捆绑对厂商更有利。

10.7 金凤花式定价

当顾客不知道如何从多个版本、系列产品中选择适合自己的产品时，这种无所适从可以为销售商所利用。消费者在购买商品时都有一种"回避极端"的心理，他们认为选择系列产品的最高端和最低端都是危险的，因此在购物时往往都采取折中的办法，就像购买金凤花一样，大部分消费者不愿意选择"太大"的或"太小"的，他们想要"正好"的。所以，同一种软件可以设计三种版本以不同的价格向不同的市场出售，强调不同版本产品的不同特征，突出产品使用价值的差别。如 Basic Quicken 就分成初级版、专业版本和黄金版，初级版的售价为 20 美元，专业版的售价为 60 美元，而黄金版的价格高达 500 多美元，结果专业版销售得最好。实际上，初级版只不过是在专业版的基础上关闭了某些功能，黄金版在专业版的基础上增加了一两个功能而已。

考虑一下像麦当劳这样的快餐店。如果它只提供两种容量的软饮料：小杯和大杯，那么一些顾客可以确定想要多大的杯，但另一些顾客却不能确定，他们对这种选择感到很恼火，其中一些人便选择小的、便宜的杯，快餐店的收入也因此而减少。

现在假设快餐店提供了三种容量的软饮料——小杯、中杯和大杯。那些不能确定的顾客就有了一个容易的出路：选择中杯。即使三选方案中的中杯在大小和价格上都和二选方案中的大杯一样，这种情况也一样会发生。

通过增加一种几乎无人消费的巨无霸，生产者最后可以出售比两种选择时更多的产品，这是因为中间大小的产品与昂贵的巨无霸版本相比更具吸引力。

在一个用微波炉进行的营销试验中，当可供选择的集合仅包括一种109.99美元的廉价微波炉和179.99美元的中档微波炉时，顾客选择中档微波炉的几率是45%。但当增加了一种199.99美元的高档微波炉时，同样的中档微波炉被选择的几率是60%。两位经济学家为此指出："向产品系列中增加一种高档产品不一定会使该产品本身销量很好。但是，它确实改变了购买者对产品系列中低价产品的看法，并且影响低端顾客向高端的产品靠拢。"

回避极端的消费者心理一直被营销者广泛利用。每一位饭店老板都知道最畅销的酒是菜单上第二便宜的酒。一种常见的做法就是在低端设置一种质量明显低的酒，然后把下一种酒的价格设置得稍高一点，这使它看上去十分划算，从而保证其大量销售。

讨论与复习题

1. 举一个差别定价的例子。
2. 到超市去调查和体验批量定价的例子。
3. 列举一个现实生活中捆绑定价的例子。

案例分析

肯德基与供应商的成本加成定价

福建圣农发展股份有限公司董事长傅光明心里正盘算着一个企业未来发展的三年规划。去年，圣农的肉鸡饲养、屠宰规模达到了5000多万只，也是南方最大的联合型白羽肉鸡生产食品加工企业。然而，傅光明并不满足于此。

按照傅光明的计划，今年，圣农肉鸡的养殖规模将达到7000万只，明年，这个数量将上升至1亿只；而到2011年，傅光明希望自己企业能达到1.2亿只肉鸡养殖的规模，相比2008年增长140%。

带给傅光明这样庞大计划信心的，是其与百胜餐饮集团在7月15日刚刚签署的一项策略联盟合作协议。根据此协议，百胜将以"成本定价"的全新模式向包括圣农在内的三大供应商承诺总共28万吨鸡肉的采购订单，总金额超过50亿元人民币。百胜餐饮正是遍布全国的肯德基的母公司，旗下还拥有必胜客、东方既白等餐厅品牌。

除了圣农，另外两家与百胜签约的供应商是大成食品亚洲有限公司和山东新昌集团有限公司。

据圣农私下估计，在这50亿元的采购订单中，自己能分到1/3以上，价值17~18亿元。"这让我们没有了后顾之忧。"傅光明这样认为。

1. 百胜扩张之忧

"兵马未动，粮草先行。"这是熟谙中国文化的百胜中国事业部总裁苏敬轼目前经常挂在嘴边的一句话。"现在我最担心的就是弹药够不够，如何扩大肉鸡供应。"苏敬轼坦言。

一直以来，让百胜引以为豪的就是其在华的发展规模和开店速度。

苏敬轼曾多次表示，希望百胜能以每天新开超过一家店的速度发展。而这背后的一串数字是，肯德基在中国的分店从 2004 年的 1260 个增加到 2008 年的 2400 个。如此算下来，中国每天平均开一家肯德基分店。

2008 年底，中国百胜的营业额为 262 亿元人民币，是百胜全球餐饮集团中发展最快、增长最迅速的市场。

今年 6 月 16 日，肯德基在郑州开出了中国的第 2600 家餐厅，而苏敬轼也明确宣布将 2009 年新开店数量从原计划的 300 家店增至 500 家。"以肯德基目前的发展速度，9 月份即可完成全年不少于 300 家的开店计划。预计到年底，开店数量将大幅超出预期。"

按照百胜最新提供的数据，截至 2009 年 6 月底，中国百胜已在中国大陆开出了超过 2600 家肯德基餐厅、430 多家必胜客、80 余家必胜宅急送、4 家必胜比萨站和 17 家东方既白餐厅。

作为百胜中国供应链管理的资深总监，陈玟瑞的一个重要工作便是保障主要原料鸡肉的供应能与产能的扩张同步。去年一年，百胜鸡肉的需求量达到 14 万吨，在国内的鸡肉供应商达到 30 多家，完全实现了本土化采购。

单从门店的柜台前看，肯德基每天各类产品的供应都基本充足。但在后台，陈玟瑞面临的情况则要复杂得多：一些时候，货源会突然紧张，还有一些时候，由于鸡肉市场价格短期内的上升，采购成本也会极大波动。伴随门店的扩大，有些产品甚至会因供货不足而造成脱销。

造成如此局面的一个重要原因是目前百胜中国与供应商的合作模式。长期以来，由于鸡肉市场的价格变动频繁，百胜与供应商签署协议最多是 6 个月，而定价方式则以市场行情定价为主。

在陈玟瑞看来，这样的方式主要是适应了此前中国肉鸡的养殖模式。由于鸡肉行业长期小而分散，企业与养殖户对短期利益更为看重，而根据市场行情签订短期合同可以保证企业利益，短期内对企业是有利的。但是，这样一方面保证不了价格的稳定，另一方面，短期协议使得供应商没有资金，不敢扩大规模，导致货源无法充分保证。

鸡肉行业是一个高投入的产业，对饲料、养殖技术的要求非常高，扩大规模和更新设备往往需要投入上亿元。伴随百胜扩张速度的加快，对于长期稳定的鸡肉货源提出了更高的要求。如何改变目前的合作模式，成为百胜的当务之急。半年多前，陈玟瑞及其团队开始积极准备相关的各种数据，并拟定出一种以成本为基础的采购模式。带着这些数据和想法，他们开始走访主要的供应商，并希望得到他们的支持。

2. 供应链变革

一开始，百胜就选定了圣农、大成和新昌三家企业作为"攻关"的对象。原因很简单，这三家企业与百胜的合作均有十多年的历史，彼此信任，而且，百胜目前从这三家企业合计采购的鸡肉量占到了其总的鸡肉采购量的 50%。傅光明表示，首先，联盟的方式很吸引他们。圣农从饲料加工、种鸡与肉鸡饲养到屠宰加工已经形成了一条产业链，但唯独缺熟食这一环节。与百胜的联盟，意味着双方的关系首先有了变化，"外部采购内部化"，成了真正意义的合作伙伴，这样一来，双方产业链可以形成互补。

带着关系变化的想法，圣农与百胜一起探讨定价的模式。"我们把报表的这些数据都给他们了，开诚布公，以提供定价的方法。"傅光明说。尽管作为一种不同以往新的合作，各自都有不同的利益点和意见，但让百胜有些惊喜的是，多次沟通谈判后，这三家企业与百胜在最终的成本定价的合作模式上达成一致。

据陈玟瑞介绍，此次采用成本定价的方式为鸡产品价格和主要成本挂钩，主要为玉米和豆粕。因为这两个产品均为大宗商品，价格比较透明。在根据目前的成本拟定一个价格之后，还会根据成本的浮动做定期调整。目前制定的调整时间为 6 个月。每 6 个月，百胜便会和供应商一起针对成本的变化对下一阶段的采购价格再做出调整。

"该定价模型使产品价格的波动与产品成本波动的趋势和幅度尽量保持一致。"陈玟瑞表示，与以前市场定价相比，这个价格相对稳定。

供应商能痛快"点头"，还有自己的考虑。在圣农副总裁何宏武看来，百胜的这次调整是一次"放下身段"的行为。因为此前在肉鸡采购消费方面，百胜属于当仁不让的几家国内大客户之一，而且靠近终端消费市场，议价能力在供应商之上。而这次，百胜选择了出让自己的议价谈判能力。"这就等于说给我们定了一个利润，而且我们通过加强管理，还可以在这个范围内获得多一点的利润。"傅光明说。

这在百胜中国与供应商的合作中尚无先例。但在百胜中国副总裁王群看来，这种"出让议价能力"的改变，最大的优势便是给供应商一颗定心丸，让他们能有动力去增加投资和产量，以配合百胜的扩张步伐。特别在目前的经济形势下，长期的订单对企业更有吸引力。

除了圣农，大成、新昌都开始考虑其新的产能扩充计划。据大成食品亚洲有限公司董事局主席韩家寰透露，未来大成会陆续在东北地区、环渤海地区、长三角地区逐步规划和建成近 300 家大型规模的绿色养鸡场。此外，还将新建 15 家标准的肉鸡规模加工厂和食品加工厂，以全面满足与百胜战略合作的需要。而苏敬轼表示，这样的合作模式将在百胜中国的供应商中进一步推广。

（资料来源：21 世纪经济报道，2009 年 7 月 16 日）

问题：
1. 成本加成定价给双方带来的好处是什么？
2. 成本加成定价的前提条件是什么？

参 考 文 献

[1]　杨瑞龙，杨其静. 企业理论：现代观点. 北京：中国人民大学出版社，2005.

[2]　张军. 企业家精神、金融制度与制度创新. 上海：上海人民出版社，2001.

[3]　M.希林. 技术创新的战略管理. 北京：清华大学出版社，2005.

[4]　[美]马克.J. 多林格. 创业学：战略与资源. 3 版. 王任飞，译. 北京：中国人民大学出版社，2006.

[5]　张维迎，盛斌. 论企业家. 北京：三联书店，2004.

[6]　罗邵武，任守榘. 面向市场的产品开发方法及其计算机支持系统[J]. 机械设计，1997(5).

[7]　汪晓峻. 企业的产品规划策略[J]. 科技管理研究，1994(6).

[8]　郭伟，常明山，李璇，等. 市场信息驱动的产品规划方法研究[J]. 计算机集成制造系统，2001(1).

[9]　王旭. 新产品开发的难点与策略[J]. 商业研究，2002(7).

[10]　MBA 必修核心课程编译组：新产品开发[M]. 北京：中国国际广播出版社，1997.

[11]　张春迎. 创意来源的新发现[J]. 商场现代化，2009(4).

[12]　豫民. 创意就是智慧[J]. 美与时代(上半月)，2009(1).

[13]　祝大星. 让创意优化我们的思维[J]. 科学 24 小时，2009(1).

[14]　欧潮海. 设计创意的来源[J]. 成功(教育)，2008(11).

[15]　发展新媒体创意互动性[J]. 中国传媒科技，2009(1).

[16]　晁璇. 为技术创新持续发展创造条件[J]. 中国石化，2009(2).

[17]　冯润民. 企业技术创新中的默会知识理论的运用研究[J]. 科学管理研究，2009(1).

[18]　陈锐. 新产品开发决策信息的筛选[J]. 郑州轻工业学院学报(社会科学版)，2001(1).

[19]　高金玉，宋晓云. 新产品开发中的模糊前端(FFE)：概念、特征及其管理[J]. 科技进步与对策，2005(1).

[20]　吴鼎. 企业创新的知识产权战略研究[J]. 商场现代化，2009(1).

[21]　廖瑞聪. 创意来源、技术、筛选与评鉴之研究[J]. 现代管理科学，2007(8).

[22]　余芳珍，陈劲，沈海华. 新产品开发模糊前端创意管理模型框架及实证分析：基于全面创新管理的全要素角度. 管理学报，2006(5).

[23]　杨德林，陈耀刚. 关于新产品创意的若干问题分析[J]. 科学学与科学技术管理，2003(5).

[24]　彭灿. 企业创造力及其开发与管理[J]. 研究与发展管理，2003(3)..

[25]　刘亚平. 创业计划书的写作应抓住六要素[J]. 商场现代化，2008(11).

[26]　魏红果. 创业计划书中的管理篇[J] 时代金融，2007(5).

[27]　刘艺，周鹏近，张百浩. 嘉洁环卫科技有限责任公司创业计划[J]. 湖南工程学院学报，2007(6).

[28]　吴贵生，王毅. 技术创新管理[M]. 北京：清华大学出版社，2009.

[29]　陈劲. 技术管理[M]. 北京：科学出版社，2008.

[30]　王达林. 创意天下[M]. 北京：清华大学出版社，2009.

[31]　Nonaka I, Takeuchi H. The Knowledge creating Company[M] . Oxford：Oxford University Press，1995.

[32]　杰伊·B.巴尼 (作者)，德文·N. 克拉克，资源基础理论:创建并保持竞争优势，格致出版社，2011.

[33] 雷家骕. 高技术创业管理[M]. 北京：清华大学出版社，2005.

[34] 易继明，周琼. 科技法学[M]. 北京：高等教育出版社，2006.

[35] 杰弗里·迪蒙斯，等. 创业学[M]. 周伟民，等，译. 北京：人民邮电出版社，2005.

[36] [美]彼得.F.德鲁克. 知识管理[M]. 哈佛商业评论精粹译丛. 北京: 中国人民大学出版社，1991.

[37] 陈得智. 创业管理[M]. 北京: 清华大学出版社，2001.

[38] 张玉利. 创业管理理论与实践的新发展[M]. 天津: 南开大学出版社，2004.

[39] 顾桥.中小企业创业资源的理论研究[M]. 武汉: 中国地质大学出版社，2004.

[40] [美]布雷克利，等. 管理经济学与组织架构[M]. 张志强，王春香，译. 北京: 华夏出版社，2001.

[41] 世界经济合作与发展组织. 以知识为基础的经济[M]. 北京: 机械工业出版社，1997.

[42] 赵曙明，沈群红. 知识企业与知识管理[M]. 南京: 南京大学出版社，2001.

[43] 申明. 知识资本营运轮[M]. 北京：企业管理出版社，1998.

[44] 王德禄，等. 知识管理: 竞争力之源[M]. 南京：江苏人民出版社，1991.

[45] [美]保罗.S.麦耶斯. 知识管理与组织设计[M]. 珠海：珠海出版社，1998.

[46] 王晓文，张玉利，李凯. 创业资源整合的战略选择和实现手段——基于租金创造机制视角[J]. 经济管理，2009(1).

[47] 顾桥，喻良涛，梁东. 中小企业创业资源的形成机制研究[J]. 武汉理工大学学报(信息与管理工程版)，2005(12).

[48] 李利霞，周晓东，黎赔肆. 基于成员共享的创业团队知识转移研究[J]. 科技管理研究，2008(3).

[49] 张项民. 基于创业的知识产权管理与设计[J]. 科技创业月刊，2009(4).

[50] 李孝明，蔡兵，顾新. 新团队的知识共享[J]. 科技管理研究，2008(4).

[51] 林强. 基于新创企业绩效决定要素的高科技企业孵化机制研究[D]. 清华大学经济管理学院博士论文. 2003(12).

[52] 林嵩，张帏，林强. 高科技创业企业资源整合模式研究[J]. 科学学与科学技术管理，2005，(3): 143～147.

[53] 林嵩. 创业资源的获取与整合——创业过程的一个解读视角. 经济问题探索，2007(6).

[54] 喻金田. 企业的知识构成、测评及管理探讨[J]. 研究与发展管理(沪)，2002(6).

[55] 张苏. 美国企业的知识管理模式[J]. 经济理论与经济管理，2001(2).

[56] 蔡莉，费宇鹏，朱秀梅. 基于流程视角的创业研究框架构建[J]. 管理科学学报，2006，9(1): 86～96.

[57] 孙巍，齐建国. 创新组织与知识管理初探[J]. 数量经济技术经济研究，2000(9).

[58] 杜跃平，周永红. 论企业技术创新与知识管理的共生环境[J]. 西安石油学院学报(社会科学版)，2003(5).

[59] 南方，武春友，叶瑛. 企业知识管理: 模式与战略[J]. 大连理工大学学报(社会科学版)，1999(9).

[60] 齐建国. 知识经济与管理[M]. 北京: 社会科学文献出版社，2001.

[61] 谢洪明，刘常勇，李晓彤. 知识管理战略、方法及其绩效研究[J]. 管理世界，2002，10: 85～92.

[62] 梁巧转，赵文红. 创业管理. 北京：北京大学出版社，2007.

[63] Covin J G.Corporate entrepreneurship and the pursuit of competitive advantage[J]. Entrepreneurship Theory and Practice，1999，Spring: 47～63.

[64] Kogut B. Joint ventures: theoretical and empirical perspectives[J]. Strategic Management Journal，1988，(9): 319～332.